U0938774

新时代●管理新思维

创业三字经

江宝全　著

清華大學出版社
北　京

内 容 简 介

新经济时代，草根创业者较多，本书主要面向这一类读者朋友。

《创业三字经》从作者几十年的成功创业实践中，提炼出具有规律的六十条经验，分别从创业浅论、创业思维、创业修炼、创业运营、创业人文、创业省思六个维度，给草根创业者提供实践经验，体现本土创业的规律和探索精神。

每一条“三字经”对应于创业者的创业实践案例，朴实自然，深入浅出，接地气。

本书有三个参考特色：①真实。创业哲学和创业真知都来自作者自身的持久创业实践和创业心得。②全面。用“观点＋名词＋案例”的形式，将创业体系理论与创业案例相对应，着眼于培养创业者必要的综合素质，指导实际操作。③实用。创业者在创业中遇到的主要问题，都可以从中找到启发甚至答案。

本书适合各类社会草根创业者，高校大学生创业者，各类企商会创业培训者以及创业培训机构成员等读者阅读。

《创业三字经》是一本草根创业者“捧”得动、“嚼”得出味道的实用书。

图书在版编目(CIP)数据

创业三字经 / 江宝全著 . —北京：清华大学出版社，2020.12
（新时代 • 管理新思维）
ISBN 978-7-302-56101-9

Ⅰ . ①创…　Ⅱ . ①江…　Ⅲ . ①企业管理—创业　Ⅳ . ① F272.2

中国版本图书馆 CIP 数据核字 (2020) 第 137017 号

责任编辑： 刘　洋
封面设计： 徐　超
版式设计： 方加青
责任校对： 宋玉莲
责任印制： 杨　艳

出版发行： 清华大学出版社
网　　址： http://www.tup.com.cn，http://www.wqbook.com
地　　址： 北京清华大学学研大厦 A 座　**邮　　编：** 100084
社 总 机： 010-62770175　**邮　　购：** 010-62786544
投稿与读者服务： 010-62776969，c-service@tup.tsinghua.edu.cn
质 量 反 馈： 010-62772015，zhiliang@tup.tsinghua.edu.cn
印 刷 者： 北京富博印刷有限公司
装 订 者： 北京市密云县京文制本装订厂
经　　销： 全国新华书店
开　　本： 187mm×235mm　**印　　张：** 18.75　**插　　页：** 4　**字　　数：** 371 千字
版　　次： 2020 年 12 月第 1 版　**印　　次：** 2020 年 12 月第 1 次印刷
定　　价： 68.00 元

产品编号：086473-01

1998 年 4 月获“全国五一劳动奖章”（第一排左一）

被企业界尊称为“创业导师”

尝尽创业艰苦，在路边大排档啃骨头

1984 年，四处求教

1985 年，谋求外销

1986 年，主持金箔自动打箔机研讨会

1999 年 10 月，在金箔集团第十一届科技表彰大会上

2000 年，成功研发卷烟用金卡纸

1999 年 4 月，在“首届国际金箔行业加工销售使用研讨会”上讲话

2001 年，参加中国企业高峰会

2000 年 9 月，在首届“南京金箔文化艺术节”上致辞

深夜思索

作者公开出版的七本著作

中国管理科学先驱袁宝华为作者题写的书名

2009 年，为清华大学学生讲授“企业用人的道与术”

2002 年，在北京大学中国民营企业总裁管理论坛授课

2009 年，在复旦大学授课

1998 年 5 月，在南京大学为第二届
“金箔奖学奖教金”获得者颁奖

设立南京大学“金箔奖学奖教金”

2010 年，在西安理工大学授课

2009 年，在深圳大学讲授“信心从哪里来？”

2018 年，与故宫博物院院长单霁翔先生亲切交谈

2019 年 9 月 8 日，为百岁干妈祝寿

展示厨艺

中国香港的“永远盛开的紫荆花”雕塑由金箔集团负责贴金

序言

来自持久实战的创业真经

雪　涵

这本《创业三字经》，可以说是当代创业者的宝贵教材。

幸遇“大众创业，万众创新”的新经济时代，激发了人们的创业激情。我真切地感受到：学习和借鉴他人的成功经验，尤其需要学习那些从未离开“战场”、经过时间检验且一直勇敢向前的成功创业者，他们的成功不仅是创业的成功，还是人生奋斗、奉献时代的成功！

全国五一劳动奖章获得者、南京金箔控股集团董事局主席江宝全先生，是一位成功坚守“战场”、坚持实体经济、创业不止的企业家。

十五年前，我们曾邀请江先生来到清华大学的课堂，给 D75 班同学授课。他的企业用人实战案例讲解，给我和同学们留下了深刻印象，至今记忆犹新。十多年过去了，他开拓领导的金箔集团如远航战舰，仍然勇立潮头，发展为由十一个产业集团组成、拥有多个全国闻名品牌、企业人才辈出、产业发展兴旺的事业型企业。更为值得尊重的是，他在企业经营业务繁忙、事务繁多的情况下，还抽空撰写了多部思想、理论、文化等方面的著作，为后辈们留下了宝贵的精神文化财富。

三十八年前，江宝全先生受命拯救一个濒临倒闭的金箔手工小作坊，如今这个小作坊已发展成世界最大的金箔生产基地，成为我国故宫唯一指定的“官式”金箔供应商，其“南京金箔锻制技艺”被录入国家非物质文化遗产名录。江先生是改革开放第一代企业家中的一员，今年已七十五岁，经历了两次腰部和颅内的癌症手术，他一直奋斗在市场经济体制下企业经营的战场。他源源不断的创业智慧，来自他几十年的创业体验和理论总结。实践是理论之源，他不停实践，不断总结，于是有了这本三十五万字的《创业三字经》，记录下他人生创业中跋山涉水的经历与实践历程。

江先生的这本《创业三字经》中，有启发创业者对创业进行系统体察和实践的方法论；有对创业者自我成长的修炼要求……读着江先生朴实诚恳的文字，能够看到老一代实业家对新生代创业者的殷切希望。

第一，创业者首先要有创业新思维。说一声创业就干起来，没有章法，缺少对创业有效性的认知，这样的创业是盲目的。什么是有效创业？什么是合格创业者呢？江先生开宗明义：创业要先解决“三思”问题，即思维、思想、思路，用哲学思维解决“如何看”“如何干”问题；

创业要有“三好”，即“一个好领导，一个好产品，一套好机制”，对照这个标准，创业者要做到“三主”，即“主动、主见、主责”。观点直击要害，实在明确。

第二,创业者要有正确的创业“三观”。现在创业者创业的目的不尽相同,而创业理想、目的、认知上的差异，会直接导致创业者在创业道路上出现各种偏差。书中江先生说，为了使创业不出现原则性、方向性的偏差或失误，创业者要有明确的“三观”，这就是不忘“三心”（党心、民心、良心），坚持“三信”（信仰、信念、信心），去除“三不办”（高能耗企业不办，高污染企业不办，低技术含量企业不办），着眼“三大”（大视野、大格局、大手笔）。朴实的表述、具体的解释、理论的阐述、言论的选摘、真实的案例，让我们感到靠谱、有力量。

第三，创业者要做到“创业不停、修炼不止”。很多人都认为，选择创业就是选择一种展示、奉献才华的生活方式；也有人认为，选择创业是选择创造财富、出人头地的方式，等等。那么，在江先生笔下,创业是什么呢？是人生修炼。修炼必须伴随创业全程,没有修炼的创业,不会成功。他说：创业者要充满“三情”（热情、激情、豪情），燃烧自己；创业者要“三坚”（坚定不移、坚持不懈、坚韧不拔），砥砺前行；创业者要“三修”（修心、修志、修德），提高素养。他让我们知道，创业者充电加油要从自身做起。子曰：“君子求诸己”，说的也是此理。江先生要求创业者日常要注意修炼，自强不息。这正是对我们清华人所提倡的“自强不息，厚德载物”的最好注解与诠释。

第四，创业者要有乐观的心智模式。创业艰难要求我们保持乐观向上的态度，江先生在书中要求创业者“三带”（带着爱好和兴趣创办企业，带着亲情和友情对待员工，带着热情和激情对待工作），有“三乐”（苦中作乐、以苦为乐、自寻快乐），要“三不放”（严格管理不放纵、严格监督不放松、严格检查不放肆）。坚持这些具体的要求,让这些关键词时刻闪现在日常工作中,创业者就能树立亲和、阳光、有正能量的形象。

第五，创业者要守住创业底线。任何时候不“三为”（为所欲为、胆大妄为、胡作非为）；要“三警”（警示、警觉、警惕）；敢“三说”（实话实说、直话直说、真话真说）；不可以“三然”（昏昏然、飘飘然、不以为然）；能做到“三长短”（看长处，容短处；用长处，避短处；扬长处，补短处），等等。江先生诲人不倦，言辞殷切。

《创业三字经》凝聚了江先生几十年的创业心得，系统地回答了创业者在创业中可能遇到的各种问题，案例中有的场景是几十年前的，但是，其所反映的创业原理和对创业中存在的矛盾的认知与处理方法，非常有价值，值得我们创业者好好学习、领悟、使用。将创业实践提升到理论层面，旨在传教于他人、后人，奉献给社会，是这本书的要义和可贵之处，令人钦佩。

创业是创业者人生社会实践活动的总和,大多数人之前的认知,“是”是“是”,“非”是“非”；后来通过学习体会，知道了其实有时候，“是”不是“是”，“非”不是“非”；最后，通过反复实践领悟还会得出，“是”还是“是”，“非”还是“非”。《创业三字经》一书从“实践概念＋实战领悟＋实战案例”不断提炼升华，契合了我们创业培训教育的实际需求，揭示了我们创业的真道，是真正值得学习的、来自持久实战者的实话真经。

愿这本《创业三字经》给更多年轻创业者们提供较好的参考价值。

清华大学继续教育学院　雪涵

自序

给创业者的一封信——对有缘人说点心里话

江宝全

亲爱的朋友，在人生的道路上，你到底选择干什么呢？是从事政务？还是研究学问？或者……

如果你选择自主创业，那我们就有缘了！

我就喜欢创业人士。俗话说：“鱼恋鱼，虾恋虾！”我一生乐于创业，至今七十多岁了，还在创业不止。

古人云：“名如其人。”我的名字算什么呢？我的名字暗示自己就是创业的命。小时候，家人请私塾先生帮我起这个名字：江宝全，其中有个“宝”字，还是比较“全”的宝，所以现在真的有了点“财宝”。靠自己奋斗、创业，所以，我天生就是创业的命，一辈子靠创业为生。从 1962 年参加工作到现在，我一生没离开过工商企业。迄今为止，我已从事工商业五十余年。做工—做职业—做事业—做产业，我经历了职业发展的四个阶段。从最初的供销社学徒工“扫扫地，打打水，喊喊人，跑跑腿”开始，到在化工厂“三班倒”当工人，过着四年“白班好过，大夜班难熬，小夜班两头好”的日子，再到后来在工厂里，“上面有厂长书记顶着，下面有工人员工干着”，干了十五年企业中层管理工作。改革开放的伟大时代，命运使我成为“金箔事业”的领衔者。三十多年下来，我又带领金箔产业进行细胞分裂式发展，将企业创办成江苏“常青树”企业。一棵树变成了一片森林。我们的企业在全国也有了一定的名气，同时我也就走上了致富之路。

五十多年来，我带着感情与兴趣在创业路上砥砺前行，从不画句号。我将创业路上吃尽的苦、吐过的怨、受过的冤，看作人生路上必不可少的磨炼过程。我苦中作乐。因此，我也品味到了创业成功后的喜悦。过去，我有过每月等待别人发工资给我的窘况；现在有着每月发给数千人工资的欣慰与责任。过去，我常常想着有朝一日组织上提升我的职务；现在，在企业内，我不仅可以给自己冠头衔，而且可以给许多追随我的人许以要职。创业，使我的人生发生了根本性、颠覆性的改变；创业，使我的“政治地位、经济地位、社会地位”有了显著提高。昔日，从安徽的穷乡僻壤里讨饭出来的一个小孤儿，如今，被许多人赞誉为“创业导师”。

从五十多年的创业实践中，我也悟出一些浅显的道理，人的命运是可以改变的，关键在于敢不敢“闯与创”：不敢闯，你只会听天由命；不敢创，你永远在原地踏步，永远在老路上虚度一生。只有敢闯敢创，你才可能穷则思变，成为“鸡群之鹤”、人中豪杰。

中华民族已进入中国特色社会主义新时代。新时代有新使命、新目标、新任务。新时代更有新机遇。如今，众多的人也如我一样，进入创业大军之列。我有种欣喜若狂的感觉。我想，如果我们国家有 80% 的人参与创业，那么我国成为世界强国就指日可待。然而，也有很多人对选择创业这条路缺乏足够的思想认识，对创业路上可能遇到的各种风险、苦难和需要付出的代价缺乏思想准备。许多人只看到创业成功者的辉煌一面，而忽视了创业者付出代价的另一面。许多人只看到创业者“潇洒的今天”，而忘记了创业者更有“忧愁的明天”。和攀登高山险峰一样，在创业这条路上，艰难险阻无处不在，流血牺牲时时会有。我们必须清醒地意识到创业也像唐僧西天取经一样，路上会遇到九九八十一难，只有树立敢于拼搏、永不言败的雄心大志，我们才有可能让“日月换新天”！虽然我是孤儿，但是我这一生从成长、成熟到成功的道上有许多亲朋好友、领导同事帮扶。很多年前，我就创办了一个“大江创业讲堂”，将我的创业故事、创业经历、创业磨难，向我的创业后辈们，向社会上更多的创业者们，布道传授，竟然受到很多人的欢迎和点赞。

为了给准备创业的人提供思维与思路，为了给已经走在创业路上的创业者们尽一点微薄之力，我特意将这些年自己总结整理的创业六十条，以合乎创业特色逻辑的叙述，用“三字经”的特定形式，编写了这本《创业三字经》，奉献给各位。

本书记述了我们这一代创业者坚守党心、民心和良心，坚持创业实践 50 余年，不断学习总结，励志奋斗，创业成功的事实，为创业者提供创业实操辅导。

本书致力于探索中国本土草根创业的规律，从六个维度，即创业浅论、创业思维、创业修炼、创业运营、创业人文、创业省思，呈现创业实践及其心法，希望抛砖引玉，由此吸引更多的共同关注草根创业，共同为“大众创业，万众创新”的理念服务。

本书选取我从少年时期至今的各个阶段的创业历程、言论和案例，叙述自己紧随时代步伐，一心跟党走，创业、励志、奋斗的真实情况。

为便于不同文化层次的创业者理解，本书力求通俗易懂，直白通透。

希望你们能够懂得我这样老一辈创业者的良苦用心，也希望你们能够从我的《创业三字经》中得到一些启迪和受益，创造出奇迹和业绩，为国家富强做出一些贡献，这才是我出版这本集子的真实目的和心愿！

目录

第一章
创 业 浅 论

创业的基本问题

什么是创业

什么是创业?

第一，无中生有，能办成一个乃至N个企业，为社会和市场创造并提供崭新的、有价值的产品和服务。

第二，能将一个小企业办成一个大企业，取得令社会和市场均公认的价值和贡献。

第三，将一个效益差的企业，办成一个优质的好企业，向社会和市场呈现生机蓬勃的发展态势。

上述三种办企业的过程所付出的劳动，我称之为创业。

什么是创业者

什么是创业者?

创业者是一些通过开创性的工作，组织或发掘社会资源，进行创造性的有价值的劳动，为社会和市场提供产品和服务的人们。

他们有如下三个特征。

一是坚定创业志向，勇往直前，一般情况下，不再有想为官或从事其他职业等朝三暮四的想法。

二是坚定自力更生、不依赖他人的观念，能够组织团结一批志同道合的人，组成创业生存命运共同体。

三是敢于接受来自市场和其他方面的风险和压力，不退缩，敢于为创业付出任何代价。

通常的创业难题

任何企业自创办起，总会源源不断地遇到问题。有问题，是常态。没有一个企业前行的道路是一帆风顺的，无论企业处于何种发展阶段，都充斥着各种各样的问题。如何在各种问题中抓住主要矛盾，看清最为突出的难题十分重要。在创业过程中，我认为主要存在以下三大类难题，创业者们要勇于面对。

一是许多企业走到一个节点就出现瓶颈，不知如何突破。

二是企业受到大环境限制，一遇严峻的经济形势，就不知方向在哪里。

三是创业者自己感到在许多方面力不从心，不知如何提高应变能力。

怎样解读或破解这三类问题呢？

第一类难题：关于如何突破企业生存瓶颈，说的是你对自身所选择的创业方向有没有信心和远见、有没有扎实坚韧的恪守。只有长期不断地克难攻坚，才有可能突破瓶颈。

第二类难题：关于企业发展方向的选择，考验的是创业者在复杂的社会经济形势下，选择正确道路的眼光、魄力。市场瞬息万变，常常是还没来得及解决眼前的发展难题，一个接一个的新现象又出现了。这时，创业者是选择视而不见、落荒而逃，还是趁势而为、迎难而上呢？

第三类难题：创业者感觉力不从心的时候，也是意志薄弱的时候。创业者的内心压力，常人难以承受，社会给予企业的压力，几乎全部落在创业者个人身上。压力之大，有时甚至能置人于死地，我们应该学会沉着应变，坚强站立。

以上是企业生存必须面对也必须经历的过程，任何时代、任何人创业都会遇到。

创业者必须做到时刻清楚自己就是一个披荆斩棘者，从来没有现成的道路可以走，如果有还叫什么创业？没有是常态，有还要你创业干什么？闯才有生路。鲁迅说：“其实地上本没有路，走的人多了，也便成了路。”作为一个创业者，我对这句话的理解关键在“走”。“不积跬步，无以至千里”，所以，解决创业三类难题最好的办法就是追逐梦想、勇于探索、面对现实、大胆实践、砥砺前行。

创业者的负面情绪立此存照

成功、失败的创业者我曾遇见过无数。要想创业成功，创业者就应该是一个一直充满正能量、走在正道上的人。但是，受创业问题纷扰，创业者总会出现以下一些负面情绪，对此要特别注意纠正克服。

急功近利　总想一朝一夕成功，甚至立马见效。创办一个企业，如同养育一个生命，需要经过必要的形成期、成长期、成熟期、壮大期。每个时期需要不同的培育方式和付出，只有到了壮大期，才会有大的、好的收获。一创业就想马上成功，是不切实际的。现在有不少创业的人有这种想法和期待，仿佛一办企业自己就成为老板，企业一运营就有利益，否则就责怪市场不好，怨天尤人。

喜欢走捷径　不想下长久功夫。春华秋实，自然规律，创业也一样。脚踏实地步步为营，对创业过程有切身经历和切肤之痛，才是正道。想一步登天或走捷径，纵使走成了，也会在今后的前进道路上，由于缺少经验和历练导致过错甚至失败。

心态浮躁　沉不下身来，静不下心来。总想在面上抓起，综合统筹有余，实在、实干不足。实干、实在是创业具体行动的前提，沉下身体，凝心聚力才可以把创业的路走稳，才不会被世事所纷扰。

宁做鸡头，不当凤尾　只想当主角，不愿当配角。“鸡头”“凤尾”都是企业所需的角色，必不可少，当“鸡头”要有早起唱晓的恒心习性，“凤尾”需要抖擞精神呼应全体的默契。企业是一个有机体，其中的每个人根据自身的技能来担负相应的责任。企业要有自己的定位，个人也一样要有自我的定位。创业者要把自己看清楚，把在企业里能担当的角色定位看清楚，才有利于企业发展，并不是想当主角就可以是主角的。

单打独斗 当个人英雄、光杆司令。不注重也不愿与人合伙，哪怕是遇到找上门来可能可靠的合伙人。需要团队合作，团结团队，建立团规，创业者才不会是孤胆英雄。创业者从来都离不开团队，有一支团结的、有团规的团队，找到契合的发展点，企业才会有机会生存发展，才会有希望壮大。

小功即满，小富即安 刚刚取得点成绩便沾沾自喜，得意忘形。创业的道路很长，甚至需要走一生。创业者不会为一时一事的成功就停止不前，或松懈创业干劲，更不能有点小成就便胆大妄为、胡作非为、为所欲为，创业者要为事业梦想和使命而奋斗。

眼高手低 心里想得很宏大，操作起来华而不实。俗话说：“千里之行，始于足下。”一步一个脚印，创业的系统工程，每一步都要求走在实在的路上，想得好，不等于干得实；实在见效，多有动力，才是真正的好。建立在实实在在的行动上的创业才是真创业，头脑风暴，纸上方案，等待政策扶持，幻想机遇奇迹，等等，不是创业，只是纸上谈兵的概括。

心血来潮，朝三暮四 不能认认真真干好一件事。不忘初心，自觉抵挡外界诱惑，坚定自己的选择，坚持不懈、坚韧不拔地走下去。遇到困难也要千方百计、历经千辛万苦去完成，才可以认真做好一件事，而不会朝三暮四，浪费时光。

这山望着那山高 遇到困难，立马想改行。创业中困难重重，创业者最容易动摇，怀疑自己当初的决定是否正确。环顾四周，有的创业者会比较，这山望着那山高。殊不知，每一座山都需要披荆斩棘，艰难攀登。创业一旦上路，创业者就必须记住，没有退路，所谓开弓没有回头箭，必须永远向上、向前，拼命走！

贪大求洋 好高骛远，高估自己。创业者做成了一个项目，成功一时，有了收获，找到了点成功的良好感觉，便想信步涉足其他。但是，隔行如隔山，即使原理相同，时机、环境和人文也不尽相同。所以，创业者不可以贪大求洋，不可以高估自己的能力，而应该把自己擅长的行业项目、服务做到极致，做到中国最棒、世界最强，这才是我们要共同努力奋斗一辈子的目标。

实践中的创业哲学

很多的时候，人在追求一个事物时，都是在追求“术”，而非“道”。我们在创业之初，亦是如此，总是想从成功者那里找到些许可用的办法，以便走捷径。我常常想，在一个平面上要找捷径走，就不免要弯道超车，而弯道超车往往会因为离心力过大而造成重大事故。于是，我就想，世上哪里有那么多的捷径呢？只有脚踏实地地走，才能走出一条路来，才能找到走路的办法。

正所谓“不学无术”。孔子讲：“吾十有五而志于学，三十而立。”对于创业者来讲，学、做是合一的，这才有“术”。“志于道，据于德，依于仁，游于艺。”在我看来，不管你是谁，有多大的本事，只要走进了创业者的队伍中来，首先就要看到自己的优势所在。我在创业之初，觉得自己的优势如下：第一，从一个基层的产业工人做起的，在生产的各个环节上都干过，应该算是具有丰富的企业实践经验的人；第二，勤于学习与思考，古人讲“学而不思则罔，思而不学则殆”，我把学与思结合起来了；第三，善于总结。像我这一代人，经历过很多的事，这是人生的财富。新中国成立 71 年的历史，可分为改革开放前和改革开放后两个阶段，幸运的我正好赶上了改革开放。有了改革开放，才有了思想的大解放，解放思想才把人们那种禁锢的思维释放出来了，人们才能敢想敢干，中国特色社会主义迎来了从创立、发展到完善的伟大飞跃，我个人的命运也结合其中。

在改革开放这种伟大转折的时代背景和相对落后的思维方式的双重夹击下，我充分意识到，解放思想就是破除旧思维、确立新思维。恩格斯指出：“一个民族想要站在科学的最高峰，就一刻不能没有理论思维。”这使我认识到，作为一个创业者，必须回到“打一仗，进一步”的路子上来。怎样“进一步”？就是靠恩格斯说的“理论思维”，通俗来讲，也就是不断总结提高。于是，利用人们的认识规律和接受逻辑，我把自己在实践的过程中不断总结形成的认识，进行了系统辩证的归纳，条理化地提出了一套“土”理论，不用艰深晦涩，或者是高大上的词藻去雕琢，而是用大家司空见惯的“俗”言“俗”话，通俗易懂地说出难懂的“道理”，用比喻简化复杂，用旧识求解新知，以区别于专家学者们的理论。对此，我进行了如下归类。

1. 企业的时代方位

我接手金箔企业时，正值中国进入改革开放的伟大时代。企业的发展、企业的进步都离不开时代这个大背景。我觉得，纵有天大的本事也跳不出时代背景。孙悟空挥舞金箍棒三打白骨精，可是他还是跳不出如来佛的手心。还有，人的认识是有局限性和差异性的。有时候，有的人因为看不到那一步，就会指责你犯错误；有时候，因为认识上的差距，根本认识不到情况的变化，就会表现出慢人一拍、迟人一步，被时代甩下来了还不晓得。在这种情形下，怎么办？我总结出一个“转移理论”，让大家在解放思想的实践中实现思想的解放。

转移理论

改革开放后，中国实行的是以经济建设为中心的政策。1984 年，改革开放已经进行到第六个年头了，我在金箔企业搞改革，但在转变职工思想观念方面遇到的阻力很大。于是，从 1985

年起，金箔厂对几十年来束缚人们思想、禁锢人们手脚的旧制度等，都加以认真地分析、整理。对金箔厂发展有利的保留，不利于厂子发展的就改革。同时建立、健全与改革创新相适应的新办法和新制度，使金箔厂一下子成为当地有名的企业。

我的第一本书叫《边干边吹集》。“吹”与“干”本是金箔工艺的一道工序，被我改用到转变观念上了。“吹”就是思想解放，“干”就是要大胆改革和创新实践。之所以要“边干边吹”，是因为我体会到，许多束缚人们思想的旧观念，常常是与束缚企业发展的旧制度互为依存的。有些陈旧观念，从表面上看已经打破了，但一旦触及与这些旧观念相适应的旧制度以及利益关系时，这些旧观念就会顽强地表现出来，形成企业变革的强大阻力。只有“干”，才能真正认清思想解放的重点和难点；只有“吹”，才能有针对性地宣传思想解放，为创业发展扫清道路。“边干边吹”的过程，就是思想解放与大胆实践相互促进、不断深化的过程。

金箔精神最重要的一条是“永无句号”。我们清醒地意识到，在市场竞争无比激烈的时代，不能进就会垮台。既然社会的进步、生产力的发展是无止境的，那么，解放思想、改革创新也应永无休止。

创业需要我们有创业的思维方式。何为思维方式呢？这是建立在思维方法、知识、观念等要素基础上的理解模式和解释框架。思维方式是无形的，它却像“灵魂”一样贯彻并支配着人的思想，支配人的行为。我们的思维方式是我们的生存状态和存在方式的最终作用者，而我们的某个具体思想、灵感，可能会随着时间的转移，在历史激流的冲刷下被湮没、淘汰。人的思维方式是什么样的，人与外部世界的关系、人对待世界的态度、人与他人之间的关系也就基本是怎么样的。因此，思维方式会深刻影响我们的社会生活，只有正确的思维方式才会对社会生活起推动作用。推动社会科学发展，必须要注重思维方式的变革。

然而，思想上的转移谈何容易。从原有旧的思维框架下转到与时代同行，甚至是成为报晓雄鸡，要多长时间呢？实践发展永无止境、解放思想永无止境，这是一个永无止境的过程，同时也是一个全面解放的过程，这来源于时代的需要，同样也取决于改革和宣传方式。正是深刻洞察到改革开放的时代转折，用体现着金箔集团特色的“土”理论宣传、教育工人，转变其固有的思维定式，顺应社会主义市场经济发展的历史趋势，才可开掘金箔集团源源不断的创新和发展之要。

所以，当下的创业者应认识世界潮流，洞悉时代脉搏。今日生活以前所未有的速度和深度变化着，伴随的是空前激烈的竞争，社会的丛林法则更加强化，创业者一旦故步自封，忽视历史发展规律和趋向，主观固守原来的思维定式，必将被时代淘汰。同时，要改变宣传、教育方式，把员工现有的知识水平和人的认知规律相结合，把看似空洞的大道理和日常生活实际相结合，把复杂理论通俗化等，解决这一系列问题，需要创业者细细斟酌。

2. 企业的宏观定位

从计划经济年代转变到充满竞争的市场经济时代，毫无疑问，首先冲击的是人们的思想。现在的创业者，本身就成长在市场竞争的环境中，很容易理解如何通过市场来完成个人价值与社会价值的实现。与之不同的是，对于思想还没从计划经济体制中转变过来的人，原本不用操心的竞争问题在市场经济环境中成了主要问题，这一历史性转变在中国历史上是不多的。

所以，我们要不断地寻找企业在社会大变革时代的方位，重新制定企业的发展战略显得尤为重要。通俗地说，就是确定你的企业在社会组织中的位置。我也用几个常见的关系做了注解。

树干树梢理论

在市场中，有大企业，有小企业，它们的关系犹如树干与树梢，既不能没有树干，也不能没有树梢。树梢虽然没有树干粗壮，但是也是不可或缺的部分；树干虽然粗壮，但也需要树梢的积极配合。目前看来，我国市场经济中的结构依然如此，一个行业的旗舰企业需要众多的小企业配合，才能发挥其巨大的行业指导作用；而小企业目前也要积极和大企业展开合作，做到小而尖，才能在市场经济中有稳定的发展。树干与树梢这个比喻看似粗糙，但确实是市场经济中企业关系的宏观图式，能够简单地说明市场中企业所处的竞争环境。

在如今的市场中，合作发展是主流，共赢是结果。很难想象，有的企业能够通过与其他企业划分界限来获得市场优势，即使拥有行业壁垒、技术壁垒，社会的不断发展也会使故步自封的企业丧失优势。

在树梢、树叶领域，把它们集合起来就能产生不可估量的经济作用。通过规模化的竞争来解决利润的问题是有效的，但是蜜蜂虽小，集合起来也能产生“蜂群效应”。

爸妈理论

企业改革初期，一个厂子既有厂长，也有书记，权力的分配并不明晰，责任也是，因而，造成了厂里面很多领导互相争斗，书记给厂长穿小鞋、厂长架空书记的现象屡见不鲜……我提出的爸妈理论，也是依据家庭的一个比喻，像极了家庭中的分工，书记如同家中的父亲，日常负责党政等大方向的事务；厂长类似于家中的母亲，具体的日常事务由妈妈来操作，书记遇到重大问题与方向决策时，双方共同商量。书记、厂长共同管理好一个“家庭”——一个厂子。

书记与厂长的关系不能是内斗，也不能是竞争，而应是合作，互相关照。有实际操作困难时，书记也要冲在生产第一线；有职工活动时，厂长也要积极组织工人开展相关活动。二者相辅相成，不可偏废，最终才能使企业这个后代茁壮成长。推而广之，在企业中，每个人都要有主人翁精神，将企业当作自己的儿子、女儿来对待，互相协作，将爱给予茁壮发展的企业。

如今看来，这些形象化的比喻依然不过时。无数的经济现象说明了这一理论的正确。例如海门叠石桥家纺城，众多小型家纺企业在这里聚集成产业带，发挥了类似树梢的作用，极大丰富了产品种类，降低了生产成本，形成了自身的生态环境，占领了世界上百分之七十以上的家纺产品的市场。这样的县域经济产业带在江苏比比皆是，其中也孕育了不少骨干企业。成为第一经济强省的中坚力量，脱离了相关的产业经济带，这是无法想象的，而骨干企业也担负起促进行业技术进一步提升的责任，带领产业经济进一步发展。

金箔集团除了拥有品牌支柱企业金陵金箔，如今也涉及商贸、机电、包装材料、房地产、文教、酒店服务等多个产业。这是金箔集团进行产业资源整合的结果，通过统一的运作，将众多细分行业发展起来，实现金箔旗下各个企业的共振发展。

3. 企业的市场地位

惊蛰之后，万物萌动。在改革开放这一涌动的春潮中，我们这一代创业者在经历徘徊、观望、试探之后，发现属于我们的春天终于到来。一时间九州震动，四海欢腾，无数英杰才俊纷纷摩拳擦掌，要在这市场大潮之中一试身手。

然而，最初的狂欢之后，彼时的创业者们才忽然发现，自己原本期盼的自由天地，实则是一片未经人迹的苍莽丛林，一片未被开垦的处女地，原本的规则在这片土地并不完全适用，这里似乎成了规则尚未降临之地。面对这种场景，有人因为暂时失去了规则而神情迷茫，有人却以为这意味着没有任何规则而欣喜若狂。然而，现实最终给投机不法者敲响了警钟：山河苍莽，并非无主之地；市场浩渺，并非无界之海。社会主义制度下的市场经济，并非意味着可以无法无天，横行霸道。世界上从无绝对的自由，绝对的自由带来的必将是绝对的混乱。唯有在规则的框架内，人们才有可能得到真正的自由。此时，许多人对市场经济下最应当使用什么规则，怎样遵守规则等问题仍然不甚了了，虽然思维已经扭转，却不知道何事可做，何事不可做，因此仍然有些缩手缩脚，寸步难行。针对这一情况，我提出了“抢喜糖理论”“鱼塘理论”“扑克牌理论”，通过这些大家在生活中接触到的事例，用通俗易懂的方式，明确在社会主义市场经济体制之下，应当如何遵守规则。名字虽土，但效果显著。

抢喜糖理论

时光到了 1993 年，改革开放已经进行了很长一段时间，但很多人搞不懂、弄不清什么是计划经济，什么是市场经济。于是，我用中国人结婚吃喜糖的例子做比喻。我说，结婚时发喜糖与抢喜糖，可以分清什么是计划经济，什么是市场经济。计划经济是发喜糖，参加婚宴的人，每人十颗或八颗，大家一样多，不能多发、少发、重发、漏发，严禁虚报冒领。发糖的人如果留下一部分，作为计划外的机动部分，再另行发给少数人，这就是违法行为。而市场经济就不同了，将同样数量的喜糖往空中一抛，落到地上，谁抢到就是谁的。多抢多得，少抢少得，不抢不得。当然抢喜糖也有几条规矩：一是哪里有糖哪里就是市场，不分国界、省界、县界了；二是所有到场的人，不论何种身份，都必须弯腰去抢喜糖，否则就得不到；三是在抢喜糖的过程中，难免出现跌跌撞撞、混乱一团的情况；四是不能去抢别人已经抢到手的糖；五是撒糖的人不能变相撒，也不能留一部分私下另发；六是抢到的糖吃起来让人觉得分外甜。这就是市场经济的基本法则。在这一“抢喜糖理论”指导下，金箔集团“不找市长，找市场”的时间特别早、劲头特别足、效果特别好。

鱼塘理论

20 世纪 90 年代中期，中国的市场经济出现了许多混乱状况。许多人不知所措，认为市场经济太乱、太复杂。于是，我用“鱼塘理论”向大家解释中国市场经济特点。我说，中国的市场好比是一个大鱼塘，隶属于各种经济实体的人，在这个大鱼塘中一起竞争捞鱼。独资的、合资的、合作的、联营的、全民的、集体的、乡镇的、村办的、股份制的、个体的、私营的，还有校办的、军办的、福利单位办的十几种类型的企业可以搞同一个产品。由于环境、区域、政策、办法不同，结果也大不一样，带来三个明显的不同：一是“捞鱼人”身份不同；二是“捞鱼工具”不同；三是分配不同。“三不同”给公有制企业职工带来“等”“捞”“糊”“推”等复杂心态。我们应该根据在大鱼塘内捞鱼的现实，制定四条“捞鱼”规则：一是凡参加“捞鱼”的人，不管你原来是什么身份，统统用“捞鱼人”的身份统一衡量；二是凡参加“捞鱼”的人，都可以使用同样的“捞鱼工具”，并不断改进和创新自己的“捞鱼工具”；三是捞到的“鱼”采取基本相同的分配模式；四是努力营造更好一些的“捞鱼环境”。我的这个“鱼塘理论”，受到高度评价。

扑克牌理论

这个理论表述的是市场经济并不是完全自由化的经济，而是市场化大框架内的法治经济，要求所有主体在激烈的市场竞争中必须遵纪守法。那时候，有些人以为改革开放了，在有些方面可以随心所欲了，有些人将“放心、放权”，误认为可以“放松、放纵、放肆”。我们很清醒。1993 年，我用我们日常生活中打扑克牌的例子作比喻，说打扑克必须订出法规，打牌人必须遵守统一的规则。一旦出错牌就是“吃苍蝇”，要扣分，“多牌少牌自动下台”，“有牌不出发现倒扣”，老是獐皮狗赖“牌风不好”，下次人家就不会跟你打牌。同样，我们在市场竞争中，一定要有“好牌风”、好信誉，在法纪政策允许的条件下靠真本事，用技巧和实力战胜对手。

规则，换句话说，就是法度。中国自春秋以来便有法家，此后自汉代以降，两千余年，各大王朝，莫不是以“外儒内法”进行统治，面子用儒家调和，其乐融融；里子用法家规范，严惩不轨。故而，中国人并非没有所谓的规则意识。规则意识要明确，规则要被严格遵守。战国时期的韩非子，集前代法家之大乘，他所提出的“法、术、势”三者结合使用，但以法为本，赏罚二柄是两把神兵利器，若是没有规则意识，法律的惩戒之剑立时便会剑锋临头。“法”这个词有两个含义：一是自身确定不变，不会朝令夕改，含义不明，有明确的意指；二是如同轨道一般使人理解并遵行。

改革开放之后，随着人们思维模式的转变，所有人都感觉到了空前的机会来临。但是市场经济并不是一片可以任意妄为的无主之地，法律之剑仍然高悬于所有人头顶。虽然说："只要思想不滑坡，办法总比困难多"，但是这并不意味着什么办法都能用，无法无天只能害人害己。规则既是准绳和边界，又是对每个人的保护。如今，改革开放已有四十余年，市场经济条件下的法律体系已经越来越严密，市场规则和监管也已经越来越成熟。在此情况下，企业经营者尤其应该树立牢固的法律和规则意识。法有禁止则万不可为，唯有如此，方能让企业健康稳固成长。

4. 企业的用人之道

在市场经济条件下，企业成为经济的基本单元和主体，遵循共同的规则，参与"抢喜糖""捞鱼""玩扑克"。而真正推动企业运转、维系企业生计和发展的则是企业员工，是一个个具体的人。如何激发企业员工活力、激发人的能动力量，是一个企业在市场经济条件下必须面对的问题。企业由计划经济体制下的全民所有制和集体所有制转变为自负盈亏的经济实体，从此风险伴随经营活动。原有的岗位分配、薪酬分配等人事制度，在新的条件下面临着一系列挑战：习惯了铁饭碗，职工生产经营积极性不高；职工对企业资产态度淡漠；人才受到岗位束缚，难以被有效利用，等等。这意味着，必须及时对企业人事制度进行调整和变革，通过激活员工的能动性来激活企业的活力。

针对这一问题，我曾提出"做牛粪柴火理论"和"篮球场理论"，用两个比较有土味的比喻来说明企业员工应当具有的基本品质和企业用人制度应当注意的问题。我进一步把它们归结为三个关键词，与企业管理者们来共同分享企业用人之道。

做牛粪柴火理论

改革开放过程中，许多人开始出现浮躁心态，不肯务实。特别是有些有文凭的人，怕干活，总想进机关，当管理人员，这会给社会和企业带来无穷后患。为了教导年轻人，我用农村做牛粪柴火的例子作比喻，我说乡下人经常起早贪黑拾牛粪，然后与稻草和拌，搭在墙上等太阳晒干，拿回去当柴火烧锅。可是，就是做牛粪柴火这么个简单的事，要是不掌握技巧，还想做得比别人更光滑、更干燥、更好烧，还真是不容易的！如果去做牛粪柴火，还没干就说干不起来，或者不研究、不学习、马马虎虎的，那怎么能把牛粪柴火做得好呢？一个做事马马虎虎、不对自己严格要求的人，不管干哪一行都要出问题。

人应该足够虚心地把自己人生的基础打牢，哪怕是做牛粪柴火这样的小事，也要把它做得有声有色，有头有尾，像模像样。这个理论激励金箔的员工们克服困难、钻研技术、精通业务、在市场经济中磨炼真本领。

篮球场理论

改革开放之前，我们企业的用人制度缺少灵活机制。1993 年，我用在篮球场打篮球的例子作比喻，即在市场经济环境中，人才使用及人才竞争的机制好比，运动场上的篮球赛的规则。为了赢得比赛胜利，所有参赛者都要认真地、全力以赴地投入比赛，用过硬的技巧和能攻善战的策略去击败对手。教练发现哪个运动员不行，应当立即换人，立即哨子一吹，“五号下，六号上”。六号如果打不好，就吹哨，“六号下，七号上”。换下来的人经过体能休整、技术补课等可以重新上场。如果按照传统的做法，有些干部会说：“我积极工作，态度认真，一没贪污，二没腐化，三没犯错误，你凭什么叫我下场？”而按照“篮球场理论”，那就是“叫你下场，不是因为你努力不够，而是因为你能力不配！”

营造人才竞争氛围，鼓励员工竞争上岗，坚持“能者上、庸者下”的用人原则，极大地调动了金箔员工的积极性。竞争促使员工不断积累经验、打磨技术，提升自我实力，也在企业中营造了一种昂扬向上、勇敢进取的氛围。

鸡蛋理论

激励，就是调动人的工作积极性，把潜在的能力充分地发挥出来。从组织的角度来说，管理者激励下属，就是要激发和鼓励下属朝着组织所期望的目标，进行积极主动的、符合要求的工作行为。它包括精神激励与物质激励两个方面。

物质方面，最直接的手段就是薪酬激励。将超出其预期的或是额外的奖励报酬给予被激励者，以调动和发挥出更大和或持续的工作积极性。旧时代有个鸡倌，本来好好养鸡，每天只要鸡下蛋，他自己就偷吃两个鸡蛋。地主发现后将他打了一顿，平常有时还拿鸡倌出气，看不到鸡倌的辛勤劳动。鸡倌因此怀恨在心，将鸡全部杀死，拿走全部鸡蛋，地主因此遭受损失。有时候企业大了，内部也会有管理人员拿着公司资源中饱私囊。该怎样对待这种行为是一道两难的题，是惩罚呢，还是默认这种行为呢？默认的话，未来会有更多这样的人，惩罚毫无疑问将会对公司造成巨大伤害。

因此在这样的事情发生之时，企业的掌舵人要将这些灰色收入转换为合理的奖励，将原本不明确的利益划分转化为企业对优秀员工的奖励。这样做，既能解决公司中这类现象的再次出现的问题，也能形成正向激励，促进公司业务进一步发展。合理的激励不仅仅能够使人心凝聚，更能产生实际的效益。

精神激励，则有语言激励、荣誉激励等手段。前者常常是非正式的，它充分利用一切场合、形式、载体，通过语言、文字对创业团队和企业员工进行激励。通过褒奖、赞誉和关心，传递积极、向上、进取等正能量，这种方式显得亲切随和。后者则是指通过评选模范、评优、经验介绍等方式，给予被激励者荣誉。荣誉不仅可以成为不断鞭策荣誉获得者保持和提高成绩的精神力量，而且可以对其他人产生感召力，激发其学习和赶超的动力，从而产生更好的群体效应。

马斯洛需求理论认为人有五种需求层次，当人的底层次需求被满足之后，会转而寻求实现上一层次需求的满足，最终达到自我实现，以达到人生存的最佳状态，需求的满足促进人们不断追求进步。“双激励”实际上不仅是企业对员工的一种奖励，更是员工自我价值的一种体现。

激励与竞争并行，创业团队亲如一家。

上述多个由我的创业实践形成的土理论，目前仍用在金箔事业平台上，深刻地影响着新一代金箔人，影响着越来越多的草根创业者。

我的《创业三字经》

古时候讲“经”，凝练的是直接可用的道理。

创业有没有“经”？我找了一下，指导本土草根创业的好像没有。我觉得自己是在用一生的时间，用一生的心智，用一生的体验，在社会这个巨大的“讲堂”里努力来找这个“经”。

“路漫漫其修远兮，吾将上下而求索。”走过五十多年的创业历程，我将自己的创业经验和心得进行汇总与反复筛选，选出了60条，每一条按照草根创业的特定逻辑，把相互关联的三个概念组合在一起，进行抽象概括，用我的经历和切肤之痛加以佐证，最终用我的土语表述。

《创业三字经》里既有自己反复使用的方法，也有众多他人使用和多范围多场合传播的案例，大多是有效的“验方”、创业的“方法论”。

我这个“创业三字经”寻找了50多年，才找到这些许内容。创业艰难，路途漫长，实操的“经”、创新的“经”还有很多。我这个“经”，可能还不够准确，甚至局限很大，有错误，所以需要更多的人，来为中国的草根创业者们，提供宝贵之“经”。

作为改革开放后的第一代企业家，我诚恳地抛砖引玉，目的是希望读者后生们多多“拍砖”，多出真正好的“创业经”。

第二章

创 业 思 维

三个“思”

A.【词句表述】

思维　思想　思路

B.【词义解释】

凡事预则立。这里“预”的意思是指预先有准备，在现实中也指要用成熟可行的方案来指导我们的行动。方案的形成过程大致包括：思维、思想、思路三个方面，亦即三个“思”。三个“思”具体指的是，创业者准备创业，想创好业，必须运用正确的思维逻辑，形成相对成熟正确的思想，然后根据形成的思想，制订一个战略性与可操作性兼具的创业思路计划和目标。计划有短期的，也要有中期的和长期的。古语云：“三思而后行。”成功的创业一定是三个“思”先行。一个创业者，如果不能解决好三个“思”的问题，那么能否创业成功就很难说了。当然，说起来容易，做起来难。难就难在，固有的思维惯性会“框”住我们，在定式的支配下排斥思维的拓展，阻断对陈旧思维的更新，从而无法保证思维的鲜活、客观、科学。很多人正是因为没有解决好这个问题，所以上路不久就歇火停摆。

思维　思维即用头脑去分析问题、思考问题、研究问题，是认识的高级阶段，它探索和发现事物的内在规律以及本质联系。思维除了逻辑思维外，还有形象思维、顿悟思维。我认为顿悟思维有时对创业者的作用很大。正确的思维，可以有效促成和推进创业。建立正确的思维方法，形成正确的思想体系，以正确的思想确定正确的思路。

思想　思想也指“观念”，通俗地讲就是心里的想法，但比起“思路”一词来讲，“思想”的内涵要丰富得多。符合客观事实的思想是正确的思想，对客观事物的发展起着促进作用，反之起阻碍作用。通过思考、分析、研究、论证等，在复杂事物中梳理出脉络，形成一个相对定型的指导方针和体系。社会存在决定人们的思想。创业路上会遇到很多困境和难题，它们影响命运，决定成败。如何解决这些问题，需要正确的思想。因此提倡：善于科学思考，走出思想的误区；敢于解放思想，打破思想禁区。

思路　作为一个汉语词汇，它比与其意思相近的思想的内涵要窄，通俗的解释就是心里的打算。思路即根据已经成熟的思想和基本成型的路径，制订出的一个完整的、相对成熟的实施方案和工作计划。“富不富，在思路。思路决定出路。”在市场经济新时代，人们都形成了这样的共识：生活工作没有思路不行，组织管理没有思路不行，企业经营没有思路更不行。在逆境和困境中，有思路就有出路；在顺境和坦途中，有思路才有更大的发展。

C.【言论摘选】

◆ 创业者的首要任务是解决三个“思”的问题

想创业的人，下决心走创业之路，却常常有“三个难确定”：干什么项目难确定，怎么干难确定，有没有把握难确定。于是，创业者前怕狼后怕虎。不少人走创业之路在遇到瓶颈、陷入旋涡时，常常还会有“三个怀疑”：是否创业人才，是否选对了这条路，要不要干下去？他们因此而处于迷茫状态。

要解决这些疑难困惑问题，首先要解决三个“思”，即“思维、思想、思路”。

人们常说：“富不富，在思路。思路决定出路。”正确的思路出自正确的思想，正确的思想出自正确的思维，所以思维十分重要。人的行为受大脑的支配和指挥，有什么样的思维便会产生什么样的思想，有什么样的思想便会形成什么样的思路，有什么样的思路便会出现什么样的行动。一个人的视野有多广阔，目光有多远、有多高、有多深、有多长，决定他创办的企业有多大、有多强、能走多远。而这个视野、目光，就来自我们的思维。

我对三个“思”的简要定义——

思维：思维是在表象、概念的基础上，进行分析、综合、判断、推理等一系列认知的过程。

思想：思维活动产生的结果，是人的一切行为的基础。

思路：在思想形成后，所设定的行动脉络和进程，以及方案、计划的大致轮廓。

◆ 创业者要建立正确的认识论、方法论

世事复杂，想要弄清思维是否正确，就要运用哲学的认识论和方法论。我们通常说的哲学思维是指看待和处理问题时运用的哲学观点，也就是应用辩证唯物主义和历史唯物主义的认识论和方法论。

对于我来说，应用得最得心应手的哲学观点有如下几点。

1. 存在决定意识

存在决定意识是马克思主义的基本原理。存在是第一性的，意识是第二性的。如果忽略了存在，而按自己的想法去任意安排事物，也就违反了马克思主义关于物质第一性的原理。

2. 透过现象看本质

归纳推理是理论的积累阶段，演绎推理是理论的应用阶段。对一个现象，我们要先进行判断，然后对判断进行推理，最后实现透过现象看本质。古人所说的一叶知秋，见微知著，就是通过一个表象去观察分析和判断它背后的本质。道理大家都懂，怎么做才是关键。这涉及人的悟性、思维判断能力和立场观点。现象与本质是辩证关系。现象是可以直接被认识的，本质则只能间接、渐进地被认识。不同的现象可以具有共同的本质，同一本质可以表现为千差万别的现象。

3. 对立统一

对立统一是事物发展的源泉和动力。唯物辩证法的根本规律是对立统一，它揭示了事物发展的动力和源泉，揭示了发展和联系的本质。我们知道它有几个具体表现：①揭示了事物运动、变化、发展的根本原因在于事物内部的矛盾性，科学地解释了事物发展的道路、方向、形式等问题。②揭示了事物联系和发展的本质，事物普遍联系的实质就是事物之间由多方面的对立统一构成的矛盾体系；事物发展的实质就是新事物替代旧事物的过程，它体现着事物内部肯定方面与否定方面对立统一的关系。③揭示了唯物辩证法全部规律和范畴的实质，所以，对立统一规律提供了理解唯物辩证法其他规律和范畴的钥匙。④唯物辩证法是世界观，又是方法论，而对立统一规律提供了这一科学方法论最根本的内容。

4. 一分为二

一分为二，简单来说就是：辩证法中矛盾对立统一的关系要求我们全面分析问题，防止孤立片面地看问题。也就是说，在看待人和事物时，要全面地看，既要看到积极的一面，也要看到消极的一面。

我之所以提倡创业者要学哲学，就是因为不少民营企业家缺少这方面的素养。大家也可以看看那些成功的创业者、企业家，他们都有这一素养。从他们大多数人的履历背景上，我们都可以找到这个素养形成的经历。这不是偶然的，而是必然现象。

哲学思维是看待和思考问题的锐利武器。运用好正确的认识论和方法论进行分析、思考，立刻就会有新的发现，从而产生解决问题相应的办法和方案。创业者要养成运用哲学思维的习惯，成为一个思想丰富的思考者，运用哲学思维来产生正确的思想，形成正确的思路。我认为，具有哲学思维的创业者，才会有成功的希望。将哲学思维运用到创业中，就是九个字：如何看、如何干、谁来干。

“如何看”，就是认识事物、分析事物、研究事物、解释事物的变化。这就不得不首先解决思维问题。

“如何干”，就是建设、改造、创造、驾驭一个事物，比如在这个时代、在这样的外部环境下，顺利运作一个企业。这就牵涉到思维落实的问题。

“谁来干”，则是思维所针对的具体目标人和对象，由谁来最终实现。这也很关键，再好的思路，没有合适的人、强有力的人来执行，也是不能成功的。

生病，对于病人来说，当然是痛苦和不幸的，但对于卖药的和开医院的来说，也是服务和赚钱的机会；战争，对于交战国的老百姓来说，是灾难和悲剧，可对于制造、贩卖武器的人来说，则是扩大业务的机遇……这些在经典作家们那里都能找到论据。这么一想，我们站在什么角度想问题、处理问题，眼睛不就亮了吗，头脑不就清楚了吗？

改革开放早期，山东提出“要想富，先修路”的口号。道路修好了，交通发达了，带来了流通的加快，经济也得到了发展。证明这个口号思路很正确。可是，他们哪里来的这个思路呢？为什么他们能提出这个思路的呢？问题的核心就在于，他们有哲学思维，当他们的认识论、方法论解决了，便产生了正确的思路。

创业者用正确的世界观和方法论来认识、研究、思考所面临的一切矛盾和问题，从而得出正确的思想和思路，就是在运用哲学思维。

学习、运用好哲学思维，就会使我们的思维方式在正确健康之路上顺利前进。我有自己总结概括的“哲言”，比如：

——没有理论的实践是盲目实践，没有实践的理论是空头理论。

——心态平衡不平衡，看你参照什么人。

——企业家是为钱而工作的，但绝不是为钱而生活的。

——我只享受创造财富的快乐，绝不享受消费财富的快乐。

◆ 行之有效的哲学思维方法

1. 想字法

想，就是思考。思考源于主体对意向信息的反应和加工。“心有所欲而思也。”这种由自己心智对意向信息内容的加工过程，是在联想连锁反应中进行的，比如思维发散、相似联想、接近联想、对比联想、因果联想，等等。郭沫若的《洪波曲》中有句话：“思考事物的周密如水银泻地，处理问题的敏捷如电火行空。”思考过程包括：扩大对思考对象的了解、找出问题、分析矛盾、思考解决办法等不断螺旋上升的过程。思考有不同的角度，比如：批判思考、系统思考、创意思考、逻辑思考、水平思考、垂直思考、图像思考、正面思考、负面思考等。

面对错综复杂的形势，面对举棋不定的混乱思想，面对左右为难的场景，运用好“想字法”——沿着几个方向就会想得明白准确。以此经验，我二十年前曾写过一首“想字诀”：“凡事多想想，真有好文章；正想想，反想想，眼睛会发亮；前想想，后想想，脑袋就清爽；上想想，下想想，做事不莽撞；左想想，右想想，前进有方向。”

2. 独立思考法

创业者必须独立思考，千万不能人云亦云，千万不能主观臆断，千万不能感情用事，千万不能盲目冲动。谨记这四个“千万”的同时，尽量避开众说纷纭的环境，排除各种情绪的干扰，尽量保持清醒的头脑，力求冷静、理性思考。

我很赞同这样的态度：不把信息当作知识，不把收藏当作学习，不把阅读当作思考，不把储存当作掌握。不提炼总结、不应用学习、不深入思考、不实践反馈，就不会形成自己的能力。建立在有特色的个人观点上，特别是不“人云亦云”，自己的观点是来源于观察、阅读、总结、思考、实践的，而不是拍脑袋拍出来的，才会有价值和意义。

独立思考时，别把阅读中得到的观点当成你自己的观点。在任何时候，都不要不加思考地轻易接受某种观点，而要有批判性思维。

3. 七问法

这是创业者参与企业管理的正确方法，也是认识事物的正确方法。在调研的过程中，对产品、技术、市场等问题进行反复多次的设问，多问能不能，考察其可行性、可靠性、耐久性。比如：搞清楚某个新产品或技术，必须首先问几个原则性的问题，大数据只是背景咨询。归纳一下，有这“七问”：这是干什么用的？有没有替代品？能不能重复？是什么水准？合不合用？如采用了之后有哪些利弊？产生何种效应？经得住这样一连串的提问，就会少犯错误。

4. 质疑法

善疑者，疑人之所不疑。想把问题弄清楚，不要马上去相信，先要敢于质疑。伟大的意大利诗人但丁说：“怀疑有如草木之芽，从真理之根萌生……”

出色的创业者要学会思考，学会质疑，怀疑前人的成果，怀疑前人的学问，才会有所创新。

5. 逆向思维法

逆向思维也叫求异思维，是对司空见惯的、似乎已成定论的事物或观点进行逆向思考，敢于“反其道而思之”，让思维向对立面的方向发展，从问题的相反面深入地进行探索，树立新思想，创立新形象。即当大家都朝着一个固定的思维方向思考问题时，你却独自朝相反的方向思索，这样的思维方式就叫逆向思维。人们往往习惯于沿着事物发展的正方向去思考问题并寻求解决办法。其实，对某些问题，尤其是一些特殊问题，从结论往回推，倒过来思考，从求解回到已知条件反过去想，或许会使问题简单化。

有人落水，常规的思维模式是“救人离水”，但少年司马光却运用了逆向思维，果断地用石头把缸砸破，“让水离人”，最终救了小伙伴的性命。电流的产生也是“逆向思维”的案例。哥本哈根大学物理系教授奥斯特，通过多次实验发现了电流的磁效应。这一发现传到欧洲大陆后，吸引了许多人参加电磁学的研究。后来，物理学家法拉第怀着极大的兴趣重复了奥斯特的实验，发现果然如此，只要导线通上电，导线附近的磁针就会立即发生偏转，他被这种奇特现象深深地吸引。当时，德国古典哲学中的辩证思想已传入英国，法拉第受其影响，认为电和磁之间必然存在联系，并且能相互转化。他想，既然电能产生磁场，那么磁场也能产生电。为了验证这种设想，他从 1821 年开始做磁产生电的实验，无数次实验都失败了，但他坚信，从反向思考问题的方法是正确的，并继续坚持这一思维方式。10 年后，法拉第设计了一种新的实验，他把一块条形磁铁插入一只缠着导线的空心圆筒里，结果导线两端连接的电流计上的指针发生了微弱的转动！电流产生了！

与常规思维不同，逆向思维是反过来思考问题，用多数人没有想到的思维方式思考问题。运用逆向思维去思考和处理问题，实际上就是以“出奇”的方式“制胜”。因此，逆向思维的结果常常会令人大吃一惊，喜出望外，别有所得。

6. 参照法

参考并对照的方法。人判断事物都需要靠参照体来进行，因为所有物体都不可能孤立存在，而需要在各种联系的约束与解放中成型。因此，参照体往往会左右我们的好恶爱恨。比如说，同样一滴水，可以给人以神圣的感觉，也可以给人以恶心的感觉。

用他人的经验和教训对照自己，“他山之石，可以攻玉。”善于思考可以除弊端，扬优势。善于用参照法，可以使人摒弃肤浅的看法，坚持实事求是，找准正确的位置。

7. 比较法

不怕不识货，就怕货比货。在金箔集团有企业“五比”、领导“三比”。企业“五比”是比技术、比质量、比价格、比服务、比管理，领导“三比”是比效益、比管理水平、比一把手的素质，有比较才能鉴别水平能耐。

8. 烟雾法

为了推行一种新的政策和制度，有时候要使用一些策略。“烟雾法”就是其中之一，即试探性地先“放风”，借着传播力量集中不同的反馈意见，集思广益，从而形成我们的正确思路和思想。这是形成好的决策的一种方法。这里涉及几个要点：一是“放风”，就是把一个棘手的问题广而告之，让更多人知道有这么回事，几十、几百个脑袋去思考同一个问题，这就必然会在不同的思路下出现可选择的闪光点；二是将这些反馈集中归纳，就有了进行一番比较的机会；三是让其进行碰撞，擦出火花，这也是一个集思广益的过程。在计划经济时代，企业搞献计献策，搞意见箱，搞技术革新，等等，也是在集思广益。

9. 冷却法

所谓“冷却法”，就是把挠头的问题放一放，让矛盾冲突的激烈度逐渐下降，由热变冷，等缓和了再来处理。我们创业者、企业领导人，一举一动都与企业息息相关，带着偏见和急躁情绪做决定，如果处置不当，不仅不能灭火，反而火上浇油，因此要防止一时兴起的想法出现，为防止思路出现偏颇，可将初定或暂定的意见、决议、方案放置一段时间，再静心研讨、细磨，看看哪里不完善、不成熟、不可取，从而使思路更趋于科学性、先进性。

10. 鉴定法

对重要的思路、决定、方案，应聘请行家里手、专家学者共同来评议。不带框框，不定调调，让大家围绕主题进行广泛议论，以防止出现重大失误。换个说法，这就好比医生会诊：凡疑难病例，均应及时申请相关会诊，会诊有科间会诊、院内大会诊以及院外会诊——本院不能解决的疑难病例，可邀请院外专家来会诊。按这项制度规定，会诊人员要仔细检查，认真讨论，充分发扬学术民主。主持会诊的专家要综合分析会诊意见，进行小结，提出具体诊疗方案。

企业往往都是在面临重大管理问题、技术出现瓶颈、运作机制亟须调整、重大项目面临决策之际，拿不准、拿不稳的时候，甚至出现矛盾问题的时候，特别需要鉴定与“会诊”。

以上都是本人在创业实践中学习、领悟、运用辩证唯物主义、历史唯物主义中的认识论和方法论得出的“土”理论和“土”方法，是不断积累总结出来的，竟然达到了10个。这些都印证了我经常说的“三字经”中“三思”这一条，即思维、思想、思路。这是创业首先要解决的问题，是创业的基础性工作。任何一个创业成功者，无一例外地，必须首先解决这些问题。

D.【案例一】

起死回生

1983 年 11 月，我被组织调到江宁金箔锦线厂工作。这是一个于 1955 年由 64 名金箔艺人组织的金箔合作社，主产品真金箔由延续了 2000 多年历史的祖传工艺制成，是国家非遗产品之一。

金箔产业在 20 世纪六七十年代遭受重创，金箔艺人被迫改行做元钉、搓草绳等，荒疏了金箔主业。到我上任前，厂里一共换了 12 位领导，工厂状况都未见起色。

上任伊始，我四处走访，发现厂里干部职工都心灰意冷，对搞好金箔企业缺少信心，外界也普遍认为金箔厂已是“一匹死马”了。通过调查研究，我发现金箔厂抱着“金饭碗”，却过着穷日子，症结在哪里？症结就在于大家的观念保守，看不到希望之火在哪里，加上管理不严、机制不活，所以形成了僵局。

摸清了底数，我就知道怎样出牌。首先，大力宣传金陵金箔乃传世国宝。十一届三中全会后，国家宗教、旅游、文化事业百废俱兴，金陵金箔必不可少。于是，我亲手书写了一副“希望之路”，以示为弘扬金箔文化决一死战的决心。我提出：“富不富、在思路，思路决定出路。”“改革，只有改革，才有出路。”从此金箔厂拉开全面改革的序幕。其次是大力推行企业内部“五统一、五分开”，实行厂部领导下，以产品为龙头的分厂制和一系列改革举措。改革经营模式，划小内部核算单位，推行产供销、责权利承包制；改革分配制度，实行真正意义上的多劳多得和奖勤罚懒制度；改革领导体制，打破干部终身制，引进“五号不行六号上”的干部竞争机制；改革经营管理机制，探索形成适应市场经济规律的科学管理机制等。不断的改革终于使企业摆脱了困境，企业迅速出现生机，一时间，金箔厂还在社会上被称为“江宁的小深圳”。

如今的金箔集团，不仅是世界第一大金箔生产基地，而且还做成了名副其实的“官窑”。2017 年底，时任北京故宫博物院院长的单霁翔亲临金箔集团，授予金箔集团“故宫官式古建筑材料（金箔）供应基地”的称号，金箔集团迎来了辉煌时刻。

【案例二】

从零开始

1992 年，南京市江宁区林业系统的一个苗圃办不下去了，政府决定将其原有的 200 多亩地和 200 多名员工集体交给江宁几家工业企业管理。金箔厂分到了近 40 亩地和 40 名员工。其他企业拿到地皮，有的盖宿舍、有的搞地产，我却用来搞第三产业——创建金宝市场。我一提出办小商品市场的想法，就遭到很多人反对，企业领导班子中也没人同意。

我想进入商贸第三产业是基于对大势的判断。江宁的商业从来都不发达，因为江宁离南京市区太近，当地老百姓都习惯到市区购物。1990—1992 年，世界发达国家的服务业占 GDP 比重的 60%，中国的服务业发达地区仅仅占 GDP 的 8% ～ 10%，而江宁的服务业仅占本地 GDP 的 2.6% ～ 4%，所以，我们完全有理由到第三产业这片“蓝海”中试一下“水”。于是，我力排众议，紧跟时代步伐，自筹资金建造了江宁县城第一个大市场。

我带领金箔人多批次、快节奏地到浙江各大商贸市场学习招商、招租，学习划行归市等，还特别撰写了一篇《好厉害的浙江人》的文章，营造学习浙江人创业经商的氛围，多次在现场召开“金宝市场前途与命运研讨会”。金宝市场创办初期，因各种原因生意冷清，无商户无客户，6 000 平方米市场里面能开汽车。许多人心灰意冷。外界到处流传：“金宝金宝，关掉拉倒。”我们不信邪，坚定了创办金箔市场的决心。我们写出大广告口号：“不到金宝，江宁白跑。”“金宝金宝，越办越好！”“北有夫子庙，南有大金宝！”我亲自上阵，没有节假日、星期天和上下班时间，兼职第六任总经理，终于使金宝市场获得了成功。

金宝市场从零开始，如今，在店商 + 电商的“金路计划”发展思路的指引下，数量已由原来的一个发展到今天的 28 个。作为金箔家族另一个支柱产业，不仅成为江苏著名的商贸企业，而且年盈利已超过亿元以上。

【案例三】

半只烤鸭

在物资短缺的年代，上北京能吃上一顿北京烤鸭，算是没有白去。

1984 年，我刚调到金箔厂担任负责人不久，县工业局张局长等人要我陪他们上北京。一方面是因为我厂产品 70% 以上销往北京，熟人关系多；另一方面是因为我刚上任，他们也想带我开开眼界，乘机熟悉一下关系户。于是，我与金箔厂供销科老科长刘如松陪同张局长上了北京。

我们人虽上了北京，心却一直拎着。

当时的金箔厂，一年产值才 200 万元不到，固定资产才 38 万元，亏损 197 万元。我临去北京的时候，全厂账上只有几千元，到北京还要请局长吃饭，可想而知这有多尴尬。出差要花钱，还要买生产材料，这日子怎么过？为了省钱，我们到了北京那几天，旅馆只拣低档的住，饭馆只拣路边店，白天乘公共汽车，那时出租车还不流行。到了晚上我们还躲在房间“算算细账”，口袋可是“瘪”的啊……

走到大栅栏，路过“全聚德”烤鸭店。“北京没啥好吃的，只有烤鸭好！”张局长向我们介绍。我想，话都说到这个份上了，再穷也得请他吃一次烤鸭。鲜嫩金黄的烤鸭油水直滴、香味扑鼻，确实令人垂涎。一看标价，每只14元。这事如果放在今天，不，如果放在早几年前，一顿买2只、3只、5只、10只，我的手都不会抖一下，可是在当时我揣摩了半天，还是决定花7元钱买半只。待到服务员把半只烤鸭端上来，我一看惊呆了，半只烤鸭只将一个中碟子底薄薄地盖了一层，另加几块煎饼、一小碟酱、几根葱。我们三个男子汉，这么一点东西哪里够吃的？即使我一个人也能毫不费事地在5分钟内吃它个精光。

“小江！（局长到了快退休的年龄，那年我三十八岁，所以这么称呼我）怎么不动筷子呀！这鸭子真嫩，真香，真好吃，你们快吃！”张局长北方人性子，毫不客气，连吃了两块以后，见我还不动手，连忙招呼。

“好！好！好！不过，我今天不知怎么的，胃不太好，吃不下……”我连忙向局长解释，刘如松见我这样，也推说他经常吃，不稀罕，望局长多吃。

“不行！胃不好，也要吃一块！”局长硬是夹了一块放在我面前的碟子里，也夹了一块给刘如松，我生怕被局长看出破绽，装作“盛情难却”，赶忙将一块烤鸭送下肚。那一顿，我和刘如松每人只吃了一块。

在回旅馆的路上，张局长还津津乐道：“小江，你们好倒霉，这么好的鸭子，今天怎么碰巧胃不好？”后来过了很多年，张局长还记得我不吃烤鸭的事，时常提醒我胃不好，要保养好。

当年囊中羞涩的苦，现在每每回味就是甜。苦中作乐，甘之如饴，就是我们的来时路啊。

13年后，金箔企业终于翻了身。1997年，我们集团将江宁著名的龙头企业——湖熟板鸭集团收入旗下。

三个“划”

A.【词句表述】

谋划　规划　计划

B.【词义解释】

三个“划”意为创业初期，创业者要对自身所创之业恒审思量，对重点问题反复谋划思虑，对关键步骤做出精当的论证、定位及方案，如此胸有沟壑，自可处变不惊。

世间大凡创业者，无不是筚路蓝缕，以启山林。眼前是山河苍莽，亦有荆棘丛生，或是此处尚无人迹，或无论路径如何，均须自己奋力开辟，哪怕已有两三个先行者失败的脚印横陈于前。面对种种复杂情况，创业者若不能做好这三个“划”，则必将左支右绌，狼狈不堪，甚至折戟沉沙，含恨而归。

谋划、规划、计划，三者密切相关，纵而说之，则三者次第相生，环环相扣；横而说之，则三者各有作用，相辅相成。

谋划 所谓谋划，就是在创业之心初动之时，牢记谋定而后动的古训，不可头脑发热，在情况不明时就去闷头创业。创业者必须审时度势，发掘市场潜力，找准潜在机会，并将之与自身可以利用的资源充分结合，做到充分论证，并牢牢把握创业过程的关键节点和重要影响因素。有了充分的谋划之后，创业自然可以势如破竹、节节胜利。

规划 所谓规划，即已经开始创业行动时，对自身的商业版图制定一个较为长远的发展计划，对整个企业的发展方向、整体布局等进行战略性的确定。一个好的规划就如同诸葛亮的“隆中对”，未出茅庐便已定下天下三分。规划是战略层面的布局，切忌过于细密而丧失了小范围灵活变动的可能，但一定要在大关节上保证方向无误。长期性、框架性、目标性是规划的主要特点。规划是谋划在现实中更加完整的体现，也是谋划的扩大、深入和可执行的版本。

计划 所谓计划，就是在谋划与规划都已经确定之后，对企业现今一段时间的发展，做出一个可实施性强的中短期规划。相对于规划来说，计划更具有操作性与可实施性。尤其在对细节的处理上，计划需要更加注意和考虑实施中的种种影响因素，做好应变方案，以确保计划具有较高的可行性，并尽量使得计划做到精确、细致、完备。总的来说，计划是整个长期工作规划和战略谋划的最前沿，所有的谋划和规划最终都要通过计划来变成现实。

C.【言论摘选】

◆ 新上项目要有新要求

新上项目的产品要新、奇、特、冷、稀，否则我们一个都不干。

◆ 站在世界高度上考虑新上项目

今后，凡是新上的项目，一律站在世界的高度上考虑，强调其设备、工艺、技术、材料、产品的先进性，否则，原则上都不上。

D.【案例一】

金箔的第一个谋划——企业全面改革意见

“一九七九年那是一个春天，有一位老人在中国的南海边画了一个圈……”这是改革开放的总设计师邓小平同志对振兴中华的伟大战略谋划。从那时起，改革春潮涌动，改革春风浩荡。民运紧随国运，我们以勇立潮头的姿态，吹响了振兴金箔事业在企业内部进行改革的号角。

1985年，我亲笔撰写了《金箔厂全面改革的意见》（以下简称《意见》），主要内容如下。

1984年，我厂在思想上混乱、纪律上松弛、业务上下降、经济上背债、设备上利用率不高的困难情况下，靠体制方面的改革，搞责权利、产供销分散承包，使各车间都增强了活力，显著提高了经济效益；通过经济责任制方面的改革，彻底打破了大锅饭和平均主义的弊病，调动了各方面人员的积极性；通过用人制度方面的改革，大胆提拔和合理使用了一批有用人才，使企业出现了后继有人的蓬勃景象；通过工作方面的改革，冲破各种条条框框和习惯势力，使我厂在政治上、经济上、生活上都出现了可喜的景象。

目睹我厂现状，我们仿佛感到，我们已经向苦海、向困境、向落后、向歧视告别，我们已经踏上了希望之船，正向那胜利的目标航行。

党的十二届三中全会关于城市经济体制全面改革的决定公布以后，我们企业面临着十分激烈的改革形势和竞争形势。我们是大集体企业，没有任何人会从天上撒一大把钞票来让我们拾，也不会有人叫我们不干活而照发工资，任何指望不经努力和艰苦奋斗就能获得幸福和富裕的想法都是幻想。我们必须拼了命来进行奋斗，才能进一步站稳脚跟，立于不败之地，实现胜利的目标。

为了适应当前形势，为了保证让我厂再有一个大的飞跃，1984年11月7日至8日，我厂就1985年的改革方案和今后的工作进行了全面认真的讨论。大家一致认为，1985年我厂要走全面改革的道路，要坚决扫除任何阻碍，尤其反对改革的思想障碍和行动障碍。

关于组织形式和经济体制改革，确定总部与分公司之间走“独立核算，分而治之”之路，这样才能东方不亮西方亮。

关于经济责任制和工资形式的改革，实行工效挂钩，经济责任制，员工计提制，分支企业之间分开唱戏，彻底破除大锅饭弊端。

实行经济责任制和计件工资制以后，我厂总会有一批表现突出、贡献较大的同志。我们要在工作上对他们给予表彰；在经济上也要给到实惠，对他们进行重奖和优先晋级。确立产品设计奖、承接大批业务鼓励奖、新产品科研成功奖、技术革新鼓励奖、合理化建议采纳奖、增产节约显著成果奖，不论是谁，符合上面之一者，都由厂总部颁发奖励。

关于干部制度和人事制度的改革，主要从以下方面着手。

从 1985 年开始，全厂各车间、科室主要负责人，实行三种办法任用：一是厂长聘请制；二是民主推荐制；三是毛遂自荐制。无论哪种办法选出来的干部，一律实行一年履行一次手续的制度：合格的连任，不合格的淘汰，凡是需要中途更换的，都得由让其担任职务的人批准。干部一律实行能上能下制，选择用人“十不分”，等等。

当年这个全面改革意见，还涉及财务制度、对外交往、经营、员工福利等方面，成为系统的、有指导性意义的创业发展谋划。

这个《意见》成为我成就金箔辉煌事业的第一个谋划纲领性文件，是金箔发展壮大的体系化、制度化的核心机制。以后一系列制度化的设计陆续出台，都在为我们金箔集团的大发展保驾护航。

【案例二】

金箔施行的第一套分配规划

善谋者谋大势。创业快速发展时期的分配，事关企业的前途和命运。为此，我亲自撰写了企业的分配办法，目的是进一步搞活分配，激励更多的能人为企业多做贡献。改革不是一蹴而就的事，改革需要调动一切积极因素以全心全意谋发展。这其中，人是最根本的问题。

1992 年，经企业董事会决定，并经过厂第五届职代会第二次会议通过；自 1993 年 1 月 1 日起，全厂经济承包责任制分配办法修改调整如下。

一、各经济实体继续实行独立核算、自负盈亏、多劳多得、联利计奖的分配原则。一次分配由总部与分部（包括商贸）签订承包合同，每月按指标兑现核算发放。二次分配由分部与车间、班组、个人建立分配办法，总部不干预，但各单位都必须建立严格的考核标准和奖惩办法。

二、试生产经营满一年，已经正常生产经营的单位，由厂协商确定两个考核底数：利润考核底数和职工人数工资总额底数。然后联利计奖，每月底进行计算，利润每增加 1%，职工工资总额增加 0.6%；利润每下降 1%，工资总额下降 0.6%。

三、考虑到即使是正常生产经营，由于投入、转产、价格、产品开发等各种原因，单位经营也会出现异常情况，因此对联利计奖单位实行下保上限办法，保障亏损单位人均收入不低于国家规定。

四、由于大小单位承担的经济指标任务不一样，各单位职工基础工资标准也有区别。

五、各单位人员进出必须经总厂批准。加减人员则对应加减基础工资。

六、各单位利润数是指毛利在缴纳总厂和国家规定的各种税、费后的金额。各单位提取的大修理资金、新品开发资金均作为利润数先提奖金后交总部。

七、除了职工工资以外，各类管理人员实行职务工资和职称工资制度。

八、承包领导人的风险贡献奖本着多干多拿、少干少拿原则，一律以利润为唯一衡量标准，按比例提成。年利润名列第一，奖励比例10%，等等。所有承包单位提成的奖金，一律属承包者所得，其中正职50%，副职不论多少，其和为50%。

总部领导提成比例为：按各分部利润总和，正职提成1.5%，副职提成0.75%，部门领导总和提成0.75%。承包人的风险贡献奖在职工效益工资后进行且每半年进行一次，上半年预付应得数的70%。

所有承包经济实体，财务必须接受总部监督。审计工作原则上是每季一小审，半年一中审，年底一决审。审计发现问题，总厂有权进行查处和惩罚，严重违法乱纪者提交司法机关查处，责任一律由承包者自负。

各承包单位，无论是职工的效益工资，还是领导人的风险贡献奖，必须纳入成本。本月进下月，一月套一月。个调税职工一律自行缴纳，承包领导由单位承担，总厂认账，各单位处理。

本办法解释权归总部财务部、行政部，修改权归总部董事会所有。

这个分配方案不是凭空而来的，是我在实际工作中摸索和深入广泛调研的结果，是得到上上下下认可的。方案的具体办法，绝大多数内容执行至今。

【案例三】

金箔核心的经营管理机制“五统一、五分开”

企业壮大后，摊子增多，层级增加，但是在确保按照经济规律办事的前提下，与时俱进的管理理念和实实在在的管理要求没有改变。1990年金箔总厂成立后，我们开始从实质上实施“划小核算单位、分而治之、五统一、五分开”的经营管理机制，激发企业内部持久的创造力和盈利能力。

具体规定对上对下的关系是：对工业主管局仍然以总厂为牵头单位，所有分厂计划一律不单列，总厂对分厂，是领导与被领导关系。

总厂与分厂，做到“五统一”“五分开”。

“五统一”，即隶属关系统一、行政管理统一、银行账号统一、生活服务设施统一、国家规定的福利待遇标准统一。

“五分开”，即财产分开、人员分开、经济核算分开、产供销分开、分配方案分开。

总厂有如下职权：

1. 有任命和罢免处理各分厂干部的权力，有审核和最后批准各分厂进人的权力。

2. 有制定企业发展规划的决策权力。

3. 有审查和批准各单位设备购置、奖励、重大资金使用方案的权力。

4. 有检查和监督各单位工作情况的权力。

5. 有特殊情况下的奖惩权力。

总厂有如下的任务：

1. 组织全厂各部门努力完成上级下达的生产任务。

2. 带领和组织全厂职工认真执行国家政策、法令。

3. 制订企业计划和发展计划，搞好企业的重大决策。

4. 检查和监督各单位按时按量完成生产任务。

5. 搞好全厂的行政管理和生活管理。

6. 依靠企业集团的力量帮助和扶持困难企业。

7. 搞好各分厂的协调工作。

分厂有如下的职权：

1. 对分厂需要的人员有向上推荐权、建议权、拒收权。

2. 对分厂所有人员有嘉奖权和向上推荐表彰权，有令其停职检查权、辞退出本分厂权。

3. 有限额范围内的奖励方案的决定权。

4. 有在定额资金范围内用钱的批准权。

5. 有本分厂设备的引进购置和报废处理的建议权和决定权。

6. 享受符合厂部经济政策范围内的各种待遇。

分厂有如下的任务：

1. 全权负责本分厂的销、供、产，保证完成和超额完成厂部交给的产值、利润、经济指标和其他工作任务。

2. 将分厂干部职工管理好、教育好、带领好，保证其沿着健康的轨道发展。

3. 对属于本分厂管辖的所有企业财产都必须精心保护，使其免受损失。

4. 对本单位经营管理不善所造成的损失和事故，都必须承担行政责任、经济责任和法律责任。

总厂和分厂经济关系有如下明确规定：

1. 各分厂均是独立核算的经济实体，业务直接对外，资金使用单独建账，但资金必须通过总厂统一的账号进出，进钱出钱受总厂监督控制。

2. 各分厂都按照一定的产值利润指标由总厂根据厂里的销资率下达一定的流动资金，利息由总厂统一收取，为控制各分厂盲目多用流动资金，厂内利率比银行利息高千分之一，并由总厂制定各分厂超额流动资金加息的办法，即超过定额的流动资金，利率加 50%。

各分厂的流动资金由于受到生产的限制使用不完，则总厂有权统一调度使用，特殊情况下不足的流动资金，由总厂统一负责解决。

3. 各分厂发展需要增加的设备贷款，由全厂统一按租赁形式，纳入各单位生产成本，逐月摊派归还。大的债务偿还，由总厂在总利润中处理。

4. 总厂统一收取和使用如下几个费用：折旧费、大修理费和税金；县局管理费和 2% 的企业管理费，以及各分厂的净利润。

5. 总厂内部设小银行，各分厂之间的业务往来均通过内部小银行结算，结算凭内部本票。

6. 大的费用，如离、退休人员工资、公用房产折旧修理费、小型建筑修理费等，按各分厂人头进行摊派计算。

7. 总厂和分厂都建立财务账目。分厂设主办、出纳各一名，总厂设主办、成本、材料、往来等会计。各分厂重大的资金使用都必须通过总厂财务科的审核。

8. 属于公用的费用开支，如办公用品费、劳保用品费等，都由总厂统一制定标准控制安排使用。

“五统一、五分开”，是金箔企业核心的经营管理机制。金箔企业的今天，正是在这一核心机制的保障下，不断实现新的跨越的结果。所以，从计划实施的第一年起，其实际内容和方法执行至今。

三个“好”

A.【词句表述】

一位好领导　一个好产品　一套好机制

B.【词义解释】

三个“好”是创办企业的三要素，也是创业者要思考的课题。作为创业者，要做到“三好”：必须明确选择一个好的领导；必须明确经营一个好的产品；必须有一套完整的运作机制。创业者如认识不到这三个“好”的重要性，不力求做到这三点，那么创业往往会以失败告终。

好领导 领导泛指企业的中高层领导，包括总经理、董事会主席、CEO，也可以指创业者自己等。好领导指企业领导至关重要，不但要能力强，还要人品过硬、道德高尚。一个企业的好领导，决定这个企业的命运。多年的实践证明，领导具有良好的发展战略思维、较强的经营能力、做人做事讲究诚信，是企业生产力的第一要素。好领导还要懂得“三划”，即谋划、规划、计划。

好产品 产品包括服务、平台、大数据、专利等，选择好产品泛指企业必须选择一个具有较强竞争优势的产品。无论是物质产品，还是精神产品，想要成为好产品，要么是世界领先的产品，要么是市场稀缺的产品。好产品还应考虑到能为顾客提供五个层次的价值，即核心产品、形式产品、期望产品、延伸产品、潜在产品等。

好机制 机制原本是一个社会学的概念，这里指企业的运作机制、领导方法，属于管理学范畴。企业的组织框架结构、指挥系统、班子配备、人员布局都很重要，都要安排得科学合理，保证人人有事做、事事有人做，防止人浮于事、互相扯皮、责任不到位。好的领导方法，关系到创业能否成功。机制好不好，要看整个运作流程是否顺畅，是否灵活高效，是否安全可靠，是否具有持久的活力。

C.【言论摘选】

◆ 创业者的地位和作用

在一个企业里，创业者作为领导，是一面旗帜，代表着企业形象；是一名号手，用吹出的“号音”，指挥着企业行动，决定“冲锋”还是“撤兵”；是一名舵手，决定企业这艘船的航向；是一个火车头，决定企业这列火车开多大马力，驶向何处；是一块磁铁，具有强大的凝聚力，将周围“金属”吸引过来。

治国需要政治家，打仗需要军事家，演唱需要歌唱艺术家，发展商品经济则需要大批创业者。

我认为，创业者不仅仅要有军事家的指挥才能、思想家的分析能力、理论家的认识水平，还要有经济学家的头脑、政治家的风度、艺术家的表演技巧。种种道理和现实都告诉我们，成功的创业者犹如一个上台领奖的冠军一样，荣耀是荣耀，然而要夺取冠军称号是十分不容易的，必须经过市场检验。

◆ 创业者应具有的八种精神

创业者应有八种精神：吃苦精神、牺牲精神、忘我精神、求实精神、学习精神、开创精神、负责精神、冒险精神。

◆ **这六种人不能当创业者**

在金箔集团，有六种人不能当创业者：“襁褓婴儿式”的人、“转播站式”的人、“算盘珠子式”的人、“保管员式”的人、“嘴歪怪茶壶漏”的人、“人在曹营心在汉”的人。

◆ **创业者的“综合八能”**

我把创业者的最高综合能力归纳为“八能”：能文能武、能大能小、能高能低、能远能近、能虚能实、能屈能伸、能软能硬、能苦能甜。

◆ **创业者应具备八种知识**

创业者应具备八个方面的知识：哲学知识、文学知识、历史知识、经济学知识、心理学知识、社会学知识、军事知识、专业知识。

◆ **创业者应具备八种能力**

创业者应具备八种能力：目标能力、指挥能力、演说能力、社交能力、专业能力、凝聚能力、适应能力、组织能力。

◆ **创业者基本的衡量标准**

真正的创业者，能在没有企业的情况下创办一个企业，能将一个差企业办成一个好企业，能将一个小企业办成一个大企业。

◆ **创业者要有做人的准则**

创业者要坚守自己做人的准则，不能有奶就是娘，不能因为有钱赚就连做人的准则都不要了。不为物质利益放弃精神追求，这就是做人的基本准则。多少仁人志士放弃优厚的待遇、优越的条件，而到艰苦的、危险的地方去开创自己的事业。这就是坚守做人准则，追求崇高思想境界的体现。精神空虚比物质空虚更可怕。一个人一旦失去做人的准则，就会有很多人戳你的脊梁骨。千夫所指，无疾而终。孔夫子为什么在历史上这样有影响？他因做人的准则而受到世人的尊敬。

◆ **应当做这样的企业领导**

什么叫领导？领导就是走在队伍最前面并能带领和指挥队伍的人。仅仅走在队伍前面的是排头兵，而不是领导。

◆ **21 世纪中国最缺的就是创业者**

为什么说 21 世纪中国最需要的是创业者，这是由我们所处的时代所决定的。战争年代最需要的是军事家，和平治国最需要的是政治家。而现在，和平与发展成为世界的主流，经济实力是衡量一个国家世界地位的关键，因此经济建设成为当前中国的首要任务。中国发展经济最需要的是什么？我认为，最需要、最紧缺的就是创业者！创业者是企业的灵魂，是市场经济的主体力量，是中国经济发展的坚实基础，是中国经济发展水平赶上发达国家的希望所在。可以说，不造就出大批优秀的创业者，中国的经济就难以高速发展。

◆ 创业者在激烈市场竞争中产生的

坦率地讲，把一般的厂长、经理都称为创业者是一种时髦。我从来不这样简单理解。什么叫创业者？创业者应该像政治家、军事家、理论家、文学艺术家一样，是一种特别的人才，是成功创办、经营和管理企业的专家。创业者从事的是决策性、指挥性的劳动。这种劳动具有全局性、复杂性、创新性等鲜明特点。可以这样讲，创造企业效益的是员工，而决定企业成败的是创业者。创业者的称号不是谁授予的，而是在激烈的市场竞争中产生的。一个真正的创业者，必须具有相当的理论知识与实践知识，并在企业运作上取得特别的成功。创业者是企业之魂，是企业的旗帜、舵手，是发动机，是具有强大吸引力的磁铁。

D.【案例一】

金箔骁将左国书

现在的市场由两大区域组成：蓝海和红海。经济学中把未知的市场空间比作蓝海。一名优秀的舵手一定是善于把握方向、勇闯蓝海的猛士。金箔集团旗下当年有一个塑印包装厂，其拳头产品是铝箔内包装，由铝箔与衬纸复合而成，既能防潮湿，又挺括美观，市场需求很大。

1987年，金箔集团决定上线这个新产品。当时无设备、无资金、无技术、无市场供货渠道，集团前后选派了四名厂长牵头创办这个企业，都以失败而告终。两年下来，工厂经营不见起色。于是，我们选择左国书担任这个厂的厂长。左国书是老三届高中生，在金箔厂机械车间工作了十年，脑子聪明，处事果断，具备了许多厂长、经理必备的综合素质和领导能力。他一上任，便寻找能人配合，大手笔改造设备，亲自跑市场，日夜拼搏跑一线，终于将一种新型、适销对路的铝箔产品研制成功。此后连续十年，该铝箔产品创造经济收益千万元以上，成了金箔集团制造业第一大经济台柱。2003年，以食品铝箔为龙头组建的金箔包装企业成为金箔家族第一大制造业。

左国书创业成功的经验告诉我们：一个企业就像航行在大海中的巨轮，是否能远航关键靠舵手。

【案例二】

中华餐饮名店——金元宝

“山不在高，有仙则名；水不在深，有龙则灵。”做餐饮，靠什么出名，用什么显灵？菜品和服务。在南京城里，金元宝以名菜和它的招牌服务不断增开新门店。2018年，金箔企业召开5 000人纪念大会时就在金元宝就餐，如今的金元宝这家中华餐饮名店生意一片兴旺。

金元宝的全称叫“金元宝大酒店”，是金箔集团旗下的一个企业，前身叫“金箔酒楼”，创建于1992年，2000年重建并改名为“金元宝”，2002年正式开业。金元宝也不是一开始就这样火的，其中也经历过“凤凰涅槃”。自开业之初到2008年，这个店一直效益不佳，主要原因是没有稳定的和有特色的菜肴。2008年，董事长耿胜、总经理王建和厨师长张玉中等几位主管，下苦功在菜肴品质上做文章，先后创下了金元宝十大品牌菜、十大传统菜、十大名贵菜、十大时令菜，并且在管理上追求规范化、标准化、数据化，包括生产标准化，管理秩序标准化、物流配送标准化，从而开创了金元宝的新局面。酒店效益年年提高，规模越来越大，2014年被评为全国餐饮名店。如今的金元宝“订餐要预约，点菜有名谱”，在激烈的市场竞争中脱颖而出。

菜品的品牌化带来金元宝经营状况的变化，给了我们一个启示，那就是产品是企业的生命，好的产品为企业的成功提供了可靠的保证。

【案例三】

“三驾马车”拉动金宝商贸

欧阳修说：“县古槐根出，官清马骨高。”这句话说的就是：建立一个好的机制是极其重要的。金宝商贸是一家以百姓消费为主的江苏省商贸企业，全国商贸十强企业。1992年开业，从零起步到如今办成有28个分市场的大型连锁企业。好机制是金宝商贸越办越好的秘诀之一。

在快速发展的二十几年中，被社会赞誉的“三驾马车”拉动金宝商贸的经营机制，推动了金宝商贸的大发展。“三驾马车”实际上是金宝级别最高的负责经营决策的群体，董事长是第一责任人，负责规划、谋划、拿方案、作决策；总经理是主要责任人，负责操盘；财务总监是重要责任人，主要把控财务，搞好财务核算。

“三驾马车”拉动金宝商贸的经营机制，在制度上确立独具金箔特色的“三权分立”的管理秩序，将上述三者共同推上企业的最高管理层。三者各司其职，分工相依，利益共享，责任共担，不仅激发了“三驾马车”成员的经营智慧，还起到了防范风险的作用。“三权分立”不单起到了制约的作用，更重要的是为“三驾马车”起到保驾护航、助力起飞的作用。二十多年来，金宝商贸的快速发展，让我们明白了一个道理：好机制就是生产力。

三个“觉”

A.【词句表述】

先知先觉　后知后觉　不知不觉

B.【词义解释】

古人云：“物以类聚，人以群分。”所谓三“觉”，是指人群中有“高、中、低”之分。领导者必须懂得这点。

创业所面临的各种情况瞬息万变。创业者对宏观形势和微观条件的判断，对优势和弱势的判断，都极其重要。没有这样的判断，创业者将难以建立起有效的战略计划，进而无法对自身的创业形成可持续的支撑。对待创业，很多人有觉悟、有思想，我们称之为“先知先觉”；还有些人听人说、受人劝，才能逐步清醒，我们称之为“后知后觉”；仍有一些人对如何创业、为何创业不知或一知半解，我们称之为“不知不觉”。

先知先觉　先知先觉的人，其思维科学，思想正确，思路明晰。他们对创业有高度的觉悟，对大环境、小环境的利弊有着清楚的认识，对事物的发展及规律能够了然于心，并由此将事物的发展规律上升到理性的层面，从而随规律而知，随规律而行，随规律而止。以此为基础所产生的思想和行动，一定是先发于人的，因而也一定能够抢先获得时机。

后知后觉　后知后觉的人，往往是受人启发才逐步觉醒的，或者是自己从失败中总结出教训、经验后，调整了思维、思想、思路，走上正轨。后知后觉的创业者与先知先觉的创业者相比，缺少的是对变化的领悟能力、决断能力和应变能力。后知后觉的人分为两种：一种是先知而不敢信，因而也不敢行；另一种是的确没有先知的能力。后知后觉的创业者虽然不能占领先机，但是，如果及时调整战略方向，善于学习，取人之长，补己之短。做到与时俱进，紧跟潮流，还是有可能做出一番成绩的。

不知不觉　不知不觉的人对如何创业、为何创业无知或一知半解，他们的思维、思想、思路都处在迷糊状态，往往是被外力推着走的。如果说先知先觉的人是引领者，后知后觉的人是追随者，那么不知不觉的人就是旁观者。后知后觉的人不仅在认知上缺乏能力，在感觉上也非常迟钝。他们不仅对事物的发展及规律没有认知，而且没有深入思考问题的能力。即使周围发生了深刻的变化，他们也无法感受变化带来的因果和可能。这种类型的创业者尾随于时代潮流，常常被潮流所抛弃。

C.【言论摘选】

◆ 先知先觉揽人才

一个领导班子，不能光有帅才，没有将才；不能光有干事的，没有动嘴的；不能光有内向的，没有外向的；不能光有开放的，没有稳健的；不能光有懂管理的，没有懂技术的；不能光有下死命令的，没有做思想工作的；不能光有做实践的，没有搞理论的。一个企业的领导班子应当注意综合功能，注意调配各方面的人才，从而组成完整的团队，进而成为高效的管理机器。

◆ 拿得起放得下的人，才是“人才”

我们厂什么人当领导“行”，什么人当领导“不行”，这不是别人和哪一个领导说了算的。唯一证明你能不能“行”的标准只有实践和本事。近几年，厂里培养和锻炼了不少有真本事的人才，这些人才都能办好一个企业，干好一个摊子。因此，只有在创业实践中锻炼出来并且拿得起放得下的人，才是“人才”。

◆ 企业人才要过“四关”

我们厂的人才结构已经发生了变化：由数量型向质量型转变；由低层次向高层次转变；由单面手向多面手转变；由单纯引进型向内掘型转变；由安置型向竞争型转变。今后我们要通过道道关口，将我厂人才素质逐步提高。第一道是“进门”关。“是人才不受限制，是关系严格控制”。何为人才？我们初定了三条标准：有毕业文凭的；有特殊技能的；满足特殊需要的。第二是实习关。每一位新到我厂工作的员工，都必须经过一年以上的基层实习。然后根据自荐与需要，分配一个相对合适的岗位，在这个岗位上仍然需要锻炼两到三年。没有经过这个阶段的爬台阶，就不能被提拔到任何管理岗位上。第三道是表现关。每个员工在自己的岗位上都要尽心、拼命干，丝毫不能懈怠。他必须凭自己的业绩和能力，证明自己是称职的，否则岗位保不住。第四道是竞争关。如果一个岗位出现了竞争对手，有人能超过原来的人，那么他很有可能在择优录取中淘汰原来的人。

◆ **通过各种渠道网罗人才**

金箔集团虽然有名，但是招纳的高档次人才还远远不够。我们要继续通过各种渠道，广泛网罗人才，使金箔集团的创业型人才更多，战斗力更强。

D.【案例一】

杜康宁买酒有“八问”

这是一个发生在三十多年前的真实故事。

改革开放早期，中国的物资还十分匮乏，什么东西都紧缺，有的要票，有的要计划指标，有的甚至要有领导批文。

1983 年，组织上委任我，改任江宁化肥厂劳动服务公司总经理，我提名杜康宁任副总经理。有一天上午，我与杜康宁所在的单位来了几位贵客，厂领导要我们准备几瓶洋河酒，中午吃饭用。那时的洋河酒是江苏最高档的酒，紧俏得很。开始我要行政科老科长去买，他急匆匆骑着自行车跑到县糖烟酒公司专卖店去了一趟，很快跑回来说，没买到，缺货。

“双沟酒呢？”我问。双沟酒也是全国十大名牌白酒之一。

“也缺货。”老科长一脸无奈的样子，望着我，张开双手臂说：“我是长期专业搞后勤的，跟这些单位熟得很，我买不到，其他人谁都莫想买来。”

“我去看看。”杜康宁见我盯着他，知道我的意思。我与他是多年的朋友和同事，我清楚他办事得力可靠。在关键时刻，他总会亲自出马。

“同志，我想买几瓶洋河酒。”杜康宁跑到烟酒专卖店，开始他的买酒“战斗”。

“对不起，洋河酒缺货。”营业员和气回答。

“柜台上面缺货，柜台下面缺不缺货呢？”杜康宁再问。

“柜台下面也缺货。”营业员再答。

“柜台前面缺货，柜台后面有没有呢？”杜康宁三问。

“柜台后面也没有。”营业员三答。

“柜台后面缺货，你们仓库有没有呢？”杜康宁四问。

“我们仓库，据我所知，也没有。”营业员四答。

“那么，你们仓库没有了，批发站的仓库有没有呢？”杜康宁五问。

营业员见他好像一副不买到洋河酒不罢休的样子，于是，雄赳赳地说：“堂堂一个大县，批发站怎么可能没有洋河酒呢？”

“那么，你能不能帮我个忙，帮我买几瓶呢，我有急事。”杜康宁六问。

“找我们小兵拉子，没有用。”营业员回答，“这你还不懂？”

“找你们经理，行不行呢？”杜康宁见有了希望，连忙七问。

“经理也没有这个权力。”营业员七答。

“那找谁呢？难道找你们局长？”杜康宁八问。

“对，就得找局长，局长批了，才能拿到洋河酒。”营业员八答。

“呼啦”一声，杜康宁转身奔到商业局，找到了局长。他满头大汗地说明了来意，局长当场抓起笔，竟然还问他要几瓶……中午开饭时，杜康宁亮晃晃地往每位客人杯里斟洋河酒，客人认为这是高规格的接待，个个脸上漾起了红光。行政科老科长在旁竖起大拇指：“杜康宁，棒！”

我曾经在南京某个大学学习过现代企业管理，老师指导说企业的领导者遇事要有“八问”的素质。正因为杜康宁办任何事都有“八问”劲头，所以，在我的印象中，他这一生，无论是他自己想办的事，还是领导交办的事，或是朋友托办的事，好像没有办不成功的。是啊，人非生而知之，关键是看你有没有打破砂锅问到底的决心。正如王充在《论衡》中说的：“不学不成，不问不知。”

【案例二】

一句口头禅，没了责任心

我非常反对一句口头禅：“×××，没想到！”这是所有失败者自我解脱的最大理由。

群众的语言很生动，但有些是糟粕。对糟粕，我们要防微杜渐，否则漫延开来、流行下去，一害自己，二害他人。在现实生活中，有的领导骨干，在工作上常常失误，每次受到查问时都说“×××，没想到”。这句话成了这些人的口头禅。似乎这么一讲，他的责任就轻了一截。对这种行为，如果听之任之，久而久之，就会形成一种推诿、不负责的坏风气。

2002年，我将此话语列为干部培训班论文题，就以“×××，没想到”为题，要求300多名中层干部每人写一篇2 000字左右的论文。每个人从这句口头禅下笔，进行自我解剖，谈认识、讲体会，摆事实、讲道理，进行深刻的反省，来一次思想深处的大扫除。虽说这只是一句不关痛痒的口头禅，可它却使我们灵魂深处在不知不觉中滋生了坏习惯。将这句口头禅带到生活中，它将影响我们的生活品质；带到工作上，它会模糊责任边界，酿成工作失误。耗费这样一番苦心，目的在于极力告诫所有的干部，在各项管理事务中，不允许不知不觉。同时，我更不想听到，还有谁再用那句口头禅来搪塞工作的失误。而那位以“×××，没想到！”为口头禅的干部，早已被时代淘汰。

这么多年下来，在岗位上不知不觉的干部已经很少了。金箔的各级干部及管理人员，在工作上不甘落后，逐渐培养起未雨绸缪的良好素质。

【案例三】

下　盲　棋

从 1994 年起，南京每年有一场奇妙好玩的活动，最吸引金箔员工，最受南京地区棋友欢迎，这就是金箔杯象棋擂台比赛。这场赛事一年举办一次，至今已举办了二十六届，比赛的高潮部分是下盲棋。

在比赛现场，象棋大师徐天红一人蒙着眼与 28 人下棋。他眼上蒙一圈毛巾，裁判验证一下，确定他眼睛已蒙好，看不到。另外 28 人，每人面前有一盘棋。徐大师身旁有一个人，负责听他讲棋法，在每一盘棋中落子。车轮大战现场，徐大师被 28 位睁着眼睛的对手围在圈子中间，圈子外的是观看的群众。

现场气氛紧张，安静的甚至可以听到人们的呼吸声。28 位对手，都来自南京市象棋圈子，都是高手。每年他们都认真备战，切磋一年，等着挑战徐大师，因为一旦赢棋，将名声大噪。棋友们各出奇招，严阵以待，步步为营，希望赢得比赛。可是有的选手经不住几步，就败收棋局。就这样，选手们一个个淘汰下去，剩下的那一两位，绞尽脑汁，最后还是败给了徐天红大师。只要有徐大师参与的年赛，盲棋现场都很吸引人。赛后，新闻界及棋友们评棋纷纭，高度关注这一赛事。这个赛事连年不辍。

在那么多文体项目中，我为什么选择象棋比赛，中途必有下盲棋环节？因为我想让员工们知道，企业对市场必须有足够的观察分析，超前意识和备战是绝不可少的，否则，我们将处在后知后觉的处境之中。市场中高手如云，水平高深莫测，我们必须十分注意向对手学习。

三个“点”

A.【词句表述】

站高点　看远点　干实点

B.【词义解释】

三个“点”是指创业格局决定着创业者所能抵达的高度、广度和厚度。创业者的这三个“点”，直接决定创业者的命运。凡是选择创业的人，必须注意这三点：第一，起点要高，要站在时代的制高点上，不能落伍；第二，要谋划长远，要有长远的目标，不能图眼前；第三，要面对现实，脚踏实地，不可以好高骛远。荀子说：“吾尝跂而望矣，不如登高之博见也。”

站高点 这里的“高点”即创业者们认识世界的立足之处。古人有言：“会当凌绝顶，一览众山小。”站得高，自然就会看得远；站得高，自然就会看到其他竞争者看不到的世界、看不到的路径、看不到的可能。所以，一个没有高度的创业者，仅仅只是一个二维有限平面上的创业者，他所能获取的资源、路径、延展等，都将严重受制于一个相对封闭的环境。在这个环境之中，各种各样的竞争、变化，各种各样的束缚，常常使得创业的形势变得复杂，甚至是步步惊心，步步雷池，创业者稍有不慎，就会一败涂地。但创业者如果在这个时候，能有一个高于众人的视角，那么必然能拉开与竞争者的空间。这个高度实际上是战略的高度。唯有站在战略的制高点，才能一览众山之小，尽思大争之谋。创业战略是什么？战略即长策。长策是什么？长策是以较长的时间和较大的空间为基础而形成的战略观。

看远点 这里的“远点”即是创业者们认识世界的无障碍区域。前人同样说过，“不识庐山真面目，只缘身在此山中”。看远点，即从长远利益出发，树立长远观点，不可鼠目寸光，不可只顾眼前利益。理由很清楚，人的认知一旦受到环境的束缚，就一定会产生盲区，产生局限，产生束缚。一个仅仅只在“此山”之中、辗转反侧的创业者，究竟能走多远，能走多久，是值得怀疑的；即使有幸走出了“此山”，其间所花费的人力、物力、时间成本和机会成本，可能更昂贵。所以，必须登高望远，才能一破迷津。对于创业者们而言，长远点或者是视野宽即意味着潜力，意味着可能，意味着未来，意味着突破障碍的无限可能。一个不能看到潜力、触摸可能、思考未来的创业者，他的现实和发展都将是有限的。因此，创业者的视野是高度的必然延伸，两者互相作用，互为依仗。一个既获得了高度，又获得了视野的创业者，一定能具有别的竞争者所没有的理性力量。

干实点 这里的“实点”即具体实施计划厚重坚实的程度。一个既获得了战略高度，又获得了市场广度的企业，便有了清晰的目标和把握机会的可能。如何将这一切转化成为实实在在的收益，则需要脚踏实地、厚重坚实地工作。具体而言，就是在整个战术层面形成有效的体系。体系的拓展和衍生，都需要一步一个脚印，扎扎实实地做到、做好、做成。这个厚度，其实质即是一切战术层面的细节的总和，是一支创业团队努力所要达到的目标。越是成功的创业者，其步伐越是坚实，最终厚积薄发，达到战略目标，适应市场变化。

C.【言论摘选】

◆ 拼命奋斗才能达到胜利目标

站高点，看远点，干实点，乘风破浪，永远向前。

我们的企业就像一只鸡，觅食生存全靠自己。没有任何人会从天上撒钞票来让我们拾，也不会有人叫我们不干活而照发工资。任何指望不经努力和奋斗就能得到幸福和富裕生活的想法都是幻想。我们必须拼命奋斗，才能进一步站稳脚，立于不败之地，达到胜利的目标。

◆ 提高敏锐度，在更加激烈的竞争中前进

产品不参与竞争就没有生命力，企业不参与竞争就不能前进。我们厂不少同志至今还不完全理解市场经济的基本特点就是竞争，仍指望吃安稳饭、吃等靠要的饭、吃人家剩下来的残渣剩饭，思想上缺少竞争意识和准备，行动上老是跟不上趟。这种看不到竞争形势、拿不出竞争方法、鼓不起竞争勇气的人，是我厂前进道路上的障碍。我们绝不姑息，必须促使其幡然醒悟。

◆ 反对小功即满，小富即安

经过八年的艰苦奋斗，我们厂的面貌焕然一新，然而部分同志滋生了居功自傲、贪图安逸、小乐小安的思想……满足于已取得的成绩，着眼于面前的小摊子，说话办事经常是“今年比去年增长了多少”“这个月比上个月增长了多少”“我这一任比上一任变化多少”……如果继续任这种思想状况泛滥，那么我们便不可能发展壮大。

◆ 不能做“马大哈”

社会上刮起的各种不正之风，在我们企业内部都有强烈反映，干部和职工队伍不可能铁板一块，丝毫不受影响。“嫌待遇少，嫌工作不好”的，自动“跳槽”的，肯定大有人在；“人在曹营心在汉”的，吃里扒外的，大有人在。在企业内部出现的种种腐败现象是最危险的一种腐蚀剂。更为严峻的是，我们的竞争对手越来越多、越来越强、越来越咄咄逼人。他们的产品、他们的技术、他们的设备、他们的管理、他们的经营手段等，许多方面都比我们略胜一筹。但关键问题不在于有对手的存在，而在于我们还有不少人是“马大哈”。他们思想上松懈轻敌，行动上毫无防范，措施上缺少对策，这就给我们带来很大的隐患。商品经济的发展动力就是竞争，谁有本事谁生存，谁无本事谁就被淘汰。

◆ 参与竞争必须实现“七个一流”

参与竞争、敢于竞争、善于竞争是企业经营活动的至高理念。在激烈的市场竞争中，企业必须实现“七个一流”：一流的人才、一流的技术、一流的设备、一流的管理、一流的服务、一流的产品、一流的效益。

◆ 产品竞争就是大脑的竞争

企业的竞争就是人才的竞争。市场竞争就是产品的竞争，产品的竞争就是大脑的竞争。大脑的竞争是什么？就是思想、思维、知识、智慧的竞争。

◆ **没有显著进步就是落后**

回顾过去，我们从 1985 年起开发食品包装材料，产品以“新、特、活、快”四大特点受到业界欢迎。后来，有的继任者没有接受这些思维、言论的熏陶，在生产技术革新、新产品开发上，都不知道如何领先于市场。没有开拓，没有进步，这很危险。没有显著的进步就是落后。

◆ **干哪样事，没有竞争都不行**

现在哪个方面都有竞争，职务上要竞争、岗位上要竞争、产品上要竞争、价格上要竞争，干哪样事，没有竞争都不行。

竞争无处不在，企业领导决不能只顾眼前利益，钻到钱眼里去不能自拔，而应该在竞争中增强竞争能力。

D.【案例一】

从 QB 到 GB

风筝不放桌子下，喇叭要上飞机吹。我在金箔行业创业三十余年，讲究的就是：干什么事起点都要高。

金箔工艺是古艺奇葩，是国家非物质文化遗产之一。金箔工艺在历史上从没有制定过任何标准，成品检验靠手艺人“眼看，手摸，听声音”，技艺传承靠师傅带徒弟，靠口授及手把手地传教。虽然金箔技艺流传了 1700 多年，但做不大，只能维系作坊式经营。

我在接手金箔企业之后的第三年，1987 年，下决心要建立和制定金箔产品标准，使之产业化。为了推进这个管理工程，将其与创市优、省优、国优结合起来，我成立了专门的工作部门，将十二道工序逐一研究，制定标准、计量，搜集培训、无数次地采集和听取各道工序艺人的经验，按照国家要求，编制档案，比对数据，建立金箔产品生产管理标准体系。历时两年多，金箔主题 QB（企标）标准终于完成。

经过政府有关部门多轮审查验收和多年市场检验，再根据市场发展要求补充完善，2013 年 6 月，金箔主题 QB 标准被审定通过，成为国家行业标准。从那以后，中国有了第一部及至今还在执行的《GB 金箔行业国家标准》。

有了当年站得高，看得远，干得实，才使金箔标准实现了从零到企业标准、再从企业标准到国家标准的突破。

金陵金箔做到了工艺质量标准化，生产的金箔成为市场上最受信赖的免检产品，企业成为故宫指定的官式古建筑材料基地，而“金陵金箔”这一品牌也成为了闻名国内外的驰名商标。

【案例二】

“永无句号”

1989 年，金箔集团建立起中国金箔艺术馆，专门展示金箔文化艺术。三十多年来，该艺术馆接待了世界各地的客人，向客人展示了金箔艺术的璀璨文化。

在金箔集团艺术馆里，摆放着四块牌子，见证“你看得有多远，生命就有多长”。

第一块叫“金陵金箔国家金质奖”，由中国轻工业部于 1987 年颁发。

第二块叫“中国金箔城”，由中国黄金协会于 2001 年颁发。

第三块叫“全国工业旅游示范点”，由全国工农业示范旅游示范点评审委员会于 2002 年颁发的。

第四块叫“故宫官式古建筑材料基地”，由北京故宫博物院于 2018 年颁发的。这也是北京故宫博物院自中华人民共和国成立后第一次给金陵金箔颁发“故宫官式古建筑材料供应基地”的称号。

从我接手金箔厂起，三十八年来，我们认准振兴民族产业、弘扬金箔文化、坚守实业兴国之路，坚持做大做强金箔产业，使之成为世界最大的金箔生产基地、中国金箔质量标准制定者，产品名扬世界！作为中国国家级非物质文化遗产之一的金箔工艺历久弥新。

这四块牌子，每一块都具有南京金箔几十年如一日地坚持“敢于开拓，勇于创新，自力更生，永无句号”的精神，用三个“点”换来的。这四块牌子，是金箔事业发展的四个里程碑，是“永无句号”的铭证。

【案例三】

“九五”战略

金箔集团创业多年，之所以能屹立不倒，是因为“谋划、规划、计划”三“划”做得好。为了将集团打造成百年金箔企业，我们进行了周密的谋划、规划、计划，为集团旗下各大公司分别制定了长远的发展战略，金箔集团发展大格局已定，迈入全面发展的新时代。

金箔集团的“五星高照”战略带来了金箔深加工产品的百花齐放；金箔包装集团在“五旗飘扬”战略的指导下，正向食品包装、药品包装、工业包装等领域全面进军；金箔机电集团在“五机生蛋”战略的指导下，加快了防爆、调速、伺服等新型电机产品的研发生产；金宝商业集团在“五龙腾飞”战略指导下，将加快五大板块对外拓展的步伐；

金元宝餐饮集团将根据“五朵金花”战略，全面提升酒店、山庄、快餐、美食府等服务质量和品牌效应；金箔建设集团根据“五福临门”战略，转变传统住宅开发理念，向旅游、养老、工业、商业等地产门类转型；金箔教育公司根据“五子登科”战略，进一步促进安保、幼教、管家、护理、物管等板块齐发展；金箔文化集团根据“五彩缤纷”战略，在文化、演艺、旅游、传播等领域绽放光彩；金东海公司根据“五谷丰登”战略，全面进军大农业产业。

新时代金箔集团发展的“九五”规划，引领着金箔事业向前发展，因此，在很多企业出现经营困难的严峻时刻，金箔集团仍昂然挺立，一派生机。

三个“势”

A.【词句表述】

认清形势　顺应时势　发挥优势

B.【词义解释】

“势”指事物外在的客观规律、发展和趋向。三个“势”指创业者在决定创业的时候，首先要分析和认清世界大势、国家大势；然后明白如何顺应这个时代大势，选择好自己的创业道路，做到不轻易逆势而为；再者是弄清自己有什么长处，有哪些有利因素，从而发挥好自己的优势。创业者对“势”的认识十分必要：好的“势”，可以成为创业者成功的助力；劣的“势”，可能使创业者“时来天地同助力，运去英雄不自由”。创业者能够借势而起，也能因势而亡。所以，对“势”的认识和利用本质上也是对创业命运的认识和把握。

认清形势　所谓的“形势”，通常为国内外大的环境、趋势、走向。形势包括的内容也很多，应当从多方面、多维度、多视角来加以考量。具体来说，也就是从国际形势、国内形势、政策形势、经济形势、产业形势、企业形势等诸多方面进行客观合理的分析，形成适合我们创业需要的统一合理的认知，用以对创业进行战略性的指导。这个认知到认清的过程，伴随创业过程的始终。

顺应时势　顺应时势是创业者自身力量与客观形势的契合、对接与一致，体现一个创业者的驾驭能力。所谓“顺势者昌，逆势者亡”，只有对形势的认知还远远不够，还要在这样的认知之中，取有利而用之，舍有害而避之，达到趋利避害。且知且行，循知而行，顺时而行。要顺应时势，不仅仅是认知正确的问题，更要在此基础上，积极行动，在战略和战术上，在组织和个体等必要的各个维度上进行切合时宜的有力行动。

发挥优势 发挥优势的实质，是创业者具有通透的自知之明，有适应性较强的应变调整能力。这里的“发挥”，就是指发挥创业者本身顺应时势的积极性的因素，即哲学中讲的主观能动性，将其点燃、放大、延展。使得这些因素在和环境对应的时候，产生一加一远远大于二的效应。这样的优势，一定是建立在创业者自身理性、客观、变通的基石之上的。世事风云际会，创业者应识势而动、发挥优势、顺势而为，在瞬息万变的浪潮之中，扬己之长、避己之短，将最强大的力量投放到最合适的战场。

C.【言论摘选】

◆ 接受《新华日报》专访——畅谈实业兴国情怀与工匠精神

在国家改革开放40周年之际，我接受《新华日报》南京分社副社长、高级记者颜芳专访，就改革开放40年来金陵金箔为什么能抵住诱惑坚持实业兴国不动摇、南京金箔集团为什么能成为苏商“常青树”两大课题讲了以下两段话。

一、南京金箔集团之所以现在闻名遐迩，关键在于坚持发展实业不动摇。集团以实业兴国，以为国家、为社会做贡献为己任，坚持将每件产品做到极致，做成行业内的隐形冠军，做到“世界第一、市场唯一”；坚持将现有产业做大、做强，创造三“名”（名企、名牌、名品）。这么多年来，面对房地产诱惑、官场诱惑、大型国有企业的诱惑，我都没有动摇，始终扎根金箔行业，献身金箔事业。

二、南京金箔发展成今天的多元化集团公司，靠的不是盲目跟风与扩张，而是每一步发展都顺“势”而为：顺时代大势、扬企业优势、对员工因势利导。金箔人的做事原则就是量力而行，不跟人比大，但跟别人比强、比长。几十年的企业发展实践证明，南京金箔集团走的这条道路是正确的。当然，这一切离不开国家改革开放政策的支持。

◆ 认清形势“顺势而为”，发挥优势做好自己

面对严峻的市场形势，我们有五个“不可指望”。

几十年来，我们金箔人始终认为：世界永远是复杂的；前进之路永远是困难曲折与多灾多难的；我们企业的日子永远是难过和难熬的。我们必须破除五个幻想：不可指望天意、异想天开；不可指望天上会掉馅饼；不可指望国家政策对你倾斜；不可指望有人会来救你；不可指望你垮台了人们会来同情你。我们必须以正确的态度适应形势，不能叫国家适应企业，而只能是企业

适应国家。

我们金箔集团应对大势的态度是三个“势”：第一，要顺势而为；第二，发挥企业自身优势；第三，对员工因势利导。

决不为失败找理由，只为成功想办法。我们金箔人始终坚持一个原则，即：“不讲客观，只讲主观”。

◆ 做好自己企业的事是唯一的出路

我们始终认为，无论外面的形势多么严峻复杂，只有坚持做好自己的事，在企业的转型升级上下功夫，才是我们唯一的出路。我们不好高骛远，不异想天开，不盲目做梦，而是脚踏实地，认真苦干，调整好心态，坚持相信三“能”：有什么能力赚什么钱，干什么事；有什么能量赚什么钱，干什么事；有什么能耐赚什么钱，干什么事。只要做到这些，我们就一定能渡过难关，夺取新的更大的胜利！

金箔集团的每一个产品、每一个企业必须做到：要么世界第一，要么市场唯一！

D.【案例一】

金宝宝——省级幼教示范园

金箔集团本是一个以制造企业为主体的产业集团，为什么会有“金宝宝”幼教系列业务？这也是顺势而为的实践。

金箔集团顺应国家大势创办民营幼儿园，从 1999 年 9 月迈开了第一步。将企业的一间托儿所改造成“金宝宝幼儿园”，金宝宝幼儿园现在已是江苏省幼儿教育示范园，“金宝宝”是一块闪亮的幼儿教育金字招牌。

20 世纪 90 年代，民办幼儿教育机构很少。国家由于资金不足，支持企业创办民营幼儿园。于是，我们就将原来的企业幼儿园进行社会化改革，创办了江宁县第一所“金宝宝”民办幼儿园。我提出“金宝宝，银宝宝，都是我们的好宝宝”的口号。我看到了当时市场经济发展的情况下，幼儿教育市场发展不足，很多家庭的幼儿入托、入学难，政府办的幼儿园数量不足，于是我们投资 400 万元，新建符合国家标准的幼儿园设施、园舍、配备相应的正规师资，一切按照国家要求自主办园。

由于我们对客观形势及时认清、及时梳理，及时行动，所以二十多年下来，我们的金宝宝幼儿园已形成了一套市场化的幼儿办学管理机制，并取得了较好的效益，多次获得政府表彰奖励。目前，金宝宝幼儿园已办分园近 10 家，“金宝宝”也是江苏省著名的幼儿教育优秀品牌。

【案例二】

顽强崛起的支柱产业

1987 年之前，金箔集团的产品主要是箔类（金箔、银箔、铝箔、铜箔）等传统产品。自 1985 年起，金箔集团大力开发特种包装材料。特种包装材料生产形成了规模，成了金箔集团新的支柱产业，后来又发展了机电、食品商贸、餐饮等产业。这才谱写了金箔集团发展的新篇章。

金箔集团开发食品包装材料，是我们当时认清形势、顺势而为的结果。20 世纪 80 年代，全国各地企业搞扩建，开发新品，包装行业新项目的发展如火如荼，各种品牌的食品包装产品如雨后春笋般涌现。但是，与之配套的包装材料的生产却跟不上形势，只能全部依赖进口，价格昂贵，还花去国家大量外汇。当时，有人找到金箔集团，问有无铝箔、拆封拉线供应。我们意识到这是包装市场发展的趋势，即特种包装材料大势已经到来，于是投入人力物力，成立新公司，我亲自挂帅，开始向包装材料产业进军。

起先我们只是开发了第一个产品拆封拉线，后又连连乘势而为，生产铝箔衬纸、封签、接装纸、转移卡纸、复合卡纸等新产品。金箔集团旗下的这家包装企业成了全国特种包装材料产品最多、档次最高的企业，也成了金箔集团内部新的支柱企业。

【案例三】

关闭娱乐城

1999 年，金箔集团接管了当地最大的一家国有企业新蕾化工公司。这是一家地方老企业，建厂时间长，厂房、生活设施一应俱全。当时，由于生产力不足，管理水平低，对形势认识不足，厂里的空闲厂房较多，我们便利用空置厂房、办公用房等，创办了金太阳美食城、金太阳娱乐城，提供场地租赁。

当时的政策相对宽松，娱乐城里招进来的商家良莠不齐，加上我们对商户的经营项目干涉不多，因此，里面常有市场上的一些不健康活动。开始尚能生存，娱乐城效益也可以。但是，随着政府治理力度加大，国家颁布明文禁令，娱乐城里不健康的经营活动势头越来越弱小。特别是经过几次公安部门严查以后，我们便意识到，这样的方式赚钱不是金箔人应有的价值追求，更不是金箔集团应该从事的产业。所以，在国家还没严令关闭之时，我当机立断，决定关掉金太阳娱乐城。

由于关停的早，整改的及时，金箔集团在国家扫黄打非行动中没有受到查处，企业对外形象也没受到损伤。

三个“大”

A.【词句表述】

大视野　大格局　大手笔

B.【词义解释】

一个创业者要想创业成功，用开阔的视野看问题、观全局十分重要。思考问题要着眼于大格局、大思维，拿方案、定举措，统揽全局才有方向。解决问题用大手笔，才有可能有大作为。

大视野　大的视野像大海一般宽广无边，像大地一样广袤无垠。创业者要着眼全球，用更广阔的视野去考虑问题，不可只从眼前、局部的角度来思考问题、决策发展问题。

大格局　创业者的大格局不仅仅包括创业者自身，更有创业者的团队，还有战略、产品、市场、机制、执行，在这个基础上，还要有对历史的尊重、对现实的认知以及对未来的希冀。真正的大格局，不是简单的平面上的因素堆砌，而是创业者的发散空间。这个格局所裹挟的，不仅仅是简单的经济要素，更有相应的人文情怀、时代担当。

大手笔　大的手笔就是努力突破传统的运营方式，有理、有力、有益地进行创新。这个创新，不仅表现为形式的创新，更表现为本质的创新。它的涵盖是多方面、高维度、大跨越的。创业者应立足于现实，将所有于自己有利的资源、渠道、力量变成盟友，对其加以整合、调动和利用。创业者和同盟者之间形成协作共赢的关系，海纳百川，交天下朋友，为共同的利益披荆斩棘，可以合纵破连横，可以连横锢合纵。大手笔令创业者驰骋商场，成为自己的英雄、企业的主人、时代的弄潮儿。

C.【言论摘选】

◆ 政策和策略决定企业的前途命运

我是亲身经历并积极参与改革的一名基层企业管理者，对企业改革真正内涵的领悟可以说比一般人要深一点。我认为，我国搞活企业的金丹良方是政府的政策。

为什么有的外国的独资、合资企业在中国办得好？除了因为外商能获取先进的市场信息，有先进生产工艺设备技术外，最主要的原因是国家针对外资企业的政策清晰，外商看得清、摸得着、用得上，他们自己的事自己能做得了主。中国的个体经济为什么能办得好？也是因为国家针对个体经济的政策比较清楚明了，他们能干的就干，不能干的就不干。

中国市场好比一个“大鱼塘”，什么“人”都可以在这个“鱼塘”里打鱼，为什么不能允许打鱼的用同样的“工具”？为什么在“分鱼”的时候，不允许采取同样的“分鱼”政策？打不成“鱼”，打不好“鱼”，你怪谁？还有“打鱼”的人老是吃不到“鱼”，或者只能吃到“鱼鳞”“鱼骨”之类，心理平衡吗？一旦心理不平衡，叫人“讲雷锋精神”，谁听？偷“鱼”、不“打鱼”的情况时有发生，这有什么奇怪的？假如，在中国这个“大鱼塘”里“打鱼”，我们制定一个像踢足球一样的规则（即政策），对如何“打”、怎么“打”、怎么“罚”，大家都清清楚楚，那么，谁能分得出“鱼”是公有的、私有的、独资的，还是合资的？

◆ 哪里有“糖”，哪里就是市场

市场经济法则就是抢喜糖法则，哪里有“糖”哪里就是市场，不分县界、市界、省界、国界。

◆ 市场无国界，产品有标准

我们认为市场没有国界，产品竞争离不开市场，要想产品好，必须瞄准国际标准，高起点、高标准的产品才能有好市场。

◆ 对办企业“大”和小的认识

从大处思考问题，目的不是把企业办多大。世界需要大，世界也需要小，世界更需要强，“大”首要的目的是强。

D.【案例一】

首届振兴金箔研讨会

1987 年，我们金箔厂建成了一幢四层“金箔大楼”。金箔艺人们个个欢天喜地，告别简陋破旧的小作坊，开创金箔事业新的大发展时代。

时年 10 月 15 日，我们借新大楼落成之机，召开了“世界金箔研讨会”。一百多位来自国内外的金箔业同人，参观了新的金箔生产车间，对“金陵金箔，中华一绝”赞不绝口。他们中有来自日本、意大利、中国台湾、中国香港的金箔生产商和供应商，有故宫博物院领导，有国家工艺美术界专家学者，有宗教界国家级、省市县各级领导，有全国著名寺庙、道观的住持、方丈，还有北京同仁堂、天津达仁堂的领导。大家参观金箔工艺车间，看到非遗金箔神秘稀罕的工艺流程之后，齐聚一堂，共同参加“首届振兴金箔研讨会”。我在会上汇报了金箔悠久的历史，以及创建金箔标准、研制打箔机、创建省优部优创金牌的情况，谈及和汇报更多的，则是我们发展金箔的思路、想法、企业目标等内容。

由于视野大、格局大、手笔大，首届振兴金箔研讨会后，金陵金箔事业面向全国和国际市场的发展，取得了一年一大步的进展。现在，我们的金箔产品行销世界近50个国家和地区，南京金箔集团成为世界金箔行业质量第一、规模第一、品牌第一、产量第一的企业。

【案例二】

蜜蜂计划

金箔生产工艺是千古绝技，将金箔贴在殿堂、庙堂之上，是贴金艺术。20世纪90年代，国内生活品艺术化、个性化需求明显，一些先富起来的地区和人们，在装饰上有了高档、高贵、环保的需求，于是我推出"金箔艺术走向全国"的战略。实施这项战略时，我称其为"蜜蜂计划"，意喻在市场经济发展的春天，金箔艺人像勤劳的小蜜蜂，飞向各地，把金箔艺术播撒到四面八方，让金箔艺术从皇宫殿堂走向民间市场千家万户。

实施战略之前，我们做了大量的基础准备：花三年时间培养贴金专业人才，多系列贴金艺术品开发投放试验成功，办好大本营。随后我们分别在全国省会城市及特别重要的地级市创办驻外机构，其使命是：宣传金陵金箔品牌，建立金箔市场网络体系，开发贴金艺术品销售市场，延伸、丰富金箔深加工艺术应用品，等等。

在我们所接的金字招牌和贴金装饰工程中，市场影响大的有：上海世贸大厦、西藏地区甘孜寺院、北京钓鱼台国宾馆金色大厅，等等。到1995年高峰时，我们的驻外厂已办到109个。

蜜蜂计划实施几年后，我们进行了升级调整，对其中只顾个人利益不顾行业发展的驻外单位进行了剥离。对驻外机构重申初心，又一轮"金箔艺术走向全国"的蜜蜂计划，正在互联网时代大力有效地推进。

【案例三】

金箔艺术节

抓住重大节庆、重要节点，办有影响力的活动，是品牌推广的大手笔，也是我们金箔集团建构品牌、创新品牌的重要抓手。

1998 年，春天来得特别早。金箔集团独家举办的“金箔之春”大型文艺演出，成为春风中第一个好消息，传遍南京。

人们争相转告，他们最喜欢、在全国最热的一些大牌明星要来金箔集团表演。2 月 14 日，是西方的情人节。演出当天，马季、刘欢、冯巩、蔡明等二十多位大明星，在金箔人为他们搭建的舞台上，闪亮登场，倾情表演。当天万人空巷，不仅江宁当地的老百姓，就连城区的许多市民也从四面八方赶来。社会各界群众几万人涌向金箔路金宝大市场前的演出现场，一睹明星风采，感受现场的火爆。刘欢在歌唱“风风火火闯九州”之时，还有潘长江表演一口气喝下一瓶矿泉水时，人潮几度涌向舞台，场面几近失控。在火热的舞台上，我向明星们赠送了生肖金箔艺术品。

金箔艺术节把时尚文艺演出与金箔品牌传播的使命相结合，在传统的春节与西方节日叠加的喜庆气氛中，我们奉献给市民的文艺套餐，使金箔品牌的认知度与美誉度得到了大大的提升。“文化惠民，答谢市场”一时间成为南京美谈。这样的大手笔，被全国众多媒体争相报道。之后每遇大节庆，“金箔之春”均成为金箔人奉献给社会的大节目。

三个“创”

A.【词句表述】

创造　创优　创新

B.【词义解释】

创业者的劳动，其综合表现应是一系列前无古人的开创行为。围绕既定的企业发展大要，在实施执行中，必须要开创前进，没有三个“创”，理想目标便不能实现。一个崛起的企业，创业者会“创”是最为核心的条件。如何认知三个“创”，决定创业者“创”得如何，也决定企业“创”成啥样。三个“创”是对创业者的基本要求，凡是墨守成规的企业与创业者，都会被淘汰。

创造　指创业者主观上有意识地对客观世界所进行的探索性劳动，将原来没有的事物生产或创造出来。创造的过程很艰难，它本质上是对过去传统的积极扬弃。创造的成败，受制于诸多因素，无论什么创造，都必须契合规律，顺应时势，开创新的局面。

创优　指创业者对自己拥有的资源进行充分的优化，从而创造出更好更多的产品和服务，获得经济效益和社会价值的过程。在创优的过程中，坚持超过一般，追求卓越，认定一个方向，拒绝平庸，创出一个超一流的企业。要么世界第一，要么国内领先，只有如此，在竞争中才可能胜出。举例来说，对产品质量要坚持极致的标准，止于至善，目标和定位都是世界第一。

创新　指在习惯常规思维模式的基础上，进行突破、更新、改变，产生或衍生出新的东西。创新来源于几个方面：第一来源于需求，新的东西作为补充，承先启后，应运而生；第二来源于变迁，不破不立，世事变化中，蕴藏生机，发现之，生产之；第三来源于质疑，挣脱束缚，找到最好的存在呈现出来。创造无处不需，创业者首先应在创造中前进。一个富有创新精神的创业者，敢于对既往的权威和成功经验进行质疑，并且在质疑的基础上进一步深入，完善和超越旧的事物，创造出新的东西。

C.【言论摘选】

◆ 改革创新之歌

企业不创新，等于灭亡。所谓创新，就是做前人没做过的事，说前人没说过的话，想前人没想过的问题。

1983 年年底，领导叫我“死马当活马医”时，他们怎么也没有想到，十多年后，以我为主的领导班子带领广大职工前期不仅“医治”好了金箔厂这匹“病”马，而且还把它养成了骏马，后期更将金箔集团这匹“骏马”培养成了驰骋世界“马场”的“千里马”。

金箔集团由一个小作坊变成今天的大中型骨干企业，累积的经验有千条万条，但归根结底，它的成功完全是改革创新的成果、改革创新的胜利、改革创新的凯歌。当然，成功也与金箔集团以下几个方面的改革创新有莫大关系。

一、观念创新——“富不富在思路”

一个人在一个不懂的行当里，他能干好吗？要搞懂，首先要从认识上搞懂，这认识就是思想观念。金箔集团的改革创新首先“创”在思想观念上。

面对已经变化的新形势、新情况，必须对自己的观念进行彻底的脱胎换骨的改造，树立新观念，不断喊出新口号。1985 年 11 月，我在职工代表大会报告中说：大家都知道现在要搞改革。可是，什么叫改革？许多人不一定讲得清。在我们看来，改革实际上就是要冲破长期以来旧体制套在我们企业头上的条条框框。凡是束缚生产力的发展、影响企业搞活的枷锁，我们都要设法改掉它，这就叫改革。

我原创的土理论中用“抢喜糖理论”来解释市场经济，针对市场上多种不同经济性质的企业在一起竞争的情况，我又新创出“鱼塘理论”。

针对市场经济条件下出现的混乱不堪的局面，我们又提出“扑克理论”：

中国“打牌”的制度、体制、政策是非常完善的，对于“打牌”须掌握的要领事先都讲得清清楚楚；对于犯规行为的处罚也规定得明明白白；执行的人都很自觉，决不轻易违反“牌规”，监督的人也秉公执法，毫不留情。

从打牌的游戏规则联想到改革，市场经济也应该制定一个相应的法规：第一，将有关规范事先公布于众；第二，人人必须严格执行；第三，个个都能监督；第四，明确对犯规者的处罚规定。我们在自己企业内部建立了一整套监督、约束、规范制度，使大多数干部都知道：“解放思想，绝不是胡思乱想”，“松绑放权，绝不是胡乱捞钱。”由于有了正确的思想观念，所以金箔集团内部创业创新，有序有规，良性循环，企业始终健康发展。

二、制度创新

真正做到全面按市场经济的要求办事，必须实现在制度上的创新。创业创新的首要条件就是改掉一切不适应生产力发展的上层建筑范畴内的规章制度、条条框框，建立和创新一套适合市场经济条件的制度。

那时候，讲归讲，做归做，很多不敢动，抱着“四等四怨”的态度：等中央下文件，等领导做指示，等政府给政策，等别人搞出经验；怨条件有限，怨资源不足，怨领导不支持，怨群众不争气。金箔集团既不等也不怨，大刀阔斧，努力创新，千方百计闯出一条新路来。我们大胆改革，“遇到新问题，一律拿出新办法”，创造了崭新的企业新制度。这些制度包括机构制度的改革、用人制度的改革、分配制度的改革、奖惩制度的改革、医疗制度的改革和分房制度的改革。

我们在企业内部确立了对上对下的关系原则：对主管局仍然以总厂为牵头单位，所有分厂计划一律不单列，总厂对分厂是领导与被领导的关系。崭新的制度带来崭新的面貌，企业经济效益每年都大幅度增长。

企业的奖惩政策，金箔集团改革创新的力度是最大的，一直推行“工资协商制”，不完全按照国家的红头文件发工资，我们全新的按工资协商制度要求，把工资待遇讲明、讲开，协商解决工资问题。实行“工资协商制”后，在一个企业里，干得好的厂长年收入可以达几十万元，乃至上百万元，干得不好的厂长年收入只有几千元。

在思想政治工作、两个文明建设上，金箔集团也有我们自己独创的特色。从1986年起，集团取消评比先进班组、先进个人的活动，取消单纯的政治学习日活动。我们一方面用好的管理体制，给下属经济实体以宽松自由的环境；另一方面大力宣扬表现出色的人物。每年按约定俗成的节日评选“六个十”：职代会评选“十佳新闻人物”；“三八”评选“十佳女能人”“大名人”“女贤人”“女强人”；“五四”评选“十佳青年”；“七一”评选“十佳党员”；九月评选“十佳科技进步先进分子”；十月评选“十佳会计”，宣扬他们的成绩，用精神物质利益激励他们。集团给当选的“六个十”员工发金质奖章、免费旅游、给予企业最高荣誉，载入厂史。

我们对广大员工特别是各级干部加强思想教育，制定《干部监督约束二十条》，由此规范企业行为，保证企业的健康运作。

三、产品创新——“东方不亮西方亮”

产品开发创新速度要快，我将它比喻为吃烤鸭，“嘴上吃着第一块，筷子拣着第二块，眼里看着第三块，脑子里想着第四块”。

正所谓“东方不亮西方亮”，金箔集团在搞产品开发上有一个著名的“畅想曲”。那是1985年，我在北京“全聚德”烤鸭店门口看到一块金光灿灿的金匾，“全聚德”的金字招牌使用的金箔是由本厂提供的。当时我就想：多年来，金箔人只想到把金箔卖给别人搞贴金装饰，为什么自己不能做招牌？回到厂里以后，我们选派人员专门到天津古建筑队学习贴金技术。1985 年，我们做了第一块招牌“江苏电视台”，1992 年又做了“中央电视台”的招牌。十几年后，我们集团做的金字招牌已享誉全国，1992 年我们又从“无限的大市场观”出发，实施“金字招牌走向全国”的蜜蜂计划，将金箔产品深加工搞得风风火火，名扬天下。

四、市场创新——“大风大浪不倒翁”

市场经济要求“不找市长找市场”。找到产品市场的关键在哪里？关键在于你会想、敢想、畅想，在于你的策划。企业策划一个好思路，就可以创造市场。我们认为解决市场问题的关键，在于如何看待市场、开发市场、引导市场和控制市场。我们金箔集团在市场的开发上，始终用“市场的大市场”的观点来看待市场、分析市场、驾驭市场，效果显著。

D.【案例一】

打箔机取代人工“打了细”

在金箔手艺中，能“打了细”的艺人最了不起。他们几乎人人都身怀绝技，夜里鸡鸣头遍就起床，划膀子，蹲马步，冬练“三九”，夏练“三伏”，一天不落，练好真功夫，才能打好了细。

“打了细”就是指打金箔，这项工作千百年来都是靠手工完成的。打金箔的艺人，仅靠自己的体力，将一个指甲大小的金片包裹在 2 048 层乌金纸内，捶打延伸。打箔艺人一上一下对面坐着，上面的叫“打护锤”，下面的叫“打推锤”，其锤重 7.5 斤，每次要探过头顶，每天打一包要抡 2 万多锤。他们将装有金箔的乌金纸包垫放在青石墩的斜角上，反复转动捶打，直至金片厚度达到“了细”的程度，才算完成打箔。然而，传统的依靠人工来打金箔的方式劳动强度太大，严重制约了企业的发展。

1985 年，开发研制机械打箔机，提到了公司的议事日程上。经过不断摸索试验，第一代扁担簧式机械打箔机研发成功，正式投入生产，将金箔的生产效率提高了 1.5 倍。经过不断改革创新，在接下来的两年时间里，我们将打箔机由扁担簧式改进为直立式，由斜向打击改为直向固定打击。这样不仅提高了安全性能，也使工效比扁担簧式机械打箔机再提高 1 倍。创造创新之路，永无止境。2014 年，我们继续研制出了程序数字化全自动打箔机，彻底颠覆传统，取代人工，大大提高了产能。

打箔机从无到有，从有到优，创造创优不停止，改变了“黄汗喝、黑汗流，打箔艺人苦命愁”的历史宿命，真正使金箔产能扩大，确保金箔走向更大、更远的市场。

【案例二】

建设乌金纸生产线

古艺奇葩金陵金箔，不仅十二道工序神奇，就连其生产使用的工具也十分神奇，生产过程中，金箔搬运用鹅毛挑，翻动用口风吹，裁切用竹刀，托板用羊皮裹。将黄金制作成金箔的过程中，最离不开的一个装置材料叫乌金纸。这种纸传统上由浙江生产，选临水向北的嫩竹子，放在水里沤泡后做成纸，再涂油，用油烟熏黑，这一系列工序也全是由传统手工方式完成的。

2014 年 8 月，我们创造的乌金纸自动涂布机生产线正式投产，效果优佳。这个机器的研发过程也不容易。金箔制作有史以来使用的乌金纸全部靠手工刷制，导致乌金纸受到较多人为因素的制约，质量很不稳定，涂层厚薄不均，涂胶量有重有轻，固化的温度高低长短时间不一，漏涂露空等现象较多。这些直接影响金箔生产的质量。

由机械化自动涂布取代手工刷制生产乌金纸，一直是金箔人的梦想。现在，乌金纸机械自动涂布生产线已经能够做到数据精准、程式优化、标准统一。机械化生产乌金纸这个史无前例的创新成果，为金箔工艺长久的发展提供了保证。

【案例三】

合肥订货会

工欲善其事，必先利其器。

1998 年，我们将自己研制的设备拉到了合肥订货会的现场，演示年度创新产品。在此之前，字母线和防伪金拉线等用于香烟拆封的产品，大多依赖进口。在演示现场，金箔人用自家设备演示了字母线和防伪金拉线的生产过程。参会的厂商好奇之余，十分佩服：金箔人能够在国内率先生产替代进口的金拉线，可以为烟厂减少高额的卷烟材料成本。

演示的效果很不错，我们在现场拿到了不少订单。那一年，金箔集团荣获了“中国卷烟配套材料生产基地”的称号，一代烟王褚时健来了，烟草界的其他朋友也纷至沓来。

订货会上显示的“三创”精神，折服了硝烟弥漫、纷扰四起的烟草界。我们不仅在中国烟草配套材料国产化领域填补了空白，而且通过创新发展树立了前所未有的自信。直至今天，金箔仍然做到了“一包中华烟，五个产品在上面”。

三个“基”

A.【词句表述】

基层　基本　基础

B.【词义解释】

万丈高楼平地起。大厦建造之初，夯实基础，四梁八柱稳固，才能够顶天立地；宝莲开花，需接天莲叶二十天，才有花开莲现；竹子拔节，需在地下扎根十几米，才能挺拔苍翠；学个驾驶技术，也需要半年时间磨合车感。创业根基有多扎实，基业就有多高大。因此，创业者若想事业稳步地推进，必须实实在在做好全部必要的基础工作，踏踏实实做好创业的最底层工作，扎扎实实地从三个“基”起步。三个“基”是对创业初期着眼长远、开好头、迈好第一步、打好基本功的要求。

基层　“基层”是地质和建筑学中的一个概念，引申为各种组织包括企业组织中最底部的一层。对于一个企业来说，它是支撑企业的载体基石，是企业的立根之本，它涉及人力资源管理的问题。企业的立根之本包含几个重要方面，比如人力资源方面，基层人员最多，力量最大，是创业中最实在、最重要的部分，他们承担着企业工作的基本任务。所有的创业任务最终要通过基本的工作变成现实。其他各层人员，各司其职，无不若此。

基本　基层人员是事物的本源，贯穿于事物的始终。创业者所关注的“基本”，则是指企业生存使命和思想理念最根本的出发点和原则条件。《汉书》记载：“王者以民为基，民以财为本……是以明王爱养基本。”这是大臣谷永向皇帝上奏时说的话，它从江山社稷来谈基本的作用。创业的本我诉求，代表的是企业灵魂，一切可以呈现企业灵魂的地方，如产品的价值、服务的价值观、机制的有效性等，均是企业基本建设功要之处。

基础　“基础”也是一个建筑学的名词，我们通俗地讲，它就是四梁八柱下面的石墩子。

基础是企业存在的钢骨、大底，必须致力于久经风雨而不倒，是为风骨长存。所以，创业者必须把应有的“石墩子”开凿、雕刻好，置准到位。基础还包括一系列必要的看不清、摸不准的方面，如思想基础，即人的精神、信念、能力等。

因此，在基本层面上铺陈创业的最早期工作，要周到全面，不可遗漏，要将这些工作做到位、做全面。凡事之基，是内在的状态原则，创业者在创办一个企业之初，就要搞清楚一些要素的内涵和真实状态，并使之有最好的结合与呈现。

C.【言论摘选】

◆ 金箔企业年终董事会上提出十六字发展方针

2018 年 1 月 24 日，金箔企业年终董事会在珠海庆华酒店召开。在会议上，我为金箔公司理顺运作思路，指明发展方向，提出了“夯实基础、建立基地、管好体系、提升业绩”的十六字发展方针。

我向大家指出：多年以来，金陵金箔在工作上、基本上故步自封，延续传承着以前的管理运作模式。下一步，一是要一丝不苟地夯实公司管理、技术改造等基础，全方位提升企业内功；二是建立好生产、销售基地；三是管好销售、供应、生产、技术等体系，每个体系都要充分发挥作用，进一步提升公司的业绩。

全体金陵金箔人要树雄心，立壮志，全面落实“组织、任务、制度”。

D.【案例一】

相约 1998 年

“相约一九九八……相约在甜美的春风里，相约那永远的青春年华……”在这首歌风靡大江南北的1998年，金陵金箔铜箔车间来了一个年轻人。那时车间任务多，经常加班，这个年轻人在公司里打杂，主要做一些报单、统计、接电话、打水扫地等工作。车间里、办公室里常常见他跑前跑后的身影，员工们很喜欢他。除了在铜箔厂区，一个总厂大院内其他车间的人们很少看见他，并不知道这个年轻人是谁。

一晃几年过去了，金箔集团申请了企业自营进出口经营权，这个年轻人率先组建企业外贸部门，带着一两个人，主要负责企业自营进出口贸易经营。由于有涉外机会，贸易商来的也多了，他有一些抛头露面的机会，员工们这才看到这个年轻人，形象端正，仪表堂堂，言行举止有分寸、有风度。很多人这才知道，这个年轻人叫江楠，是我的大儿子，东南大学毕业，在南京市旅游局工作两年后，已辞职在金箔厂工作好几年了。

后来江楠利用新媒体发起活动，到西藏拉练，一路寻访宗教寺庙，与搜狐、网易等一起做公益，受到社会上的广泛关注。开发金箔月饼、金箔春联、金箔酒；面向世界展开金箔文创系列活动之“字字金”设计、“稀捍行动”等，广受市场认可、关注和赞扬；敢于面向国际市场宣传金箔、传播金箔工艺，承揽了欧洲大型贴金艺术工程；参加欧洲大型文创展销活动，以一个睿智、踏实又自强不息的年轻领导者形象出现。

【案例二】

三大举措奠定发展基础

金箔是中华民族的非遗产品之一，是我国众多手工艺品中一颗璀璨的明珠，也是金箔集团的支柱产品。

过去，金箔的生产靠人工捶打，其成品薄如蝉翼，柔似绸缎，轻若鸿毛，厚度仅为0.1微米，无砂眼。世人称之为“古艺奇葩”，“中华一绝”。金箔的用途广泛，除了用于古今中外的建筑装饰、工艺品、寺院的修饰贴金，还可用于中成药、食品、文化用品等的包装。

为振兴金箔业，金箔集团的历史上，几代金箔人曾采取过三大举措：第一是创造研制打箔机；第二是创建国家金牌；第三是建立行业标准。每一个举措都是一个开创性的系统工程。

研制打箔机，十年不停。1985年我们自行研发打箔机，将手工打箔改进为机械打箔，这对提高金箔的产能具有革命性的意义。我还提出了金箔产品创国家金牌的目标，以创优为目标，进行企业标准化管理建设。这些是烦琐的系统工程，工作量之大、涉及面之广、参与人数之多，堪称金箔集团历史之最。

创建国家金牌，我们首先从基础开始：跟踪生产过程、设立专职检验员、记录原始资料，设立台账，更新计量器具。企业上下几百号职工都被动员起来了，金箔集团人人参与。这是一场企业内大生产一样热烈的运动。

创建金箔行业标准，从最细节、最基础之处做起，设计统计诸多管理表册，包括《产品品种和技术要求简表》《各工序加工过程卡》《各工序质量标准》《产品质量检验规范及验收规则》《质量信息反馈网络》《各工序定员定时定额表》等多种技术文件。同时为满足金箔创优的需要，开展全厂范围内的计量定级工作，设计计量定级工作所需的各类图表，包括《计量管理体系图》《计量人员基本情况表》《量值传递图》《能源计量网络图》《生产过程工艺控制计量网络图》等。

这些都是在编制金箔企业基本标准。

万丈高楼平地起。我们在1985年研制成了打箔机，在1987年拿到了金箔国家金质奖章，同时建立起系统的金箔行业QB基本标准。传承三大举措，实施三大工程，奠定了金箔集团在行业内发展的坚实基础，奠定了金箔事业传承的发展基础。

【案例三】

财审派出制

实行改革开放，企业得到快速发展，所有参与经济活动的经营者们，看得见，摸得着，干得安心，这与用先进的、符合市场发展的制度来管理、运营企业是分不开的。金箔企业在20世纪80年代末期，探索、研究和出台的财审派出制度，是确保企业正常运行、良性发展最重要的基础管理制度之一，能有效促进企业改革发展，因此必须抓牢抓实。

财审派出制是当年企业结合自身的实际情况，制定出的一套以资金管理为主线的“分厂二级核算”管理方法。这个管理方法实行后，由于它适应了形势，调动了各方面的积极性，给集团改革开放注入了活力，成绩显著，所以得到了当时区主管部门的肯定和推广。不少单位前来参观学习，同行们也一致给予好评。

财审派出制中的“内部银行”，实行和巩固了二级核算的重要内容，是一套的具体高效的资金管理和结算办法，长期保障企业良性发展。

“二级核算制度”“资金结算制度”“财务管理制度”“条条审计制度”“内部财务管理制度”等，这些以财审管理为基本的管理制度，一一付诸实施，奠定了企业良性发展的基础。

第三章

创 业 修 炼

三个“命”

A.【词句表述】

保全性命　肩负使命　绽放生命

B.【词义解释】

创业是持久的艰苦劳动，需要身心健康作为保障。三个“命”说的是在创业过程中，如何正确处理人生价值与创业之间的关系。三个“命”之间的顺序不能改变，含义递进。创业者在任何时候都要秉持这样的原则：第一保全生命；第二谨记使命；第三绽放生命。保全生命，即尊重生命，保有最基本的身体素质和心理素质。谨记使命，即时刻不忘记自己的初心和责任，只有这样，创业之路才能有一个光明的未来。绽放生命，即努力在创业中发挥出自己的才华，焕发出能量，为时代做贡献，获得生命存在的相应意义。

保全性命　人的生命只有一次，生命是一切思想、行动的前提，这是一个简单却又深刻的道理。创业者在创业过程中常常会遇到各种各样的难题，面临各种各样的选择，遭到各种各样的境遇。创业生活完全占据了创业者的全部时间和全部精力，以致很多创业者常常疲于奔命，而忽视了自身的身体健康。心理长期背负巨大压力，身体长期严重透支，常常导致一些很有才华的创业者英年早逝，他们的事业也因此功败垂成。因此，每个创业者，都要以创业的认真态度珍惜自己的生命，爱惜自己的身体。这样，创业之路方能走得稳，走得远，走得长。

肩负使命　肩负使命指创业者无论走多远，都不忘记自己的担当，不忘记出发时自己的初衷，不忘记自己的责任。作为创业团队的核心和领导者，创业者尤其要有坚定地使命感。在创业的路上，不是每一件事情，都能给创业者带来胜利，带来效益，带来成功。在长久的艰辛逆境之中，唯有发自灵魂的使命感，才能给人以坚实的动力，进而将这个动力传递给整个创业团队。创业不仅仅是一个团队的创业，它的影响因创业者的使命而发散传扬。一地、一隅、一城、一池，甚至一国、全世界，都将因这样的使命和创业而获得进步与改变。

绽放生命　绽放生命指创业者通过艰苦的创业，最终实现自身价值的意义。这个意义不仅是思想的意义，亦是实践的意义；不仅是个体的意义，亦是社会的意义；不仅是创业的意义，亦是公益的意义。若整个创业的生涯是一条大河的话，那么，这条大河一定会汇聚起千百条“细流”，最终也一定会汇入社会的大海。创业者的生命在这条长河之中，无论经过多少蜿蜒，多少曲折，遇到多少阻碍，最终，都将因他们的不断创造，而使他们的才华得以彰显，生命绽放出最美的花朵。

C.【言论摘选】

◆ 管理层要知道自己的三个“命”

第一，保全性命，知道生命是创业的首要条件，必须要注意身心健康，以确保能扛过创业的艰苦。

第二，绽放生命，要有价值观，不能跟普通员工一样，拿多少钱办多少事。如果没有价值观，你就不是这个阶层的人，你就只是下面的一个执行层员工。

第三，谨记使命，你们要带领企业实现五大目标。在“舞台”上表演得再有血有肉，如果没有真正进入角色，牢记使命，到了实际行动时就忘了，也是没有意义的。

这三个“命”连在一起，对企业家的要求也逐步提升，干部们一定要知道自己的三个“命”。我们现在培养的高管就是要将企业这个“大我”的利益放在首位的人，一个把自己的利益看得至高无上、容易斤斤计较的人，就是没有正确的价值观，没有使命感的人。

◆ 业绩是创业者的根本使命

创业者不能做说话的巨人，行动的矮子。说一千道一万，没有成绩不好办。

◆ 没有使命感的五种表现

1. 私字当头——私字当头的人以自身利益为中心，无法做到公正。
2. 利益小团体——不顾大局，只为小团体，所以这部分人不愿抓管理，因为动一动就会涉及他的切身利益。
3. 自身有污点——自己本身就有污点，害怕严格管理，拒绝正规制度。
4. 不懂管理——对管理知识一概不懂，怎么去管理，就如不会游泳，怎么去当游泳教练？
5. 学习能力差——驾驭不了下属。

D.【案例一】

香　妈　妈

20 世纪 80 年代中期，我们率先在全国范围内成功研制出香烟金拉线，改变了中国卷烟包装材料全面依赖进口的现状。为了打开金拉线销路，当时我们选派了一批得力的“外交家”去做推销，年轻貌美的沈晓香就是其中出类拔萃的一个。

十年如一日，沈晓香奔波在一家家卷烟厂之间，从不停息。在沈晓香的努力下，“金陵”牌金拉线没几年就迅速地获得了全国 80% 的烟厂的信赖。所以说，她在金拉线的推广中可谓立下了汗马功劳。

1993 年 5 月，沈晓香的脑后长了个良性肿瘤，动手术后不久，烟厂急需送货，她摸摸脑后刚拆线的伤疤，带着车，拖着拉线，到杭州烟厂送货。她的爱人不放心，执意陪同前往。但祸不单行，路上出了车祸，爱人被撞得不省人事，沈晓香自己的伤疤也又一次裂开，泪和血流在了一起。但是，为了实现对客户的承诺，为了金箔厂的信誉，沈晓香等不及处理交通事故，就叫了一辆出租车，装上拉线，直奔杭州烟厂。

作为企业的“外交家”，沈晓香是优秀的；作为妻子、母亲，她却是不称职的。为了事业，她从来没照料到家庭，不用说女儿的生日，就连女儿结婚、生孩子，她都不在现场。丈夫生病住院，她同样奔波在烟厂，她把她的一生都献给了她热爱的金箔事业。

为此，我后来写了一首歌《香妈妈》，以表达我对她的尊重。每一次演唱这首歌，许多人都感动得当场流泪。

【案例二】

神圣的金箔事业

2018 年年末，江宁大学城内的江宁体育场，鲜艳的旗帜高高飘扬。金箔集团在此召开 2018 新春年会、股东大会、职工代表大会暨十大集团公司誓师大会。

金箔事业新一届以党委书记江楠为首的年轻领导班子，举起了拳头，庄重地向董事局宣誓“一切为了神圣的金箔事业”。金箔控股旗下的几大公司“三驾马车”率领各自的团队，高举产业旗帜，精彩亮相。

那天，面对患难与共的战友、面对勤勤恳恳的金箔员工、面对成长起来的年轻一代，我感慨万千，说了五个感谢。

从进金箔厂第一天起，我似乎就意识到自己的后半生将要献给金箔事业，感受到拯救金箔、传承金箔是我不可推卸的神圣使命。置之死地而后生，当我断绝了自己一切的后路，像支“开弓没有回头”的利箭，勇敢地站在了“生死存亡”的第一线，率领几百名干部员工，在改革开放的大潮中乘风破浪、奋勇向前。几十年里，我吃尽了苦头，受到了一次又一次的打击、查处，经历了一次又一次的大风大浪，终于使昔日业务单一的金箔小作坊，变成了全国赫赫有名的具有几大业务板块的多元化企业集团，集团连续多年位列江宁民营企业纳税额第一位。

感谢共产党的改革开放政策，使我们中华民族的非物质文化遗产——千古金箔焕发了青春；感谢南京市、江宁区地方政府对我们的信任，使我们成为改革开放一面不倒的旗帜；感谢一班建厂元老，在关键时刻始终相信我、尊重我、支持我，使我们金箔厂自改革开放以来走完了一程又一程；感谢一大批年轻人，追随我投身改革，献身改革，创造了一个又一个奇迹；感谢金箔各条战线上无数冲锋陷阵的职工、任劳任怨的职工、埋头苦干的职工、委曲求全的职工、默默无闻的职工。正是大家的辛勤汗水共同浇灌，才使金箔这朵奇葩，越开越鲜艳，金箔事业越来越金光灿烂！

30 多年的呕心沥血，我终于完成了历史赋予我的神圣使命，给党、给政府、给追随我的员工交了一份好答卷，使企业迎来了灿烂辉煌的发展时期。

30 多年过去了，我已从一个三十七八岁的壮年变成了白发苍苍的老年，并且积劳成疾。但金箔事业是我一生的追求，创业是我毕生的使命。我将永远谨记金箔使命，与金箔共存亡，与国家共命运，与员工同甘苦。

【案例三】

荣获“奥斯卡终身成就奖”

创业也获“奥斯卡奖”。

2017 年 1 月 12 日，第四届“徽商奥斯卡”全球盛典在安徽合肥大剧院隆重举行，我应邀出席此次盛典并荣获“十大商会会长”及“徽商终身成就奖”两个重要奖项。

全国政协、安徽省人大、省政协、民建安徽省委主委等领导出席了这次盛典，并表示祝贺。

在徽商高级别发展论坛上，结合“我是主角：伟大时代中的徽商最强者”的主题，我发表了演讲。我提出，经济新常态的全面推行，决定了房地产行业不可能成为中国经济发展的主体，因此实业必将接棒成为中国未来经济发展的第一主角。南京金箔集团自建厂以来，一直秉承实业报国的宗旨，未来我们仍然将继续响应党和政府的号召，不忘初心，砥砺前行。一个企业的领导人必须勇于担当企业的主角，作好决策，建立好一支团结奋进的团队，才能取得成功。一个成功的企业家担负的任务，不仅仅只是在自己的企业扮演主角，更重要的是要使自己企业的产品能够在行业内担当主角，为社会进步添砖加瓦。

多年来，我获奖较多。这说明，有成就的创业者一定会受到社会的承认，有社会地位，也能使得自身的生命价值在创业中得以更好地绽放。

三个“情”

A.【词句表述】

热情　激情　豪情

B.【词义解释】

“人虽有限而可无限。”身体之有限性使我们不得不屈服于生命的限制，但是，人之为人的本质表征，乃是其无限潜能之精神力量。彪炳千秋者，哪一个不以其精神力量穿透历史尘埃而鼓舞人心？“文王拘而演《周易》；仲尼厄而作《春秋》；屈原放逐，乃赋《离骚》；左丘失明，厥有《国语》……”

创业者的精神面貌时刻关系到企业的命运。在企业弱小的时候，创业者可以因精神的奋发，带领企业走向强大；在企业强大的时候，创业者也可能因为精神的懈怠，而导致企业遭遇失败。精神的力量是巨大的。精神的力量往往具有决定性的价值。可以说，创业者的命运其实是其精神之路的外在表现，只有其自身保持持久良好的精神状态，才可以使企业保持良好的状态。三个“情”指创业过程中创业者投入工作的状态。创业者必须要以饱满的热情、持久的激情、足够的豪情对待工作。

热情　热情是一种人生态度。不以热情迎它，有何资格让它有偿于你？同时，这种热烈、积极、主动的情感态度绝不能只是创业者的“例外状态”，而必须是精神常态。创业就是一棵大树，唯有对创业持有持久热情的人，才能将创业这棵大树浇灌得越来越茁壮。

激情　在这里，激情指强烈地、爆发性地对创业中某些重要的人或事所表现出的精神状态。激情是一种高度兴奋的自然流露，但不能长时间延续。创业者在创业过程中的某些低潮时刻、瓶颈时期，或是决定创业命运的关键时刻，必须打上鸡血、迎难而上、破釜沉舟。这样的激情能够帮助创业者突破性地摆脱沉堕、忐忑和萎靡，创造新的格局。

豪情　豪情和激情一样，都属于情感范畴。豪者，乃格局之豪、气度之豪、人格之豪，这是积极、高亢、豁达、开朗情绪的一种表现。成功的创业者未必是外向的人，但一定是有豪情的人。豪情不仅是奋发向上的言语，更是勇立潮头的内心。有着充沛豪情的创业者，他们无论遇到何种情况、何种境遇，都能以积极的精神风貌和勇敢的行动面对。

那些著名的创业者，大多给人以满腔热血、蓬勃向上的印象。创业者们应该是这样的人：始终保持热情满怀、激情荡漾；始终充满着自豪感、荣誉感。

C.【言论摘选】

◆ 干部要有饱满的工作热情

厂领导在群众中要树立带头拼搏的榜样。大浪淘沙，一个人的斗志、一个人的干劲、一个人的能力不是以年龄为界限的。我们要用各种办法激励自己，以一种饱满的精神状态去工作。

◆ 工作要有激情也要有方向

企业的高层干部，如果信息闭塞、观念落后，企业怎么能够发展？你生产的产品早就被市场淘汰了，而你还在苦苦挣扎，就算你本事再大，激情再高，没有经济效益，又有什么用呢？这就说明只有人的观念跟上时代的发展，充满激情地工作才有意义。

◆ 谁都不能安于现状

不换脑筋、思想僵化的人，将来肯定是要被换掉的。世界的发展日新月异，谁都不要骄傲自大、自以为是。只有把思路转过来，把路子定下来，才能发展。人的最大弱点是安于现状。在生活中，可以知足常乐，但在工作中，面对残酷的现实，只能锐意进取，敢闯敢干，这才是我们的唯一出路。俗话说："穷死不如闯祸"，我们不如拼出一条命去闯，也许就会闯出一条血路来，闯出一条光明大道来。全体员工，特别是各级干部，一定要顾全大局，操作好、配合好。

D.【案例一】

三招聚人气

在人生的浩瀚大海中，理想是罗盘，热情是疾风。当我们的创业热情高涨之时，便会有各种奇迹出现。

1994 年 8 月 28 日，江宁唯一的人造综合型大市场——金宝市场隆重开业。然而，我们没有经营综合市场的经验，摸着石头过河，市场很快出现商户大面积退场的尴尬局面。为了吸引客流，我每天亲临现场，想办法指导工作，夏天最热的时候，打着赤膊吹着电扇和管理人员共同研究对策。

经过深思熟虑，我想出如下"三招"。

第一招，把外围广场搞热闹起来，全面引进吃喝玩乐项目。我们引来游乐场，引来鸭血粉丝等小吃项目，广场变得像赶集、赶交流会一样热闹。

第二招，打造江宁区最热闹的大排档。为了解决南来北往的客人们的吃饭问题，我们设计打造了江宁唯一的夜排档，形成特色带动市场人气。我带领大家去武汉、温州等地进行考察学习，了解武汉的小吃文化，见了、吃了不少美食，看到了不少门道，回来活学活用。

不满足表面形成的规模和特色，练就金宝的大排档的内功，培育自己的主打菜、特色菜吸引客流。那时候江宁的骨头汤、红烧老鹅是出了名的，吸引了很多城里人来吃。金宝大排档的特色菜摊位，邀请民间做菜高手来经营，专做农家菜、土菜，体现妈妈的味道。不到半年的时间，设施简陋的金宝大排档开始有了丹阳人做的红烧鱼头、羊（牛）肉锅仔，横溪人做的红烧仔鸡（鸭、鹅）、钵子炖咸猪手，龙都人做的臭豆腐、炝鹅肠，逐渐形成了特色。大排档的酸菜鱼、红烧麻鸭等招牌菜远近闻名。每到饭点，食客迎门，座无虚席，一时间金宝大排档名声大噪，成了江宁人夜晚吃喝玩乐的好地方。大排档的卡拉 OK 更是将气氛带向高潮，大家喝着啤酒、吃着美食、听着音乐，好不惬意。

第三招，分区到户，承包经营。我们将金箔大市场分成十二个区。每一个市场骨干人员管理一个区，独立招商，相互竞争，如百货区、服装区、箱包区、交电区、家具区、农贸区、烟酒区、鞋帽区等。

后来我们又加大了宣传：金宝金宝，越办越好；不上金宝，江宁白跑。

俗话说："一招鲜，吃遍天。"我出的这"三招"，犹如三剂猛药，效果明显。我时常晚上路过这里，不由回想往昔，想起当年在这里满怀热情、艰苦奋斗的日子，心里莫名涌起亲切感和成就感，创业的那股热情依旧。

【案例二】

谁给的胆子

谁给的胆子？创业激情！

1984 年 5 月，因国家领导人要在中华人民共和国成立 35 年之际，登上天安门城楼检阅三军，有关方面决定装修天安门城楼，特别是要把城楼上八根二人合起来也抱不了的金龙盘柱恢复历史原貌。上级领导经全面了解后，将这中华人民共和国成立以来首次金箔用量大、政治性很高的任务交给江宁金箔厂独家完成。

1984 年 7 月初，鉴于工作的重要性，为确保安全，我与南京市人行金银管理处窦处长、公安局内保股孙股长、时任经营厂长的程顺祥、财务科长杜静宁、供销科长戴双顶一行六人坐火车护送十万张"大九八"金箔进京。这是金箔厂有史以来单笔数量最大的工程！

我们到达故宫博物院，将金箔安全地交给了故宫博物院管理处，圆满完成了护送任务。在住宿上，故宫管理处花了很大的工夫，也只能给我们安排了北京市“三招”的一个标准间。为了工作方便，我和戴双顶住，其他几人住在北京化工原料公司招待所。

因为我厂金箔产品的订购单60%来自北京，所以那次去北京我们还有一个重要任务——拜访客户，包括北京化工原料公司、北京故宫博物院、北京同仁堂制药厂、北京房修二公司等。完成了多日艰苦、紧张有序的工作，正准备凯旋时，时任厂长的杜恒金来电，说江苏省轻工业厅15名专家为江苏几家单位产品创优，要到北京轻工业部作创优汇报，其中也包括我厂的金陵牌金箔。在工业局叶股长、厂办李桂玲的陪同下，17人将于次日下午到达北京，省里要求在前门附近安排住宿。

那时北京住宿相当困难。很快就到第二天的下午了，打出去的求援电话一直没有回音，我大汗满头，急得透不过气来，还有两三个小时，17人就到了，住宿还没着落。怎么办？这时，我把手一挥：“程顺祥，你同我闯北京市政府。戴双顶，你去火车站接人到‘三招’来。”

那年代的士少之又少，我们坐公交走了四站到王府井南边，再走过去。艰难地到了北京市政府接待处办公室，程顺祥首先介绍：“我们来自江苏南京江宁金箔厂，这是我们的领导江书记。”我带着满脸笑容，急切地说：“我们一行17人是为了天安门大修送金箔来的。我厂的金箔为故宫、北京同仁堂、政协礼堂、新华门、人民大会堂……”北京市政府接待处的领导被我感动了，当场表扬我厂为北京、为国家做出了杰出贡献，立即批准我们17人入住北京市第三招待所。

走出北京市政府大门，我拍着程顺祥的肩头说：“程顺祥，求人不如求己啊。”我们会心地大笑起来。现在回想起来，真为自己当年的激情感到自豪啊。

【案例三】

建造“金箔故乡纪念碑”

一代代金箔人，不辞辛苦，终身奉献，默默无闻，无论祸福，矢志不渝，将神奇的金箔艺术传承了下来。我曾看到，金箔产品闻名世界，而金箔艺人却被冷落歧视，他们中的大部分是农民工、手艺人、临时工。我深为他们默默的奉献而感动，决心让这种不正常的现象在我们的手上彻底改变。

我上任以后，打破工资等级制度，实施同工同酬政策，公司出资将工作了20年的员工全部带到北京参观故宫和人民大会堂，让他们看到金箔企业的发展，让他们体会金箔工作的伟大意义。在企业经营还没扭转亏损时，我便集资建造了一尊“金箔故乡纪念碑”，为金箔艺人树碑立传，为金箔精神歌功颂德。我立志从此要让金箔人感到自豪骄傲，激励金箔人热爱自己的企业、忠于自己的企业。

当时，我写了一段碑文：

这是尊以人工锤打金箔为模型的雕塑，从此金箔艺人也有了自己的形象。

金箔系用真金锤成。纯金经过化条、拍叶、落开子、炕炕、做捻子、打了细、出具、切箔等特别加工便成。金箔质地柔软、薄如肥皂泡，用途广泛，十分名贵。各种古代和现代高级建筑以及寺庙佛像的贴金、高级工艺品和家具瓷器的描金、高级中成药的配方和裹金、真金银线织物的原料，都需要金箔。凡贴裹金箔者，皆富丽堂皇、金碧辉煌，经久不变色。

相传在我国，金箔锦线的生产已有两千多年历史。我的故乡在江宁县龙谭花园一带，那里百姓多以此为业，世代相传。据记载，江宁在明清年代就开始为宫廷大量提供金箔和金银线织物，此后江宁金箔历经沧桑，时废时兴。中华人民共和国成立以后，江宁金箔在政府的领导下，发展成为全国最大最有名的产品，国家重点工程、全国著名寺庙都点名使用江宁金箔，江宁金箔艺人在继承和发扬金箔这项古老技术方面建立了不朽的功勋。

本厂创建于1955年，创始人牟长松、徐宏智、徐立旺等六十四人，原址在龙潭陆家桥。1983年龙潭遭受水灾，金箔厂因此迁至江宁县城。目前厂内已有职员六百二十余人，在建厂三十周年之际，全厂职工为继承前人业绩，发扬金箔事业，募捐筹款，特建造此纪念碑。

从那以后，每年我们都会评选十佳新闻人物；每到大的厂庆，评选“金箔传人”，鼓舞金箔人满怀豪情地热爱金箔事业。

三个“信”

A.【词句表述】

信仰　信念　信心

B.【词义解释】

创业路上，创业者的精神因素是根本性的因素。在没有道路的地方开拓出道路，在没有可能的所在创造出可能，这一切都源自创业者内心的信仰、信念、信心。创业者的三个“信”，都有一种决心的意向，关乎创业者的格局、品质、方向、凝聚力和其带领团队的成功程度等。

我认为这三个“信”是所创之业的性格总和。

信仰 信仰指对某种理念的坚定信奉与敬仰，并将其奉为行为准则。“信仰”是佛学中的一个词语，源于唐译佛教典籍《华严经》，迄今为止已有1300多年的历史了。后来，逐渐地流变且用于习俗与政治领域，含义泛化。信仰是一个创业者灵魂中核心的部分，它决定了创业者最基本的世界观、价值观和人生观。可以说，创业者有什么样的信仰，就有什么样的创业，也就会有什么样的命运。

信念 信念指对人和事物的价值判断、观点和看法。对于创业者来说，这判断、观点和看法是基于可以用来创业的事实或者必将成为事实的事物而形成的信念。在创业路上，创业者有没有信念，信念有多强，信念有多深，都直接影响着创业事业。一个有着坚定信念的创业者，面对困难和障碍，一定有着更大的勇气和更好的作为。今天的创业者，一定要有坚定的社会主义信念。

信心 信心指对事物、行为的发展演化有预期成功。强大的信心来自于创业者高度的自信。相信自己，通过努力一定会向人们呈现出最美好的样子；相信自己，就像汪峰唱的那样，不能《生来彷徨》，而要《飞得更高》。而这个自信，亦是整个创业行动向前不断推进的助推力。创业之路不是一帆风顺的，创业成功也不是唾手可得的，它需要创业者以不屈不挠的信心完成一次次跨越。

C.【言论摘选】

◆ 信鸽的启示

我平生不懂得养鸽，但最近却欣然接受邀请，担任江宁县职工信鸽协会名誉会长。

我有幸结识了一位养鸽爱好者。这位养鸽迷是一名地道的工程技术人员，有工程师职称，可他却唯独对养鸽如醉如痴。他与爱人结婚十多年，对方因为嫌他养鸽太脏而争吵了十几年。有时两个人的争执甚至发展到了大动干戈的地步，可他说什么也不愿放弃对鸽子的感情。夫妻俩带两个小孩，还有老人要赡养，两人工资又不高，生活颇拮据，可他宁愿全家省吃俭用，也从来没有忘记买鸽子饲料。他夫妻俩都是工程技术人员，按理可以分个好楼层，可是别人害怕鸽屎乱落而畏惧住其楼下，于是他宁愿住最底层，也不愿不养鸽。

从20世纪70—90年代，这位养鸽爱好者坚持不懈、坚定不移、坚韧不拔地一直在工作之余养他的鸽。他不仅工作干得很好，鸽子也养得很好。他养的鸽子有几只还曾在市级信鸽比赛中得过名次。

我原来以为，我认识的这位养鸽迷可能是稀有之人。谁知，我县成立信鸽协会的消息刚传出，报名处竟门庭若市。一百八十多名入会者，养着一万多只信鸽，其中与我认识的那位信鸽迷相似的人竟然举不胜举，许多人还有过之而无不及。在县职工信鸽协会成立会上，我看到好几个熟悉的面孔，他们都是业余养了二三十年鸽子的“专业户”，对养鸽的痴迷真是几十年如一日。

人人都可能会有一点业余爱好，唯独这养鸽子的爱好让人费解。这些养鸽迷们，顶住家庭不睦、生活拮据、又脏又臭等各种困难，硬是死守着一群鸽子，究竟为哪桩？我翻开为信鸽协会建立而制定的章程，看到其中有一节写到奖惩：最高奖励是一袋鸽子食；最严厉处分是撤销会员资格。我想他们绝不是为金钱而养鸽的。

回想我认识的几位养鸽迷们的所作所为，我突然悟出一个道理：这些信鸽爱好者们养鸽是与信仰、信念、信心联系在一起的。在他们心目中，养鸽就是一种信仰，我们信仰这个那个，他们就信仰养鸽。他们认为既然已信仰养鸽，那就千难万难不能动摇，这就是信念。养鸽能增添生活乐趣，陶冶情操，只要坚定不移，就一定能获得成功，这就是信心。据养鸽爱好者们介绍，凡是对养鸽发生兴趣、入迷的人，后来改变爱好而放弃养鸽的人为数极少。

信鸽是友谊的天使，是和平的象征。养鸽人是具有信仰、信念、信心的人，从养鸽人身上我们可以得到多少有益的启示呵！我赞誉许多人的业余爱好，但最尊敬养鸽人。这就是我对养鸽事业产生兴趣的原因。

◆ 企业改制，党组织不会改制

金箔集团原来是一个城镇的集体所有制企业，1984 年之前只有 8 名党员。1984 年我上任后，十分重视企业的党组织建设与作用发挥问题，使企业党组织从党支部发展到党总支再到党委迅速发展壮大，目前已有党员 595 名，实行金箔集团党委领导下的几个党总支及多个党支部领导下的党组织体系。2000 年企业改制为民营后，党建工作如何进行？各种看法都有。我的想法是：企业改制了，党组织不会改制。

这么多年来，金箔集团党委始终把改革开放带来的丰硕成果，归功于党的英明领导，归功于党制定的一系列方针、政策。没有共产党就没有金箔集团的今天，所以广大党员和广大职工对共产党的感情都十分深厚，对党的路线和方针政策都十分拥护。企业改制后，集团党委一班人一致认为：一个企业无论信什么，都要相信共产党的决策与政策是适应时代发展需要的。在共产党执政的中国，无论你的企业是什么性质的，归根结底，都处在共产党领导之下。所以说，削弱和淡化党的领导都是错误的，这是一个方面。

另一方面，企业的领导层里总要有一个核心骨干组织，用以率领和带动广大员工去实现企业目标。而共产党的组织体系、纲领、宗旨，经过几十年的建设发展，已经相当完善、完美，所以把企业的党组织建设好，作用发挥好，让共产党组织在企业中发挥好的政治领导核心作用，比发挥什么组织作用都好。

基于这样的朴素认识，金箔集团改为民营以后，对党的观念不仅没有淡化，反而有所加强。因为集团党委认识到，企业改为民营以后，唯一能用一个宗旨、一个纲领、一个目标把所有员工统一起来的，只有共产党的领导。

为此，金箔集团党委一班人逐步提高了对改制后企业党建工作的认识，分清了四个模糊界限。

一是企业改制了，党的组织不能改制。绝不能认为企业资产全是属于股东的，不能认为企业所有党组织都属于股东领导的队伍。

二是企业民营了，党的组织必须要建立健全。我们的企业都是中国特色社会主义旗帜下的企业，哪里有人，哪里就要有共产党员，就要有共产党的组织，绝不能认为民营企业可以不要党组织。

三是民营企业中“雇主”与“雇员”的关系比较明显，但“党员是人民群众中优秀的先进分子”这条杠不能变。从一个企业员工的角度来说，有些党员属于“打工族”，但这只不过是他的工作身份，作为一名党员来说，他又是工人阶级先锋队成员之一，是共产党巩固执政地位的力量之一。

四是企业市场化了，企业经营层的生产经营指挥系统必须强化，但是在企业中党的政治领导核心地位绝不能削弱。为了保持企业健康发展，关键时刻党组织的战斗堡垒作用不能忽视。

金箔集团改制后由于对党的观念没有淡化，一些是非界限也比较清楚，所以企业的党建工作坚持不懈，抓得比较好，也卓有成效。

D.【案例一】

一岗双责，常抓不懈

红色的声光中，南湖的船在舞台中央耀眼夺目，金箔艺术团为全体党员献上的“七一”演出，在金元宝大酒店五楼中央大厅隆重上演。金箔 500 多名党员欢聚一堂，共庆党的生日。

我们金箔党委设有专职书记，党的组织活动一直丰富多彩，党建工作常常受到上级表彰。

2000 年，金箔集团实行改制，明确提出了“企业改制，党组织不能改制”。我们的信仰不能改变。

改制为民营企业的金箔集团，内部党组织健全。集团上下对党的信仰不动摇，始终坚持党的领导。从集团总部到分公司，全部建立符合组织要求的党、工、团、妇联层级组织。但民营企业以生产经营为中心，所以这些组织均不设立独立的机构，职务全部由行政组织内的人员兼任，坚决落实“一岗双责”，通俗地表达就是“一个萝卜几个坑”的模式。我们精心选用一专多能的人兼职，他们做到了“哪个坑中都能蹲，蹲在哪里都扎根”。这一模式有效地节约了人力成本，使各机构均能高效率地开展工作，成为民营企业党建工作的典范。

金箔集团的党建工作目标任务是通过抓思想政治工作，促进社会主义市场经济观念的巩固。书记不脱离经济工作，企业不忘思想政治工作，党、政、团、妇联组织以灵活多样的方式，团结、带领、鼓舞员工，坚持党的信仰不动摇。

每年在党的生日、“三八”妇女节、“五四”青年节等节日期间，集团党组织都会开展创优争先活动，激发群体组织活力，使企业经济工作生动活泼，又不脱离实际，切实做到了“抓好党建促经济，促进经济抓党建”。

【案例二】

心中有条“希望之路”

创业者怎样不忘初心，牢记使命?

1984年，我刚到金箔厂上任，为职工书画展题写了四个字：“希望之路”。那时正值金箔集团创业初期，企业经营十分困难。我给自己打气，更想引导和提振全厂士气。

到了2002年，企业营收10亿元，利税超过亿元，是当地利税第一大户。企业一片兴旺，园区还扩建了150多亩。我自己也应邀到北大讲课，做了《属“鸡”属“鸟”企业的春天——中国民企生存发展之思考》主题演讲，受到北大师生好评。这年的6月22日是我参加工作40周年纪念日，当天，我给自己写了一段话：一个人无论处于什么样的困难境地，无论遇到什么艰难险阻，无论遭受到什么风吹雨打，心中的“希望之路”都不能泯灭。

执着于一个美好坚定的信念，日常自我提醒，尤其记住自我约定，从而生出无穷的力量。

【案例三】

金元宝快餐处处香

每天中午，在江宁砂之船工作的人们，涌向金元宝快餐食堂，在琳琅满目的菜肴中，依次排队挑选自己的午餐。食堂里上百个品种的菜肴摆放在明档上，色香味诱人。

金元宝快餐好吃实惠，好评如潮。在南京的机关、学校、医院、社区、军营等还有多处金元宝快餐店。秉承“只为百姓烧好菜，全凭良心做品牌”的宗旨，金元宝快餐所到之处，都广受欢迎。而这根本原因是对市场有足够的信心。

听惯了我的“鱼塘理论”，他们对自己有信心，对市场有信心，从而敢于竞争，善于竞争。我的“鱼塘理论”产生在20世纪90年代中期，当时中国的市场经济大潮中出现了许多混乱状况，许多人不知所措，认为市场经济太乱、太复杂。人们对市场经济缺乏信心，于是，我用“鱼塘理论”向大家解释中国市场经济的特点。

对市场保持信心的人，市场就会青睐他。

三个“气”

A.【词句表述】

志气　骨气　傲气

B.【词义解释】

创业者要有气节，有远大的志向，有坚硬的骨气，有自信的傲骨，三个“气”讲的就是这么个理。创业家的志气、骨气、傲骨之气，让他在精神上不屈不挠，铮铮而立。

志气　志，就是一个人的志愿。有志气，就是不甘落后，力求达到一定目的的决心和勇气。有志气是有理想、有信心的表现。有志气的人，常常奋斗目标明确，意志坚定，不怕各种困难。越是困难艰苦的条件，越是能显现志气的力量和作用。志气是人生命当中最基本的素养，是人生理想的前提，是大丈夫立于天地之间的底气。“人穷志不短”，意思就是不论你贫穷到什么程度，都不可丧失志气。贫穷不可怕，可怕的是丧志、丧气。王勃在《滕王阁序》中说：“穷且益坚，不坠青云之志。”我们常说志在千里，志在必得，矢志不渝，人小志大，等等，就是看到了志气的力量。有没有这个原动力，人和人之间是有着天壤之别的，这也是区分英雄和狗熊、区分成功人士与庸人的准则。

骨气　骨气指刚毅不屈的操守。人争一口气，佛争一炷香。这里要争的这个“气”，指的是人在世上要有原则和尊严，在生活当中，凡事不能没有原则地忍气吞声，委曲求全。一个人一旦没有了骨气，也就没有了原则，没有了尊严，由此而来的便是失去了自立与自强。

傲气　成龙在《男儿当自强》中唱到“傲气面对万重浪，热血像那红日光，胆似铁打骨如精钢，胸襟百千丈，眼光万里长，我发愤图强做好汉”。创业艰难百战多，傲雪凌霜气不凡。无论怎样，也不管何时，一个创业者都不应失掉自尊心和自信心，有傲气但不骄傲自大，不自以为是、惟我独尊、目中无人、盛气凌人。

C.【言论摘选】

◆ 看山东　想自己

过去，山东人在我们看来是山东大汉，会打仗、能吃苦、种大葱、做煎饼，搞企业是不会超过江苏的。改革开放以来，山东人竟给人一种一鸣惊人的感觉。举几个山东企业的例子，一家是搞猪肉、家禽加工的，现在已经搞成16个亿销售额的大集团；一家是搞农业小产品的，现在已经变成了全国著名的蔬菜集团、蔬菜基地。山东人搞洗衣机、空调，比南京“莫愁”品牌起步迟得多，但是在海尔，我们有了耳目一新的感觉。山东人用自己的思维模式看待市场，给我们树立了榜样。看到海尔，我们才知道什么叫规模经济，什么是大市场概念，包括产品的大市场概念和人才的大市场概念。

海尔的作风就是“对市场从不说不”、闻风而动。海尔现在是我们心目中的楷模，过去我写过“好厉害的浙江人”，现在我说的是“好能干的山东人”，因为山东人在改革开放中取得了卓越成绩。

海尔的几条经验，我们过去都实践过，却没能坚持下来。人家的流水线工作日清日结，管理完全科学化、数据化。这种管理方式，我们都做过，就是没有认真研究并加以坚持。人家厕所里发肥皂都有人一天查看几次，每次记录在案，不像我们办公大楼里的卷纸一放就没有。参观的人一进门，人家的门卫就毕恭毕敬地敬礼。人家全部采用电脑化的管理，员工上岗都经过严格的培训……

金锣集团的老板周连奎是个文盲。他过去是贩猪的，不识字，但人家的思维是我们不能及的。金锣的冷库是万吨级的，90多条生产线全引进的日本最先进的生产线，一天能宰4 000～8 000多头猪。

张瑞敏讲他每天如履薄冰，说企业就像一只球体在斜坡上往上推滚，发展受到来自各方面的动力和阻力作用，如果稍微不注意，球随时都有滚下去的可能。我们有没有这个认识？我在大小会议上经常讲，每天我都是诚徨诚恐地过日子。几位副总裁有没有这样的感觉？有张瑞敏这种如履薄冰的认识，我认为就是一种进步，没有这种感觉的人都不行。

我们就是要学习海尔、金锣、寿光的精神，但我们不套用他们的制度，而是要因地制宜学习人家一丝不苟的精神，学习人家“迅速反应、立即行动”的精神，学习人家强烈的事业心。

参观了山东这三家企业，我们究竟学到了哪些经验呢？我认为主要有以下四点。

第一点，企业必须要有好产品、名牌产品。一个企业如果没有好产品、名牌产品，就不能生存。金箔集团没有好产品也不行。寿光的产品就是好品种的蔬菜，并且是全国著名的好蔬菜。“质量是生命，产品就是根。”

第二点，要建成世界一流的产品，必须要引进最先进的生产设备。海尔洗衣机、空调都是国际一流的产品。这与海尔拥有先进的生产流水线、最先进的工艺和现代化的生产手段有关系。

第三点，要发展壮大自己，就要建立销售公司，实行产销分体。我们要建立立体的销售网络。

第四点，在企业的基础管理、现场管理上要做到严、细、实，树立“制度第一”的观念。

D.【案例一】

“江大吹”

金箔制作有个奇妙的工序，叫切金箔。金箔艺人们切金箔时最常做的工作就是边干边吹，吹得好，就是干得好。一口口线风吹上去，对准点角，竹刀才能拣挑自如，才能裁切出一张张整齐划一的金箔。

我是金箔业领头人，也练就了过硬的“吹功”。1984 年，我刚上任时，金箔厂年产值 200 万元，我原来在的单位年产值已达 3 000 万元。我心里算算账，在全县干部大会上语出惊人：“三年超过化肥厂。”刚开始大家不信，说我吹牛。我们厂上下一心，撸起袖子加油干，后来实现了目标。从那时候开始，每回“吹牛”我都一一兑现。上面来人到厂里检查，发现没有水分，经营情况真实。于是社会上开始流传起“江大吹有志气”的话。

1998 年 5 月我获得“全国五一劳动奖章”时，资深媒体人吴晓平采访我时说：“江总，真正的创业者，在我看来应该就是您这样心中有志气、边干边吹、自我鞭策的人！”

【案例二】

“金路计划”从废鱼塘出发

金宝的“金路计划”是个令人兴奋的商业扩张战略。如今“一点多端”“店商 + 电商”等经营手段，使“金路计划”如虎添翼。金宝商业广场、农贸市场、装饰广场、家居广场、商业街五大板块，奠定了金宝全面实施全国连锁的宏伟战略的基础。

然而，这个眼前年营收过百亿的商贸企业，在 28 年前，却只是一片废鱼塘。我们自己筹资 1 600 万元，顶着巨大压力和风险，建起的市场，却被人们嘲讽为：“金宝金宝，早关早好！”“人造市场活不了！”到第五位委派的总经理也干不下去的时候，我亲自披挂上阵。面对这些冷嘲热讽，我们日夜兼程，招商稳商，划行归市，营销促销，硬是在昔日 50 亩废鱼塘上，将金宝商贸做成了名闻遐迩的大市场。

到南京，人们都知道，“北有夫子庙，南有大金宝”。我们的“金路计划”，正在引领“金宝”远行，向更多、更广阔的地区进发。

【案例三】

“三不”干部

1992 年，社会上有人说我傲气，甚至政府里有的人，称我“三不”干部。

别人说我“不听话——领导人的讲话敢不听；不正规——红头文件竟敢不执行；不上路——大家走惯的路不走”，谁知，我不仅不生气，反而借此形成了我的“三不”论。

“不听话？”我说，“这话既对也不对。我认为，在企业搞改革，只听党的话。上级领导将一个摊子交给我，千方百计将它搞好了，就是听党的话。这是最根本的听话，也是最整体的听话。但是在日常工作中，作为企业领导，不能事事按上级领导眼色行事，唯唯诺诺。因为上级领导管的摊子多，对每个单位的表态可能对也可能不对，特别是领导心情好与坏，这任和那任、这个领导和那个领导，讲话都可能不一样，你怎么能不加分析地全听呢？听话不听话，关键看我是不是执行了党的实事求是的思想路线。”

“不正规？”我说，“中国这么大，改革开放情况又这么复杂，上级的红头文件哪里能管得那么具体？如果是这样，还要我们这些基层干部干什么？对一个企业来说，要把红头文件的精神与自己企业的具体实际结合起来。那种凡事机械照搬红头文件的人，没有不失败的。处处事事等红头文件的人，更是注定要吃亏的。正规不正规，遵循经济规律办事，实事求是地遵纪守法办事，就是正规。”

“不上路？”我说，“什么叫上路？按几十年形成的习惯办事就是上路？按社会上普遍的做法办事就是上路？那还要改革开放干什么？哪条路能把事情办成和办好，就走哪条路，这就是上路。上路不上路，解放思想、敢闯敢试才是根本出路。”

这些就是我尊崇的傲气！

三个“修” 

A.【词句表述】

修心　修志　修德

B.【词义解释】

“修”字多义，但我所要表达的是学习和锻炼的意思。三个“修”是针对创业者个人日常修炼提出的要求。综合起来讲，就是创业者要不断适应创业发展需要，进行自我心智和德行的完善与修行。

修心 在智能化高速发展的当下，修心更加引起人们的重视。科学家相信人工智能在许多领域内将会取代人类，但他们更加相信人类最终还是人工智能的主宰。因为人工智能只有“脑”而没有“心”。“心”代表着人类的情感方式和精神世界，这是人工智能所处的物理世界所不具有的。科技发展的历史沿革也表明，任何一次重大的科技进步，都不是削弱而是强化了人类控制科技的能力，人类远不会成为机器的奴隶。所以，修心一直重要，永远重要，人人需要，对于创业者来说尤为重要。

修志 一个人要达到一定的境界，必须要进行修炼，而修炼的首要课题便是修志。所谓的修志，即一个人的心境、心愿、心态等，都必须做到符合一个创业家基本素质的要求：思维要成熟、思考要全面、思想要稳定，不可变化无常。创业者的每一步跋涉都在经受考验，考验的结果都取决于你的意志力。在创业过程中会遇到各种艰难险阻，你必须经得起各种打击和磨炼，做到打不垮、摧不烂。

修德 人无论身处何处，都必须修养德行。《周易·节·象》中说：“君子以制数度，议德行。”创业者与一般的人相比，更应强调道德素质。没有德行，做不好人，无人跟随你；没有德行，做不好产品，弄虚作假，坑蒙拐骗，肯定会被淘汰。因此，修德成了创业者一生的必修课。

C.【言论摘选】

◆ 创业者的素质养成与意志磨炼

创业者是社会的特殊人才，其自身的素质要求极高。创业者要具备哪些基本素质呢？

20世纪90年代以来，我将这些素质要求归纳为5大素质，即政治素质、思想素质、工作素质、专业素质、道德素质。政治素质主要解决方向问题；思想素质就是灵魂的东西，精神的东西。你想创业，你具备不具备优良的思想素质？你有没有过硬的思想素质？重点讲一点对创业者的“意志”要求，这是对创业者的政治素质、思想素质要求中最高层次的要求。

“为什么许多创业者多年难以成功？为什么许多人小有成就了，却难以有大发展？为什么许多人眼下成功了，却难以持久？”归根结底还是功夫不到家。什么功夫不到家？就是意志不到家。

什么叫意志？意志就是思想理念，就是灵魂心态。你理念不动摇，事业才能不动摇，理念一动摇，做事业就会想换来换去；你思想不过硬、波动，就经不起考验；你心态不好，事业也会跟着受影响。希望大家能从这几个方面磨练自己的意志。你想想看，我们实际上听到很多励志故事，都是讲坚强意志的，但是创业者真正讲这个内容的还比较少，所以我就想就这个问题跟大家讲讲。

我归纳为以下8个方面。

第一，受到羞辱不生气。

众人都在羞辱你，你能做到不生气吗？你自己就是一个普通大学生或者普通员工，突然站出来想创业，可能会有人看不起你，甚至羞辱你，认为你这个样子还创业，讲的难听的让你受不了。有的公开讲，有的私下讲。听到这些，你能做到不生气吗？你能做到为了实现你的梦想、目标不生气吗？

你只是一个普通人，你想创业，别人很可能从你的长相、身体、家世背景等方面羞辱你。讲到家世背景，你家一辈子没做成过什么事情，你的家底穷得凳子都没有，你还创业？还有，你的出言吐语、文化基础等，无人看好，并且常被人冷眼、讥笑、羞辱。就算发生这种情况，你也仍然要做到不生气，坚持自己的决定。

我可以讲，所有成功的创业者都会遇到这个课题。但是你一定要做到不生气，自己选择的道路要认真走到底。

我从小是孤儿，家境贫寒，家里草房都倒掉了，村里人都看不起我，认为这家人不可能翻身。多少年以后，我在家乡老祖宗留下的那块地方盖了一栋别墅，就是要在家乡人面前争一口气。人家看不起你，你要自己看得起自己。我被叔叔领养过来了，他家 4 个小孩连我 5 个，他们始终认为把我收留下来就了不起了，认为我不可能有大的出息。1962 年参加工作，我受到政府照顾，被送到供销社，没一个人看得起我。但是我在江宁供销社里面成了商业人才。1964 年我调到江宁最大的工厂当工人，没人看得起我，认为我只有小学文化，把我分到最差、最简单的一个岗位。可是 4 年以后，第一个从工人当中提拔以工代干的就是我。有人看不起我，我不在乎，我要自己看得起自己。后来，我在金箔厂搞的所有的改革，没有人看得起，他们现在都不在位了，我还在这里。

以前我们都被别人当众羞辱，羞辱得站不住脚，但不管别人怎么羞辱你，你一定要自己看得起自己，你一定要树立雄心大志，更加争气。人家讲你不好，千万不要当众生气。这也是意志、思想灵魂方面的训练，一般人做不到。

第二，被众反对不动摇。

大家都在反对你，你能做到不动摇吗？你提出了一个意见、计划、主意、建议、方案、想法，如果没有一个人支持你，你能做到对你的方案、意见不动摇吗？创业者们，你们有过这样的经历吗？始终认为自己的信念信仰是正确的吗？很多人做不到。

继承了流传千古的金箔工艺的金箔厂，到了我们这个时代竟然濒临倒闭。我们要把这个产业发展起来，几乎没有人对我们有信心。我提出进行技术改造，进行工艺调整，没有一个人同意，但是我坚持要搞。江宁的金宝大市场是江宁第一个商业物流体，当年没有一个人相信我能把它干起来，甚至社会上都说“金宝金宝，早关早好”，我找 4 个人到处发标语：“金宝金宝，越干越好，不上金宝，江宁白跑。”就是要这样坚持干！结果现在金宝大市场是我们金箔集团重要的财源。就算我的领导班子全部反对，我成了孤家寡人，我也要坚持，因为我是一把手，企业的成功失败关键是一把手。

第三，屡次失败而能坚持。

如果你以前所做的一切都不成功，或者说，都以失败而告终，你能继续坚持做下去吗？你选择的产业、生意，千难万难，挫折连连，甚至成功的希望十分渺茫，而以前也从没有成功的先例，你仍然能充满热情激情豪情地干下去，这才是创业者的正确意志。我们有一个金元宝，过去是做招待的餐厅。从2001—2008年，金元宝的效益一直不好，所以有人动摇了，想关停它。但是在我的理念里，要么不干，要干就坚持到底，所以我们就在菜肴、管理、服务上面下功夫，而且我亲自搞了策划，对每一个菜都像做产品一样精雕细琢。现在我们金元宝成了江宁“中华餐饮名店”第一家，每天来吃饭的客人都要排队。所以我坚信，做一件事就要把它做到极致。我们认准的事情就要干下去，即使我的资产全部干完，我也要继续做下去。不成功并不表明没希望，不成功并不表明路走错了，不成功是因为我们还没有做好准备。马云创业多年才成功，马化腾也是创业多年才成功。你要坚持，要鼓励自己一定会成功。

第四，失去信赖但不丧失信心。

如果你为了你所从事的事业，屡战屡败，已倾家荡产，失去了亲朋好友的信赖，你会丧失信心吗？信仰、信念、信心是企业家的灵魂，我们应当坚持三个“信”，认准自己选择的道路，坚持到底。

我刚才已经讲了，马云创立阿里巴巴，马化腾做QQ、微信，人家说他们做不下去了，但是他们自己不这么认为，坚持了下来。1983年，我调到金箔厂的时候，我放弃了国有企业的所有待遇，连房子都交掉了，而当时的金箔厂穷得只差关闭了。我受人冷眼，受人冷漠对待，更难受的是生活的痛苦，我跟两个儿子住在一个破房子里，家庭生活陷入困难。我们招待朋友来家里吃个饭，可家里什么都没有。我11点半把客人带到家，我老婆把我拉到房间，泪水都要掉下来了。为什么？“你11点半把客人带到家吃什么？这时候哪里有菜，你就光带来不管？”我说：“你错了，只要客人到我家来，就要脸热、锅热、心热。你一定要把眼泪抹抹，笑嘻嘻迎接客人，把家乡的花生米炒炒，割一块咸肉炒大蒜，再搞个西红柿汤就干起来了。只要脸热、锅热、心热，刺啦刺啦的，朋友也高兴。”所以我老婆马上就笑嘻嘻的。那时的条件艰苦得不敢想象。我们当时从福州到南京想买一张硬座票买不到，买卧铺没有钱。跟着我的工作人员只能跟人家讲：“你把你的脚跷起来，让我们这个老哥睡在你座位下。”我从福州睡到南京32个小时，一路上那个臭气汗味无法想象。

但是不管多么苦，我们始终坚信金箔的明天会更好。今天的金箔什么概念啊，北京的故宫使用的金箔100%是我们做的，我们是故宫官方指定的金箔生产基地。你们到北京参观，故宫里面的贴金都是我们做的，天安门所有金光闪闪的贴金都是我们做的，北京同仁堂的药品包装也有用到我们的金箔。金箔集团交给我的大儿子江楠操盘后，有了新气象。今天你们要是到我们金箔集团去，吃的都是“金箔”大宴，喝的是“金箔”酒。现在的生活水平和当年完全不是一个档次。现在花生米成了一道小菜，那时候可是主菜噢。所以说，不管怎么样，即使倾家荡产、没有房子住，创业者也要坚持。

第五，路难行，不懊恼，不瘫倒。

你原本激情四射、精神抖擞地为企业拼命拼搏，这时候，突然一盆冷水泼到头上，你甚至到了无路可走的地步，你会懊恼万分、瘫倒在地吗？我受到的像这样的打击可以说是不计其数。当时有关部门负责人把我们的厂长（我是书记）喊到一个秘密的地方，说我太不像话了，要马上把我撤掉。如果那种结果真的发生了，请问现在我还能干起来吗？那时候我们金箔厂已经扬名了。就在我兴冲冲要干更大事业的时候，就在我畅想金箔未来的时候，要把我撤掉。后来我一气之下，不要他们任命我，我自己批准自己，成立了一个金箔集团，直接任命我自己为总裁，将金箔厂改制为民营企业。

我成立的 9 个公司都有董事长。一喊董事长，大家都是的，没分别，我就任命自己为董事局主席，这在当地也是首创。后来才有什么沙钢主席、红豆主席。自我提拔、自我加压，也是自我坚持、砥砺前行。

第六，横遭不测而能挺住。

如果你将面临灭顶之灾，比如：你将被抓去坐牢，你将蒙受重大冤枉，你将被人绑架，你将被人诬告，你将被人抢光资产，等等，你会毫无畏惧吗？你仍然应坦然面对，毫无惧色，做顶天立地的英雄汉。这类事情我经历得太多了，几乎每样都经历了。

第七，罹患重症、绝症而勇敢面对。

如果你被告知不久将结束生命，你会心灰意冷吗？当你被宣布身患绝症且无治疗希望时，当你被宣布即将被执行“死刑”时，当你被告知去执行一项九死一生的任务时，你却能勇敢面对，才是好样的。我想告诉各位，人生吃苦受怨不会少，所以说当你面临这些情况的时候，要勇敢面对，视生命结束为游戏结束，含笑告别人生，才能终身无憾。

2013 年，我突然感觉有点喘，觉得不对头，去门诊一查，发现肺部有个阴影，可能是感冒引起的。我突然想起来父亲是吐血而死的，肺上的毛病估计跟父亲那个病差不多。所以我就找了个机会，在 4 月 9 日去医院一查，确定患了肺癌。医生不忍心把坏消息告诉我，但是主治医生说不告诉不行啊，后来 4 月 12 日告诉我了。我说：“这没关系，我父亲 56 岁就死了，我现在已经 60 多岁了；1960 年我母亲和两个妹妹都饿死了，我已经多活了 50 年了，也值得。我爷爷、叔叔都没活过 60 岁。所以我能坦然面对，还在病床上写了面对一系列境况的文章。做完手术后，医生告诉我肺癌还没有影响到淋巴和胸腔，不幸当中的万幸。

我当时很坦然，因为到了这个年纪，心态已经不一样了，已经对生死无所谓了。就算再活两年，迟早还是要走的。所以当被告知生命要结束的时候，仍然要心不灰、意不冷，仍然每天快乐，这对意志、心态都是极大的考验。我现在仍然快乐地过着每一天，仍然忘我地在创业。

第八，宽容谅解曾经的“仇人”。

如果有人曾经对你有过难以想象的对待，甚至恩将仇报、暗中伤害过你，你能做到宽容谅解，给予信任吗？如果有人经常说你坏话、跟你有过节，你能够做到不计前嫌吗？

1983 年，组织上派我到金箔厂，我根本不愿意去，当时我在江宁第一大化肥厂干得好好的，可能提拔做化肥厂党委书记，因为我是政工厂长，很大概率是接化肥厂第一把手，而那时的金箔厂资不抵债，资产38万元，亏损200万元，而且这个厂还是在坟堆上建起来的，隔壁就是江宁殡仪馆火葬场。突然把我这个在江宁工作十几年的干部放到那块去，这不是“逼我落难”吗？1983年，刚好社会上很看重文凭，而我只有小学文化，填表填相当于初中。现在回想起来，我这一生遇到类似的事情太多，这也锻炼了我的意志。

我把以上8个方面归纳为人的意志磨炼，经过磨炼，意志坚强了，就能做到打不垮，砸不烂。创业者只有练就具有钢铁般的意志，才能造就常青树企业！

D.【案例一】

20万元救命钱

1984年我刚到金箔厂，企业无资金，经营很困难。那时，银行也不给我们贷款。一天，我决定与财务科长去拜访某银行行长。

来到行长办公室，财务科长向行长介绍我说：“这是我们新来的江书记。”行长头也不抬，只看他的文件，嘴里还嘀咕：“什么江书记，蒋书记（我的前任），我不管，反正你们欠我银行的钱要还！”

面对他的冷落，我不生气，我不卑怯，站着看坐着的他。我说：“今天来拜访你，就是来谈还钱的！”他摘下眼镜，抬头望我。我接着说，“今年年底，差你们的53万元贷款，全部还清。”他连忙打手势，让我坐下来。我告诉他：“我们刚接到一笔金箔订单40万张，能盈利80万元，还你们贷款足够了。”说着，我递上了合同。他看了，马上吩咐秘书：“泡茶！”我说：“不过，为了还你们贷款，现在还必须再贷20万元给我们买黄金原材料！”我口气不慌不忙，不容行长拒绝。他连声说：“好！我相信你！”

就这样，我上任后首先立的就是雄心大志，誓与金箔员工同生死、共患难。我断绝了自己的一切后路，连原单位分配的住房都还回去了，我还提出“3年超过化肥厂”的奋斗目标，被讥笑为“吹大牛”。可事实是，4年后，金箔厂超过了化肥厂，15年后又兼并了化肥厂。

【案例二】

司机周善来

周善来是转业志愿兵，有一手好车技，在县农办与金箔任专职驾驶员近10年，2015年任金宝装饰城副总经理；2018年被任命为金宝装饰城总经理。

说起自己的成长，周善来感谢1999年集团总部对驾驶人员提出的“三修”“八大员”的号召。他认为现代企业，不论什么人，不管是领导还是司机，都不应浪费人生时光，应趁着专职多学习，培养自己的综合素质，总会有机遇唤醒梦想。

1999年，我们对整个金箔集团驾驶人员的工作品行、职业道德、为人处事能力，提出日常修炼的八个方面要求。

一是保健服务员，做好领导的工作服务、生活服务和医疗服务工作，熟悉领导常备药和常用药的使用方法，提醒和督促领导保障身体健康，使领导能全身心投入工作。

二是办事员，领导交代的勤杂事务，比如拿文件、投发信件，能独立办理，使领导能在琐碎事务中脱开身来。

三是打字员，会简单的电脑操作及文字输入编辑工作，能从事一般的文字处理工作及帮助领导输入信息、查询资料。

四是文秘员，领导开会能做记录，能写消息和一般的请示报告。

五是摄影摄像工作员，和领导单独外出或办事，能及时留下历史资料。

六是警卫员，要有随时保护领导安全的意识、态度，掌握简单的防身手段，紧急状态下懂得如何应变处理危险地段、危险时间，要把领导护送到确认安全地带方可离开。

七是业务员，领导忙时能临时应酬来客，了解企业和产品情况，随时作为业务员向他人推销企业和产品。

八是汽车修理员，熟悉汽车的基本原理和所驾汽车车况，无须专用工具、无须大动作拆卸的常见故障能自行维修。

同年，金箔集团对所有小车司机进行培训，合格者才能上岗。

市场遍地荆棘，刀山剑丛，创业团队每个人都在切实落实三个“修”。现在金箔集团50岁以下的人都自己开车，当年那批专职的驾驶员中注意学习训练的，已成长为经济实体的负责人。

【案例三】

金箔干部“十不准”

1990年起，我在企业制定领导干部“十不准”，将其作为每个干部自我“三修”和团队“三修”的实际制度。多年来，效果不错，查处起来让人心服口服。

这“十不准”是：

一、不准选用直系亲属担任助手、办公室主任、司机、仓库保管员等；

二、除了公务消费节俭外，不准用企业公款开支私人的请客、送礼等费用，包括以公司名义签单、刷卡、报销本应由个人及其直系亲属支付的个人费用；

三、不准巧立名目、乱找借口，用公司公款相互宴请、高消费娱乐、外出旅游以及购买、赠送奢侈品、高档办公用品等；

四、不准私下接受供应商和施工单位的宴请、娱乐活动及个人旅游等；

五、不准以婚庆、生日、乔迁、升学等名义邀请供应商、施工单位或接受供应商、施工单位的馈赠；

六、不准弄虚作假、营私舞弊，以司机、办公室人员等他人名义代替报销自己及其亲属经手的费用；

七、不准个人经手买卖物资以及干预、授意、拆分基建、装修、维修等各类项目的招投标实施；

八、不准违反制度和程序，随意决定对公司员工进行万元以上的特殊奖励、升职、处罚、辞退；

九、不准隐瞒公司生产经营中出现的安全、质量等事故，如有发生，必须采取“三不放过”原则处理；

十、不准私自开办或变相开办与集团相竞争的经营性实体，不准私自帮助和扶持外单位经营集团内相同或相近的业务，以及《公司法》《集团公司章程》的其他禁止性规定。

“十不准”在金箔集团早已深入人心，谁也不敢有意无意违反践踏，否则，必将面临通报查处甚至撤职的处分，这样的后果对于干部们来说损失太大了。

三个“失”

A.【词句表述】

失态　失控　失误

B.【词义解释】

三个“失”是指创业者在创业历程中必须力避的三种失当之处。创业过程中，遭遇误谬在所难免，只要适时拨乱反正，无碍大局。创业者应谨防慎守，一旦三个“失”出现，创业难成。

失态　“态”是指事物的客观事实和真理性的存在，以某种守恒的常态呈现。创业状态，需要创业者始终持有一种与创业前进相对应的表现。对态势正常理性的认知、趋同和行为指向的叠合，是处理问题的关键。任何时候都要镇定自若，保持清醒，每临大事有静心，不乱方寸，不丧失对事物客观规律、正常态势的认知、遵循及持守。身处变局而不受环境或自身情绪的刺激和影响。过于偏激、狂乱，甚至心浮气躁，抑或过度地淡然、漠视，冷若冰霜的心灰意冷，失去对创业常态的坚持与把握，即为失态。

失控　“控”是指节守、扼制、把握等一切预期可防范的理想状态。如果个人或团队的情绪、力量、行为失去控制，造成意识混乱、辨识力下降、自制力失衡、把握度丧失，则会使创业中事物发展的状态无法按预设的轨道和方向前行，偏离方向、出轨而无法驾驭，造成难以收拾的局面，使良好愿景灰飞烟灭。所以失控会使企业垮在一瞬间。

失误　“误”是指过错、耽搁等一切非正确行为。在失常或走偏和迷失方向的状态下，必然会作出有违事物发展规律和正确发展方向的错误判断和决策，会出现事与愿违的局面和结果。常有创业者因决断失误、贻误时机而最终导致创业失败。

C.【言论摘选】

◆ “认识”与时俱进，创业不失态

以前，在农村，如果田边有男女在拥抱，那些农民看到后肯定认为这是败坏风俗的行为。到了大城市，马路边经常有男女这样，过路人看到都没有大惊小怪。这就是认识的偏差。由于认识偏差，临到事情出现，人便会有失态表现。有些认识在你的角度来看是错误的，换作其他人的角度，也许就不算是什么错误。

时代在变，环境在变，看待事物的眼光和标准也要变，要积极认清世事规律而不失态。

◆ 管理的重要特点就是“穷追责任”

管理有个重要特色，就是“穷追责任”，不管出什么事，都要明确责任，而且追究责任要毫不客气。管理工作之一就是要追查事故，追查责任，以确保不会出现重大失控现象。当领导不抓这个，光做冠冕堂皇的事情，那谁不会干？

◆ 班子建设要有体系才不会跑偏

一个企业的人才队伍，要有各种专业的人，不能光有干部没有群众，不能光有前方打仗的没有搞后勤服务的。这就像迎亲队伍，吹喇叭的、抬轿子的、坐轿子的、指挥轿子的都要配套，光有吹喇叭的、抬轿子的，没有坐轿子的，那么轿子是空的；光有坐轿子的没人抬轿子，轿子也起不来。再打个比方，这就像汽车一样，轮子、发动机样样都要有，否则必然跑偏失控，包括看似不重要的坐垫也要有，没有是不行的。

◆ **权力就是多干事**

权力意味着要多干事。干事越多，权力才能越大。

1985年由于身处改革开放早期，金箔厂缺少人才。于是，为了招揽人才，我便安排工人在全国各地到处刷“金箔集团聚好汉”的大字广告。随着金箔集团人才队伍的不断壮大，来自全国各地的各类人才济济一堂，为金箔事业的发展壮大提供了不竭动力。但是，很多新进员工却耐不住性子，不知道“千锤百炼”的金箔理念和用人法则，总想一进门就要位子、要票子、要权要利。为了纠正这种错误的意识和思想理念，1993年我阐述了“权力”的新理念，“权力”就是“多干事”，干事越多，权力才能越大。

以此让“权力”回归本真，使得务实、务事的工作作风逐渐恢复为主流。

D.【案例一】

拒绝沟通之后

创业者有时会因为某些原因，而导致自己的失态和失误。

H先生原是金箔机电山东区经理。山东是机电销售情况很好的一个市场，潜力和空间较大。机电公司总部对H先生给予了充分的信任，放手、放心、放权，以支持他在该市场的营销工作。在他的努力下，山东市场整体销售开拓比较好。

2019年，公司出于日常基本管理工作需要，对山东市场进行销售对账，但这时，山东市场总经理H先生却一反常态，拒绝配合，他的态度很差。后经查核账目，公司发现他名下未回收的货款近30万元，扣减可追回的以外，他需要交回公司货款16万元。H先生在此期间办了退休手续，再次拒绝交出货款。机电公司只好走法律程序，向他追讨货款。

H先生因快到退休年龄，对自己负责的销售市场只注重开拓，未注重管理，导致在管理沟通时失态，原本精力健康状况很好的H先生，还可以在岗位上继续发挥余热，无奈就此停止，真的退休了。

【案例二】

文凭造假使我心惊肉跳

20世纪90年代，文凭造假使我心惊肉跳。

我有个朋友，在某著名高校交了几万元钱，却一天课没上，只是开学典礼与毕业典礼时去了一下，竟然拿到了一个研究生文凭证书！我们单位有一个干部，只是在办公室工作了几年，对什么是政治工作还搞不清，结果居然能评上一个政工师的职称。这些发证单位不怕丑，我还觉得丑。

到了90年代中期，我将江宁金箔搞得很红火，某职称评定小组确定我可以评为高级经济师。然而，当准备拿证时，他们发现我只有初中文化，按国家规定要拿证必须补考一门外语。我说我中文还没学好，哪懂得什么外语？有人说："你可以带英文词典查答。"我说："字典也看不懂。"又有人说："那你可以找一个人来代考一下。"我说："弄虚作假找代考，我不可能做。"别人建议："那你将考卷拿回去随便怎么办，只要将试卷送回去就行了。"我说："这更不行，肯定不真实。"之后，我的名片上没有挂上"高级经济师"头衔。不过，我至今还在市场经济的舞台上，而一些挂过许多"高级"头衔的人，早被历史淘汰了。

创业要凭真本事，来不得半点虚假。学历、职称、文凭管理失控，导致社会上遍地"砖"家，欺世盗名，害人害己。创业必须实打实，科学踏实地走好每一步。

【案例三】

"张才子"索要"醒字歌"

"张才子"是我在烟草界的一个朋友。

他名牌大学毕业，才华横溢，在单位被人们称为"张才子"。因为他仪表堂堂，看问题独到，常常被派往市场做调研，所以很早以前一个偶然的机会，我们就认识了。

中国特种卷烟包装材料在20世纪80年代时全部依靠进口，国家每年都要为此花费大量外汇。为填补国内这一市场空白，我带领技术团队在一无技术、二无图纸、三无资金的情况下，仅靠一点听闻，自力更生，动手干起来。我们绕了很多弯路，经过很多昼夜的奋战，最终攻克重重难关，生产出第一批特种包装拆封线，我们的企业也一举成为中国包材生产基地。现在，金箔集团生产的包材产品有十几个品种，长期满足中国众多品牌所需包材服务。

就这样，在业界创业三十余年，很多人看着我们一步步走到今天，一些人成了我们的朋友。"张才子"已近五十岁，是我众多朋友中的一个。他也爱好书法，过去喜欢来到我们这儿看我日常的涂鸦。

1994年，他在金箔集团会议室看到墙上我写的"醒字歌"，于是走过去，仔仔细细看起来。"张才子"平常工作作风严谨，话语不多，那天，他的话意外有点多。他拽过我，指着墙上的《醒字歌》说："这个条幅字好，有魏（碑）风骨，沙孟海韵味，更好的是这'醒字歌'讲得好，今天我要买走。""哈哈，老朋友了，我再写一幅送给你。"我们都很高兴。

中午吃饭时，在一桌子土菜飘香之间，“张才子”不忘连连夸赞复述：咂摸之时，余味萦绕。临走时他握住我的手说：“江总，您的成功就是一直保持清醒，我向您学习！”那个周末，我重新认真写了一幅《醒字歌》，叫办公室人员寄给他。

原本凭实力做人都比较好的“张才子”，在事业道路上，顺风顺水，听别人说他那次来时已升职为处长。我想，这与他长期一直没有“三失”，保持清醒有关。

三个“做”

A.【词句表述】

做工　做功　做业

B.【词义解释】

创业是具体而艰难的过程。这需要创业者持久地全力投入智慧与热情。做工、做功、做业，是创业者人生不同阶段必不可少的递进过程。这个过程既有务实性，又有目标性。三个“做”指有志于创业的年轻人，足够虚心地把自己的人生基础打牢，把一件事哪怕是做牛粪柴火这样的小事，都做得有声有色、有头有尾、像模像样。

做工　做工指在某一个具体岗位上工作，由专业上的师长或者前辈带领做一些具体的工作。这个过程一般从学徒阶段开始，在一个企业工作三四年后，逐渐成长为熟悉企业产品、技术、管理以及学会人际交往、社会知识的成熟的员工。在这个过程中，如果能真正做一行爱一行，钻一行精一行，并且精益求精，那么最终将在这个行业中出类拔萃。

做功　做功指选择一个自己认准的产品、项目、行业认真地做下去。在经历几年社会磨炼之后，你可以去选择一个自己十分喜欢的，或成功者们都认为有把握的产品或行业进行自主创业，从小至大、从低至高、从差至好，进行一步步运作。

做业　做业指在有所成就的基础上，立足一个行当，精益求精，并赢得市场公认，然后开始对自己的企业进行扩张、扩大运作，将一个具体的优秀的企业进行克隆、连锁、拓展、多元化，建构起一个纵深产业链，然后在市场上向着最大、最好的方向努力奋斗。

C.【言论摘选】

◆ 我的“三做”

我做工、做功、做业都追求极致，被后辈创业者称为“创业导师”。我走过的历程也是“三做”的过程。1962 年，刚刚参加工作时，我在江宁供销社当学徒，扫地、打水、喊人跑腿，样样积极，事事认真，不久便被夸为少有的商业人才。1964 年，我被抽调到江宁最大的工厂当工人，4 年以后第一个被提拔“以工代干”的就是我。做工就是一个积累的阶段，期间，我勤勤恳恳，兢兢业业，再普通的岗位也能做出突出业绩。

1983 年，我被调到金箔厂。当时的金箔厂资不抵债，我来之后立志将金箔厂干上去。为此，我积极进行市场开拓、技术改造，引进人才，做一流产品，将金陵金箔打造成为全国知名品牌。同样，我又致力于包装材料的开发、商业广场的打造等，并且都做得有声有色。到今天，金箔集团九大板块齐头并进，实现了连锁化发展。

从做工到做业，朝着百年名企方向发展，集团的后续发展关键在于对形势的准确把握。如果在这方面功夫下得不够，那么很难做到极致。因此要坚持实业实体，把金箔做得更加实在。

面对外界混乱的形势，我们金箔人不能人云亦云，要独立思考。集团的分公司不能“屁股一调，另搞一套”，必须要听从集团统一决策，执行、落实集团战略，把产业坐稳健、做强大。

D.【案例一】

拎泥桶的小工

江山是我的小儿子，已是不惑之年了。二十岁时，他曾在一个建筑工地上当小工。

那时候，江山在工地上晒得黑黝黝的，很少讲话，埋头干活。大夏天，一个老单位的同事去建筑工地时，认出了眼前勤快的小伙子是我的小儿子，就觉得奇怪，问我为什么这样对待孩子。

江山本来长得不够高大壮实，却在工地上干重活，一手拎一个泥桶，看到劳动强度这么大，这位同事就打电话跟我讲好话，说不要再让江山在工地上干下去了，不行到他那儿工作也行。我一笑置之，江山也当场婉拒了朋友，他没有离开工地，而是继续当拎泥桶的小工。

由于江山做事踏实，打过工，吃过苦，所以被房地产公司领导看中，提拔为副总。

领导还将公司在苏北的项目交给他独自负责。江山从宿迁房地产项目总经理起，一直到这个项目完成，将近五年时间，长期驻外工作。2016 年，董事局聘任江山为金箔控股金箔建设集团董事长。

这就是所谓的“功夫在诗外”。

【案例二】

用心做小事，练就真本领

“做牛粪柴火”理论是我曾经总结的“土理论”之一。我经常用它来教育员工：做事情要练真功夫，用心做好小事才能做大事。

以前，乡下人经常起早贪黑拾牛粪，然后将它们与稻草和拌，搭在墙上等太阳晒干，再拿回去当柴烧锅。可是，就是做牛粪柴火这么个简单的事，如果不掌握技巧，想搭得比别人的更光滑、更干燥、更好烧，也真是不容易的！

做牛粪柴火就像一门手艺，得了解地域、牛种、成分、拌材、光照复杂条件的变化情况等。如果不注意研究，不用心对待，肯定是做不好的。

如果去做牛粪柴火，还没干就说干不起来，或者不研究、不学习、马马虎虎地干，那怎么能搭得好呢？一个做事马马虎虎、不对自己严格要求的人，不管干哪行都要出问题。

有些人做事情，功课没做到，浮躁不安、不肯务实。“做牛粪柴火理论”要求金箔集团员工特别是年轻员工：克服困难，钻研技术，精通业务，在市场经济中磨炼真功夫、真本领。

【案例三】

在诺贝尔奖颁奖的地方就餐

美丽的瑞典，斯德哥尔摩国会大厦，在诺贝尔奖颁奖典礼举办的地方，我参加了一顿特殊的晚宴。接待我们的是方潘然女士和她的先生——瑞典皇家工学院白院长，他全部按颁奖典礼的菜单宴请我们，使我们仿佛置身于颁奖典礼现场，顿觉身价高了许多……

方潘然女士说，菜单上的三道菜每道都有来历，比如菜的原料来自哪个地方，由哪个地方的厨师烹饪等，都有讲究。

连我平时不太在意的甜点，也被她讲得头头是道。例如：那金黄色的奶酪球是用瑞典特有的什么果做出来的，那脆皮似的食品是用瑞典顶级上好的大米碾磨成粉，然后用煎饼锅刮成薄纸似的皮，然后再用油炸出来的……

什么东西都要讲出故事，什么东西都要讲出历史，什么东西都要讲出文化，这就是文化人吃东西的讲究。这顿晚餐真让我们吃得有滋有味，确实难忘，也深深地体会到什么是做事业。

一般人说起事业来，感到宏大高远，或者说庄重壮阔，非惊天动地、轰轰烈烈不可。但事实上，事业的基础是把功业的每一个细节都做到极致，做到无可挑剔。无数个最优的节点，才是事业成败的关键。

有很多看似石破天惊的“壮举”，如果没有精益求精的细致工作支撑，后来呢？印证了一句话：其兴也勃，其亡也速。

三个“能”

A.【词句表述】

能力　能耐　能量

B.【词义解释】

能力、能耐和能量，既是外界对创业者的看法和评价，也是对创业者自我定位的警醒。创业的人要对其加以注意。三个“能”提醒创业者认清自己是谁，适合创什么业，从哪里出发，等等，从而让创业者做自己能够做又可能创起来的事业。在新经济时代，创业者必须要知道自己是谁，有什么本领，凭什么去做，认清自己，才能更好地创业。懂得三个“能”，加以区别，弄懂弄通自己处于什么状况，扬长避短，然后有的放矢做自己。

现代社会的竞争，归根到底是能力的竞争。这个能力的竞争，不仅是一般能力的竞争，更是核心能力的竞争。创业者的实践常常呈现出这样一个规律：有什么能力赚什么钱，有什么能耐赚什么钱，有什么能量赚什么钱。而创业者的能力、能耐和能量的级别，直接决定了众多创业者彼此的命运有着天壤之别。拿登山打比方，如果人生是一座山，你要去攀登，那么，你的能力就是所谓的登山技巧和登山工具；你的能耐，就是你察觉登山时天气变化、判断预知山路险阻和了解与掌握登山整体路线的本领；你的能量，才是确保你最后能否登上顶巅的关键，而这个关键是无形的，是一种内在的执着和苦守。人生的高度，取决于在面临不可测知的艰辛、劳苦甚至暴风骤雨时，你是选择放弃，卷行李下山，还是咬紧牙关，一步一步地往巅峰进发。

这是能量的表现。综合了体能和能耐，加以坚持，不放松，就是一种能量。

能力 能力指运用知识和经验执行业务的综合素质，即创业者的才干和本领。具体而言，创业活动对创业者能力的要求是非常全面的——从战略构思到战术执行，从公关运筹到后勤保障，从财务审计到同业竞争等各方面的工作能力，创业者都应具备。作为一个创业者，必须持有长期学习、长期努力、长期进行的态度，才能提高自己的综合能力，同时，还要根据自己的核心能力，发挥优势，扬长避短，从而为创业服务。

能耐 能耐指有能力且具备克服困难、承受挫折的韧性和坚忍执着的精神。在创业者迈向成功的路上，常常会有低潮期和瓶颈期，这个期限有时是数月，有时是数年，有时更是长达十几年，能否在这段漫长的时间里，耐得住寂寞，认真坚守，往往决定了创业者最后的命运。那些能在播种的时候埋头耕耘，勇敢地忍耐，熬过了漫长季节的创业者，一定会收获到丰盛的果实。

能量 能量指组织和调动资源的能力及影响力。一个人的能力，常常可以通过言语、行动展现出来。而一个人的能量，却仿佛深埋在命运深处的雷电与烈火，等待着激发，等待着照亮，等待着燃烧。因此，完全可以说，创业者的能量才是推动一个企业走向更广阔天地的动力。如何组织和调动更多的资源，如何在没有市场的地方开拓出市场，这都需要创业者充分发挥能量。

C.【言论摘选】

◆ 儿子怎好过分指责父亲呢

老厂长牟长松因为儿子与所在分厂领导闹矛盾，一脚将分厂大门玻璃踢得粉碎。有人看我没处理，就说我“茄子捡烂的戳”，欺软怕硬。我要声明：“老厂长是我厂建厂之初的三名领导人中唯一健在的人。老厂长等于我的父亲，父亲犯了错，儿子怎么好过分指责呢？同样的道理，在座的还有哪个是我们的领导？因此，你们一旦犯了错，都会被严肃处理。”

◆ 治理整顿的难熬和机遇

市场的变化，对于那些依赖国家、产品单一、高能耗、投资大、回报周期长的企业来说，是个难熬的过程；对于我们这些不靠市长靠市场、不走大路走冷门的企业来说，说不定就是一个很好的机遇。

◆ 不能叫国家适应企业，只能是企业适应国家

1988 年 10 月，我们带领十几名分厂厂长及以上级别的干部到浙江温州远游，名为考察，实为将大家引出事务圈子，进行冷静思考。十几天的时间里，我们一没游杭州西湖；二没有看温州城，只紧紧围绕一个题目“国家治理整顿市场形势发生变化与金箔厂前途命运”进行讨论。讨论的结果是：大家一致认为，第一，不管国家制定什么方针，万变不离其宗，发展经济不会错；

第二，国家政策肯定会经常变化，不能叫国家政策适应企业，只能是企业适应国家政策，因此，企业必须增强适应能力，随时适应外界政策的变化；第三，金箔厂有困难，大家肯定都有困难，在困难中干上去才是真本事；第四，全国不是铁板一块，肯定有空间可供金箔厂发展。全厂干部和职工要树雄心、立壮志，下定决心知难而进，迎接挑战，抓住时机寻求发展。

◆ 企业需要综合配套的人才

在我们厂，什么人当领导“行”，什么人当领导“不行”，这不是由哪个人或哪一个领导说了算的，唯一证明你能不能“行”的只有实践和本事。我们厂近几年培养和锻炼了不少有真本事的人才，这些人才都能办好一个企业，管好一个摊子。因此，只有在改革中锻炼出来、拿得起又放得下的人，才是“人才”。

◆ 妈妈的遗产是一句话

这一句话是：靠人不如靠自己。

◆ 练好内功才能经得起风吹雨打

对于一名企业领导来说，练好内功是根本，搞好关系是辅助。我自 1962 年到东山镇（江宁区政府所在地）以来，相处过不下十多位政府领导，但我从来不与领导们拉拉扯扯。我之所以能够在这里站稳脚跟，就是因为首先注意内功的修炼，这样在种种纷繁复杂的形势下，才能够经受得住风吹浪打。

◆ 创业者就像弹钢琴那样，哪个音符都要弹到

作为一把手，精力不放在企业管理方面，怎么能把企业办上去？创业者就应该像弹钢琴那样，1、2、3、4、5、6、7 都要弹到，哪个键弹不到，哪个音就不响；根据一年发展的“歌谱”，什么时候该弹哪个音符都是需要用心的。创业者一定要牢记安全第一、质量第一、管理第一、思想政治工作第一、效益第一，要适时把握这些“第一”，不能存在侥幸心理。

◆ 走上势，还是走下势，总会见结果

有些同志接手的是好窝子，因此认为自己企业搞得还不错，便有点忘乎所以。好的领导应当使基础好的企业走上势，而差的领导就会使好企业逐步走下势。好领导、差领导，虽然暂时看不出来，但总有一天是会见结果的。

◆ 眼中看不到问题的人干不成大事

据说，“金利来”老板招工时，先在门口放一把扫帚。有的人把扫帚踢倒了，不去扶；有的人看到踢倒的扫帚，便把它扶起来；有的人把扫帚拿到旁边。结果前面那种人一概不录用，后

两者都被公司录用。还有美国通用公司的世界级管理人才——艾柯卡，他使亏损10亿美元的企业在两年内盈利。他的严格管理使公司每个业务员都恨他，车间工人恨他，原材料供应商也恨他，只有老板欣赏他。这些事例说明，不做实事、眼中看不到问题的人，是干不成大事的。

◆ 醒字歌

为了指导金箔人不骄不躁、勇往直前，我创作了一首《醒字歌》：做人要做好，醒字最重要；褒时不飘飘，诽时不气恼；败时莫躺倒，胜时切莫骄；过时快检讨，功时忌狂傲；穷时莫丧志，富时莫称豪。

◆ 昏昏然、盲目乐观是企业领导的大忌

昏昏然、盲目乐观是企业领导人的大忌。创业者不要图虚名。

◆ 创业者就要甘当企业倒闭的“替罪羊”

不能够甘当替罪羊的人就不能当真正的企业家。

◆ 不要梦想风平浪静

有人说：“金箔厂太复杂。”我认为复杂是普遍的、长远的，不复杂是暂时的。旧矛盾解决了，新矛盾又会产生；老的问题解决了，新的问题又会出现。我们的干部不能心存幻想，风平浪静是不可能的，也是不正常的。我们的干部必须要能应付各种复杂情况，我们必须规规矩矩地干，踏踏实实地干。

◆ 创业者要有阳刚之气，又要刚柔相济

创业者代表企业说话办事，要敢说敢做，有阳刚之气，讲话不能软绵绵、啰啰唆唆，要具有决断能力和指挥能力。在实现战略和实施战术时，该做思想工作的做思想工作，该快刀斩乱麻要快斩，有时还要刚柔相济。

◆ 领导在得势时心里要想着不得势的人

每个人在离开岗位时，思想都会经过激烈的斗争，但我们有的干部却没有意识到这个问题。在他自己需要帮助时，迫不及待地想要企业给些温暖；而在别人需要帮助时，他却不知道给别人一些温暖。每个领导得势时，心里要想着身边一些不得势的人，要知道，有时你的一个决定会伤害很多人，因此请每位在位的干部脑海中都要有根弦——把思想政治工作做好。一些外资老板都把这个工作放在首位，对职工的生日、爱好一清二楚，还和职工同娱同乐。而我们中间有的领导，官做得不是太大，架子却很大，不知道思想政治工作的重要性，不知道将思想政治工作做在工作的前面有多么必要。

D.【案例一】

金箔设计师——练雪琴

练雪琴大学本科一毕业，就被招进金箔集团广告公司，做了一名平面设计师。

她虚心安静地向市场学习，从字体、线条、色彩、虚实与广告理念契合的点点滴滴开始着手，对一张名片的设计也一丝不苟，深得领导的器重和信任。转眼一干二十年，现在，她已是金箔集团内外颇有名气的平面设计师，服务过三十多个著名品牌，2017 年被任命为金箔文产集团金澜传媒的总经理。

练雪琴的设计能力，源于她的日积月累。在她的图库资料内，有十多年，甚至更长时间的各种品牌资料，为品牌广告设计传播提供了相对全面的历史素材。凡是她服务过的企业或品牌，都对她的工作感觉到踏实、省心。

当上总经理后，练雪琴更加踏实勤奋，将金箔集团多年未见起色的广告公司经营出了业绩，将业务服务对象从以集团内部为主，发展到集团以外的一些重要单位，如江苏省体委、南京造币厂、江宁区教育局等。

设计好、服务好，踏实做事，勤奋努力，既有专业能力，又有管理能力，这一切都让练雪琴逐渐成为一个能耐更大的总经理。大家对她充满赞誉和期待。

【案例二】

金箔油画家——王举平

走进金元宝大酒店，大厅巨幅油画笔触潇洒，色彩饱满，画中人物皮肤肌理清晰，栩栩如生，很多客人驻足欣赏，称赞这幅作品了不起，还有人好奇猜测：“这是出自哪位油画艺术家之手，一定价格不菲吧？”

在金箔集团最耀眼的接待服务大厅明堂之处，还有几幅这样的油画，作者都是王举平，人称“金箔油画家”。王举平 50 多岁，“不务正业”，只爱油画，平时穿的衣服上总有很多口袋沾满了油画颜料。与他谈事情、讲工作，他除了油画的话题，其他基本上不会与你答话。多年来，不论生活怎样，他的画笔一直没有停止，独自在流动画室内，画着他认为特别用情用心、别人看不太懂、行家一看就喜欢的油画。画油画是他的一切，他的所有就是油画。近十年来，王举平有了名声，是他的画为他做了广告，人们想买或求他一幅画，他像赖账的人，答应给，却一拖再拖。

厂里也不干扰他的创作，给了他时间条件。凭着自己的能耐，现在王举平已是市场上小有名气的油画家了。

【案例三】

不是努力不够，而是能力不配

如果一个人始终都不能在岗位上释放出他的能量，那么，他是不适合这个岗位的。金箔厂曾经有个副厂长，我观察他好几年，发现他基本上干不成什么事。

初中毕业，他入伍。退伍回来，分配到金箔厂当起了企业干部。1976 年根据县里的意见，提拔他当了副厂长。

我上任后，见到他脏活、累活主动干，但是涉及如何加强管理、降低黄金消耗、提高领导素质等问题，他几乎一窍不通。

我多次找他谈话，很想启发、带领他走上正轨，成为我的得力助手，但是他老领悟不到。最终我还是决定换掉他。后来，因为他违反制度，经研究决定，我宣布免去他的职务。这位副厂长不服气，在车间宣传栏上，张贴大字报，说我“胆大妄为、目无组织、目无领导、超越权限、擅自做主”，竟敢免掉由县里直接任命的副厂长，无法无天。还说他进厂以来：“一没贪污、二没违规，凭什么免掉我的职务？”我也写了份稿子，贴在他的大字报旁边，大标题是：“不是努力不够，而是能力不配。”

最终，这件事经过党组织、厂办公开会讨论，摆事实、讲道理，这位副厂长调走了事。人人都是人才，放对了岗位才能发挥作用，培养更好的能力。

三个“吃”

A.【词句表述】

吃苦　吃怨　吃冤

B.【词义解释】

对于创业者而言，孤单的个体如何在创业中变得强大，弱小的企业如何在创业中成长壮大，这一切都离不开对客观事物的吸收、消化、融合。而这其中，就离不开吃苦、吃怨、吃冤。可以说，一个成功的创业者，也一定是一个能够吃苦、能够吃怨、能够吃冤的人。不抱怨是创业成功必要的心态，三个“吃”是其核心。三个“吃”是要求创业者在创业过程中，遇到困难和问题不抱怨，始终保持良好的心态前行。

吃苦 吃苦指能够自我消化、承受创业中遇到的苦难。在人生的长河之中，苦难常常是命运的外衣，它令人难以忍受，却又挥之不去。一个真正强大的创业者，一定能承担起生活强加于他的苦难，并因这样的承担而生出勇气，生出力量，生出觉醒。苦难对于弱者而言是个深渊，对于强者而言则是通向成功的阶石。

吃怨 吃怨指能够自我理解、承受因创业带来的不满意、责备甚至是怨恨。“事非经过不知难”，很多事情，没有经历过的人，常常以旁观者的眼光来看待，有所不解，有所不满，有所怨言。一个成熟的创业者一定也是一个善于站在对方视角考虑问题的人。在这种情况下，能够忍受，能够吃怨，是一种责任，也是一种修炼。

吃冤 吃冤指能够承受无故的指责和处分，自甘吃亏，不计较、不记恨。在创业的过程中，因为各种各样的原因，好心办了坏事，思想过于超前，都有可能遭来别人的误解甚至冤枉。在这样的时刻，守住自己的初心，守住自己的立场，不计较，不记恨，着眼于创业前途才是创业者真正的大格局。

C.【言论摘选】

◆ 创业者不能只有花环

作为一名共产党人、一名创业者，在实现和奋斗事业的时候，不能光有光环、光有花篮、光有赞歌，不能没有指责、不能没有非议、不能没有冤枉，不能够甘当替罪羊的人就不能当真正的企业家。

在我们接管新蕾的时候，就已清清楚楚地知道，我这次肯定要做一只替罪羊，而且还不是一般的替罪羊，是背负江宁县最大的企业关闭、破产责任的替罪羊。但我是心甘情愿地来当这只替罪羊的！既然有这个心理准备，因此我对大家的埋怨和指责毫无怨言，大家可以尽情地对我进行一些批评。

老实说，只有我这样的人才能心甘情愿地当这只替罪羊，也只有我这样的人才能够敢于当这只替罪羊。我是带着痛苦的心情来的，不是为了来享福的，而是来为一千多名员工的生死存亡寻找出路的，是来和大家一同共渡难关的，是来帮忙把新蕾这条快要沉下去的漏船、破船重新打造、建设成为一艘新的战舰的！

我们在破除一个旧新蕾的同时，又将建设一个新金蕾！正因为带着这样一个指导思想，所以无论遇到什么痛苦、酸甜苦辣，我都往自己的肚里咽，绝对不会因有些职工对我有埋怨而撂挑子，如果那样，我就是放弃了我的信念，放弃我的雄心大志。

我给新蕾职工发了一封满怀深情的公开信后，有人竟把落款“江宝全”三个大字给抠掉了，我看见后并没有感到生气。因为我知道，遭到新蕾公司一些不理解我的人的非议是正常的，大家积在心里多少年的怨气，总要找个人发泄出来才行。发泄给谁呢？发泄给前任领导？他们已经调走了。发泄给我的助手们？也不太妥当，他们主要听我的。所以，只有我是最佳的发泄对象人选。我发现气发泄在我身上的好处就是：我是个胖子，身上有弹性，可以把气弹走。

◆ “三吃”不是“自找麻烦”

接收新蕾，吃苦、吃冤、吃怨是必然的：第一，江宁政府对其采取“一托二破三收”的政策正确，但综观江宁所有的破产企业，谁家都是闹的闹，吵的吵，要的要。新蕾 1300 多人的老企业，几十年为江宁立下汗马功劳的企业，一夜之间破产，职工全部下岗，大家肯定受不了，所以叫金箔集团来实施收购兼并。金箔这样“自找麻烦”，必定吃苦很大。第二，新蕾关闭不是一个无所作为的关闭，不是一个无可奈何的关闭，也不是一个无能为力的关闭，而是一个完全有计划的关闭，金箔将苦干两三年，实现“关闭破产不灰心丧气，重振雄风叫金蕾鲜花盛开”。

◆ 人生图什么？

人的一生图什么？不就是图自己好的时候，不忘记把大多数人也带上富裕吗？这样想，吃苦、受冤、受怨算什么？希望抠掉我名字的人，能有一天写封信给我，这是我最大的安慰。接管新蕾，你终于想通了，终于理解我了。

◆ 拼死打恶战

托管新蕾是场恶战、苦战、攻坚战、毅力站，必定要考金箔人付出无数代价才能办好。我浑身是病，就是干到死，也必须把一个新金蕾干出来。

D.【案例一】

金箔艺人集体辞职

1985 年 5 月，我到江宁金箔厂任职，开始让厂子经营状况步入良性循环。一天，12 名金箔艺人受南京市另一家金箔厂拉拢引诱，提交辞职报告，整理好背包，准备登上停在厂门外前来接人的汽车。汽车鸣笛催走，随时准备出发。

这些骨干一旦离开，等于釜底抽薪，江宁金箔厂很可能会因此垮掉。我和杜恒金及老厂长年长松，在危急之际沉着冷静，对他们动之以情，晓之以理，婉言相劝。这些辞职者说：“厂里很早就答应解决我们的户口和用工性质，可厂领导换了 10 多位也没办成，在这里干到老也是农民工。”我当即表态：“如果 10 天后，不解决你们的用工性质，我开车亲自送你们到那家厂去！”

面对这种突然冒出来的困难问题，如果没有吃尽苦头的劲头是解决不了的。那些天，我亲自跑上级部门，摆事实，讲道理，“磕着头”“赖着脸”，在那特殊的年代，用尽了特殊方式，终于在10天内解决了辞职者们提出的问题，稳定了职工队伍。

【案例二】

何其保受冤被扣留

何其保现任董事局副主席，1986年他受冤被广东海丰扣留。

那年，时任金箔分厂厂长的何其保，到南方洽谈业务，突然传来消息，他被广东海丰公安局扣留。消息传来，厂里就像煮开的水，一下就沸腾了。各种传言，不胫而走。有人说他涉嫌走私。何其保一时间就成了十恶不赦的罪犯。不光厂里着急，他的家属更是一头雾水。对此，我要求先弄清事件的原委是怎样的，兵法上不是说“知己知彼，百战不殆”么？经过深入了解，我们得知，原来何其保回来时顺便带回了客户来料加工的黄金，途中被广东海丰公安局查获。警方要求他提供单位所在地工商部门的证明，否则他就涉嫌黄金走私。因为黄金在20世纪80年代是受国家控制的，未经政府有关管理部门的批准，任何个人不能携带和拥有黄金。

于是，我们结合了解到的情况，立即找县工商局要求证明何其保持有黄金的合法性。那时思想还不够开放，职能部门服务意识不强，对这件事非但爱理不理，还就此提出种种非议。面对这样的局面，我没有抱怨，没有回避，向局领导讲清情况，说明事实。通过我反复的努力，江宁工商局终于派人联系，被海丰公安局拘留所受冤扣押19天的何其保厂长，才获释归来。

【案例三】

针锋相对

金箔厂迅速发展，企业用工需求相应增长。然而，金箔厂当时是集体所有制企业，大学生分不来，有门路的不肯来，而农村的劳动力资源较多，为满足当时生产经营的需要，我们招用了不少农民工，以缓解用工压力。

创业就是配置有价值的资源，为企业发展服务。

1992年，江宁县劳动局以金箔厂私招乱雇农民工且劳动保险费上交不足为由，打报告给江宁县政府，要求给予金箔厂全县通报批评的处分。

我当即以书面形式予以反驳，指出：企业招工是为了满足生产需要，按劳分配是社会主义分配原则，工人多劳多得，这些都是按市场规律办事。我不怕这种冤屈，顶住巨大压力，继续坚持按照市场经济规律办事，实行了用工“十不分”，分配采取“工资协商制”。我的做法受到社会的称赞，大力促进了企业的快速发展，并取得显著成效。

三个“敢”

A.【词句表述】

敢想　敢说　敢干

B.【词义解释】

创业是勇敢者的事业，不仅是要有“敢为天下先”的勇敢，更要有“狭路相逢勇者胜”的勇敢。创业，没有勇敢的胆识是不可能成功的。机遇和危险永远是成正比的。有智慧、无胆识，只能停于头脑幻想。“敢”就体现了一个创业者的勇敢与胆识。凡创业者，自平凡中崛起，自荆棘中升腾，必有敢想、敢说、敢干的担当与闯劲，方能有创业成功的辉煌时刻。三个“敢”要求创业者有超出一般的知见，并且有胆量付诸行动。

敢想　想，这里指的是思考。实干绝对是真理，然而无思的实干则只是盲动，盲动可能会取得一定成果，但最终只能高不成低不就。思考决定高度。敢想就是敢于畅想、梦想、幻想。敢于畅想，顺着现状流畅地无拘无束地想下去；敢于梦想，思考现实中不可能实现的美好情景；敢于幻想，不停地变化着纷繁的想象，将思维发散到四面八方。敢想，就是进行头脑风暴，且创业者从中能够获取创业的灵感。

敢说　敢说就是敢于将自己的思想、思路、计划说给合伙人听，说给员工听，说给专家听，说给智者听，不怕他人取笑，也不怕思想分享。同时，我们还要认真地倾听他们的反馈意见，以便聚集众力，集思广益，在相互的碰撞中得到启迪，正所谓“三人行，必有我师焉”。

敢干　敢干就是指创业者坚决不做言语的巨人、行动的矮子，敢于想、敢于言，更敢于行动、敢于实施。不过，正所谓“知行合一”，创业者所走的每一步也许都是对未知的尝试，也许都是冒险，都是打擦边球，都是在高压线两边游走，都可能遇上不测，但没有这种敢作敢为的行动，创业也就不会有任何进展。

C.【言论摘选】

◆ “闯”字开路

要说经验，我们只有一个字“闯”：敢闯，企业才有出路。

◆ 三个“敢”探索分配土理论

多年来，我敢于冲破传统观念的束缚，注意把中央的改革开放国策同当地本企业的实际相结合，从实践中创造一些通俗易懂而内涵深刻的“土理论”来宣传教育、发动广大员工自觉投身到企业建设中去。

我用“发喜糖”和“抢喜糖”的“土理论”来形容计划经济与市场经济的不同性质。

金箔集团在机构设置、管理制度、领导方法、产品开发、经济政策、技术更新、设备改造等各方面，全部或者尽量按照市场经济“捞鱼”的要求，使用国际上都使用的“捞鱼”工具。企业是充满活力、朝气蓬勃的。

企业分配是什么？金箔集团从1985年开始，首先从理论上分清社会主义分配原则与“大锅饭、平均主义”的界限，与“铁饭碗”“人人有饭吃”的“优越性”的界限，与“领导意见、习惯做法”的界限，与“雷锋精神”的界限，理直气壮地推行“多捞鱼就多分鱼”的社会主义分配原则。整个集团的分配方式，都是“干部实行岗位工资制加效益奖励制；工程技术人员实行职称工资加项目成果奖励制；生产工人实行计件工资制；外交人员实行联效计奖制。”我们把工资级别放进档案挂起来（只在退休或调走时有效），将上级核发给我们的工资奖金总额糅在一起集中使用。总部与各分厂按照联利计酬办法，事先确定分厂利润基数，并确定工资基数、人员基数、生产条件基数。每月底按照效益情况，总部再按额发给分厂，分厂再按原先方案发给每位职工。某个职工具体分多少，总部一般都是放开不管的。各经济实体的员工，每月拿多少收入，自己都能算得清。捞多少“鱼”，“鱼”怎么分、分多少，大家都是事先讲好的，心甘情愿，不吵不闹。如果实在发现有不合理或者不公正的地方，职工可以与分厂讨价还价。分厂也可以向总部讨价还价。一般每年“讨价还价”一次，然后在职代会上讨论通过。分配方案经过年年修改调整，越来越完善。

D.【案例一】

大都市的路是否都是直的

“大都市的路是否都是直的？”我曾对当地城建部门发出这样的反问，促使他们改变设计方案，合理保护企业利益，免遭损失。

1995年，南京江宁区城建规划部门所规划的这个街、那个路中，有一条“新亭路”。这条路从开发区胜太路通过工业学校往东移，非得通过金箔集团成山工业园两幢4 000平方米厂房的中间、斜角和园内两个配电房。城建规划部门说建设这条路时，我们集团的这些建筑非得像邻居丝织厂一样拆迁不可。集团有关人士再三去求情，问有关部门能否考虑稍微弯一点，改点道，因为里面有四个中外合资企业，生产区拆迁损失太大。

有关方面回答说，因为道路强调横平竖直，一律要按“井”字形或“田”字形建设，否则影响整体美观，所以只要施工，我们的厂房必须拆除，企业应服从政府整体规划。听到此类答复，我心烦意乱，一方面十分焦急；另一方面联想不断。我是一个敢想也善想的人。

一个城市规划项目，如果是为建设新区，白底画画，那横平竖直是完全可以的。但这个规划只是一个老城区的改造项目，只要有若干条主路做到横平竖直就行了，何必要求所有路都要横平竖直呢？新修的新亭路，南面四号路是直的，北面金箔路是直的，东面天印路是直的，西边竹山路也是直的，中间城墟路还是直的。前后左右都基本上是横平竖直了，为什么准备新建的路还非要笔直不可呢？这不是为了修路而修路吗？

我虽然见过的世面不多，只跑过世界上二十几个国家与地区，但我发现中国香港不是每条路都是直的，东京不是每条路都是直的，纽约不是每条路都是直的，伦敦不是每条路都是直的，巴黎不是每条路都是直的，上海不是每条路都是直的，连最讲究道路设计的北京首都也不是每条路都是直的。一个江宁县，何必追求每条路都是直的呢？

公元308年，晋王司马睿由山东琅琊移镇建邺（今南京），事先派王导来建邺修建宫室街道。建好后，晋王不满意，就对大臣们说：“王导初次负责城建，又没有参考资料，所以街道建设弯弯曲曲，这真是劣作！”但是，大臣们都说：“这正是王导丞相最为巧妙的地方。因为江左（南京及苏南地区）地方狭窄，不像中原地势平坦广阔。如果使建邺城内纵横道路笔直通畅，就会一览无余。所以因地顺势，蜿蜒屈曲倒显得深不可测，妙不可言。”这位东晋开国皇帝晋元帝恍然大悟。

然而1700多年后的今天，时风讲究横平竖直。因而炸楼开路，挖山填沟，少见了小桥流水、曲径通幽、半山叠翠、荷塘月色。所有新兴城市的道路样式都是棋盘路、田字格，一个模样。今天我们的城市建设更应因地制宜，符合区域、地域的特点，适合一城一镇的人民生活，符合经济发展的客观需求和长远利益，真正地造福于子孙后代，而不能不顾实际，盲目跟风，拘泥于纸上规划。（此文写于1995年）

我写的这个东西，有关领导看后，觉得观点正确，作了批示。后来新亭路果真拐了一个小弯。

【案例二】

一场说“乱”的争吵

今天的金宝大市场已成为江苏省商贸名企。这个市场在创办之初，我们经历过很多的边干边吵，特别是与政府某些部门、某些人因观念不同而“争吵”。真是理不辩不明，以致我针对一个分管县长写下了如下文字，呈送到县政府，发布在《金箔报》。

自从东山镇有一个金宝市场以后，许多人一有空就到市场转转、玩玩、看看，这就是人流。凡是有人流的地方，那些三机、中巴、小客、小货车就向金宝市场“涌”过来，这就是车患。两个方面加起来，金宝市场门前就经常出现“乱”的感觉。不同的人站在不同的角度就有不同的见解、不同的态度。

某分管县长批示说：“目前上元路不宜改为步行街，行人拥挤主要原因之一是占道经营问题，下一步将着手拆除上元路所有占道经营的摊、棚。”这个批示就是针对金宝市场东面的上元路的“乱”而发的。

我感到这位县长站在市容、城建立场上说无可非议，但实质上对金宝市场的“乱”况采取不支持的态度，对县委关于“一定要把金宝市场当作江宁县的金宝市场来办”的指示认识不到位，自然执行有误差。

请问：全国哪个大小城市的市场前不是一片“混乱”的景象？温州的义乌市场，武汉的汉正街市场，浙江的四季青服装市场，南京的金桥市场，常熟的服装市场，海宁的皮革市场，等等，哪个市场门前不是熙熙攘攘、“混乱”一片？否则，叫什么“繁荣昌盛”？

对于市场出现的多种问题，很多地方都是采取分析扶持的态度。对于“混乱”的人流、车患，当地政府欣喜若狂、开心之至，认为这是一片兴旺的标志，对其积极引导，采取市场需要什么就配套解决什么的正确态度：市场需要扩大面积，很快动员左邻右舍让位；市场需要道路，及时组织车辆人流让道；市场需要车辆、运输，大力发展运输；市场需要通信，大力扩展电讯容量；市场需要免税，可以暂缓；像义乌这样的高级市场，需要机场就建机场。政府的这些正确做法终于使当地很多市场成为国内外闻名的市场！要不了几年，一个市场的税收，超过了一个乡、一个县的税收，不得了。

可是，大家看看江宁县办市场怎么个办法？金宝市场需要三轮车，自费买了20辆。这边经批准三轮车刚刚上街没几天，那边又说影响市容，全部没收。集团派人在北京天安门城楼面前拍了三轮车照片，说天安门前都能有三轮车，东山镇为什么不能有？可我们喊了半天，就是不行。

还有，金宝市场有人，有人就要吃，要吃就要有地方，我们利用自己市场路边上空余的地方，搞了一些大排档，当然对道路交通有一点影响。这种事哪个城市没有？江宁政府又放出风声，准备将这些大排档全部拆除。这与外地政府办市场的态度相比，差之多少里？

还有，我不想再讲了。

我准备“理外理”了。既然当地政府对办市场的态度只挂在嘴上，会上“支持”，行动上“扼杀”，我又何必撑这个门面呢？我准备到万不得已的时候停掉市场，改工厂。

当时我很生气，必须说话，一些道理如鲠在喉。我也敢说，有理声自壮。

1994 年，我把这些郁结在心里的气写成了文章，文章也成了政府后来改变态度、支持金宝创业的根据。

【案例三】

工资协商制

员工工资可以与企业协商，二十年前，我们金箔就实行这项分配制度。

2017 年，中企联领导带领一行干部来金箔调研工资协商制，我介绍了相关情况：

三十多年前打破大锅饭。1984 年起，金箔厂开始了大胆探索，不断进行分配制度改革尝试，彻底打破国家通用的固定按人头分配，按工龄调资、按月份发钱，造成平均主义大锅饭的“八级工资制”。

根据企业实际，从有利于激发生产力和劳动创造力积极性出发，灵活推进金箔内部的“按劳分配”：干部实行岗位工资加风险责任奖，工效挂钩，年终对照年度总贡献发放提成奖励；技术人员实行职称工资加项目成果奖办法；生产工人一律实行计件工资制加有关补贴的办法。彻底改变干多干少一个样，干好干坏一个样，工龄长短一个样，贡献大小一个样的局面，激活了干部员工的生产积极性。

二十多年前，我们推进工资协商制，全面将分配市场化，一些能力强，想多做贡献的人，可以直接与企业，谈判协商自己的工筹条件。十年前全国总工会特别来到金箔调研，称赞企业分配的好办法有利于激发员工创造力从而多做贡献。

现代的中国企业均实行适合自身发展的薪酬制度。

三个“带”

A.【词句表述】

带着爱好和兴趣创办企业　带着亲情和友情对待员工　带着热情和激情对待工作

B.【词义解释】

创业者自身有一些潜力，在创业中不仅要自我涵养，而且要下力气发掘。三个“带”是创业者对待企业、员工、工作所应有的良好态度和状态。这是企业持之以恒发展下去的重要推动力量。这个力量是创业者凝聚团队、高效工作、获得成功的一个前提。三个“带”要求创业者将与创业直接关联不大的自身潜力发挥出来，积聚到创业中，在不断实践中，以之激励自我、鼓舞他人。实践三个“带”、实现三个“带”，创业者会发现，一个崭新的亲人般的团队，也会造就发展日新月异的事业。

带着爱好和兴趣创办企业 简单地说，带着爱好和兴趣创办企业就是指干一行爱一行。这一点是大家耳熟能详的。爱好、兴趣是事业最好的老师。一个人一旦对某事物有了浓厚的爱好和兴趣，就会主动去求知、去探索、去实践，并在行动中产生愉快的情绪，进而不断取得进步和提高。

带着亲情和友情对待员工 古人说：“士为知己者死。”创业时期，创业者如果和员工之间的关系仅仅是冰冷的上下级关系，那么他很难走过艰难的创业初期阶段。要让员工对企业有归属感并愿意发挥出自己的最大力量，创业者就必须首先将员工看作自己的亲人和朋友。正所谓“国士待我，国士报之”，你只有将员工看作手足亲人，员工才会对你不离不弃。

带着热情和激情对待工作 作为创业者，当我们具备了创业的高度、力度和广度的时候，我们也不能放松与懈怠创业的态度，必须时刻保持“温度”。这个“温度”就是带着热情、充满激情地投入工作。

C.【言论摘选】

◆ 领导心中有职工，职工心中有领导

牢牢树立职工是“战友、伙伴、兄弟”的观念，时时把职工利益放心上，处处多为职工谋幸福，这是我们金箔集团的一贯宗旨。

我们一些有能力的人、有本事的人，遇到国家改革开放这一大好机遇，走到了重要的领导岗位，有了权，干了事。但是，你是能人也好，是有本事的人也好，靠一个人能把什么事都办成吗？你手下必须有一批精兵强将。

“人是生产力之要素中最最重要的要素。”手下没有一班人，你这个领导不论本事有多大都将一事无成。不错，你有权招人，可是人招来了，你怎么带？怎么用？怎么征服他们的心？你既无“言”，又无“钱”，谁跟你走？我们一切的工作和努力，都应该从广大职工群众的根本利益着眼。可是集团旗下许多业务的经营承包者，却对这个基本道理熟视无睹。有的把手下员工当奴隶、当差使，动辄训骂，对他们的冷暖漠不关心，恨不得自己的收入越多越好、手下

员工收入越低越好；有的分厂竟然克扣工人的工资待遇，搞得上下级关系紧张，职工怨声载道，这样下去怎么行呢？

改革承包，松绑放权。这几年总部对老经济实体放手、放心、放权，到了无话可说的地步，这也是必要的。可是，我们各级领导人的权力到底是谁给的？上是集团给的，下是职工给的。古言曰："民心为水，可载舟，亦可覆舟。"老百姓给的权力，你不可滥用，滥用了你就会垮台。要知道，群众眼中有杆秤，有面镜子。你如果有了权就胡作非为、随心所欲，不为职工"谋"幸福，只为自己"谋"财富，那么你的下场一定比别人惨。

鉴于这些基本认识，集团总部要求各级干部都要把手下员工当"战友、伙伴、兄弟"，处处、时时、事事想到职工的根本利益。这是我们共产党的宗旨和一贯要求，也是各级干部思想政治工作的主要内容。只要当干部，就不能忽视这一条。我们要进一步提高职工待遇，改善职工生产、生活条件。集团总部设立了一个职工"心里话"室，或者叫作"牢骚室"，里面配名干部热心接待来访职工，耐心听、详细记录职工的心里话，每天将职工的心里话转给有关领导阅办。除年底红包可以模糊外，各分厂、单位的奖金和工资分配方案都要公开让职工知道，让大家心中有数，而不能装在领导口袋中，让领导随心所欲。

领导心中有职工，职工心中有领导，职工与领导心连心，众心合为一心，共同奔前程，就会无往而不胜。

D.【案例一】

丁梁书屋

1998 年春节过后刚上班，我召开一个关于宣传工作的六人会议，布置年后开工宣传的具体工作任务。也许是因为感到有压力，宣传员王定良沉默良久后，拿起笔记本，愤然离开会议室。

一时间，同事们私下议论："这下可麻烦了！老王捅下天大的娄子了！竟敢乱骂江总是昏君，这还了得？"也有人说："老王这次怕是要玩完了！"王定良也因此后悔自责，躲在家里想辞职不干了。

出乎人们的意料，我非但没有对他进行报复，还指派办公室同志前往他家中探望，知道他生活有困难，特地为他送上了 2 000 元钱！后来，我有《改革之路》一书要出版，特意派人前往他家，请他题写书名。

2008 年 2 月，王定良正式退休了。由于他的草书有功底，我两次请他吃饭，和他倾心交谈，为了便于他进行书法创作，我甚至专门在金箔路上腾出一间房子，给他做书屋，还兴致勃勃地为王定良题写了"丁梁书屋"几个字。希望他"好好写字，不随便议论别人"，兄弟般提醒他"可以学习别人，但也不要失去自我，一定要有自己的风格"。从根本上说，我也是一个有文化功底的人。

王定良安度晚年，在感恩生活的同时，他的草书作品造诣提升，在市场上已被行家看中收藏。

【案例二】

甘敏的一次工伤

甘敏是金箔企业旗下包装公司的高管，1994 年前的一次工伤让他记到现在，因为他们有一个《亮剑》中李云龙式的厂长左国书。左厂长表面严肃冷峻，内心却很关心员工。他是一个带着亲情和友情对待员工的人。

平常，只要左厂长走进车间，车间工人没有一个人敢坐在凳子上，基本上都是全体起立。烟箔人做起事来非常能打硬仗，那时的烟箔材料入厂、产品出厂，上下货哪像现在有什么叉车、抱车，连装卸工都没有。上货都是包装组来做，来不及时全厂人员集体上。有时一连要发几十吨货，每车货从上货到给汽车扎好油布，也只花费二十分钟左右，跟打仗一样，全体上货人员都自觉分工，有扛货的、有装货的、有专门扎油布的，那种上货的热闹场面就像战争片中游击队员运送弹药一样，一路奔跑，大家都是满身大汗。

有一年下大雪，烟箔要发大货。包括甘敏在内，总厂科室人员，全部丢下手上的事，帮忙上货，左厂长讲什么时候发货，就得什么时候发走，所以市场信誉很好。

有一次下铝箱，中午时间拖得久了，大家肚子也饿了，于是左厂长特地要小食堂烧了些好菜，与职工共餐，不时地嘘寒问暖，那是左厂长少有的一次与员工共餐的机会。

甘敏有一次在设备上压到了手。在那个时候，烟箔还没有开始完全机械化、自动化，每卷纸卷小的二百多公斤，大点的达到三百公斤，都要靠人工抬上设备。因为纸卷上去的时候，他的手未来得及抽出，被卡在了纸座上，当时鲜血直流。他到医务室去看医生时，苏医生打了个电话给左厂长："你们厂里有个工人手压得不轻，赶快送医院治疗！"左厂长听后，迅速安排当时在打包组帮忙包装的司机，开着左厂长那辆黑色的座驾——皇冠车，送甘敏去南京解放军 454 医院治疗，并嘱咐他一定要治好，不治好不许回来。甘敏第一次坐那么高档的豪华车。虽然当时手很痛，但领导的深情却让他感动，心里暖暖的。左厂长所领导的烟箔团队十分有性格，没有什么事能难倒烟箔人。

左厂长领导的烟箔开发了一代代新产品，企业在他的具体指挥下越做越大，成为金箔集团的经济支柱并持续了十多年。

【案例三】

“业务员”小江

三十多年前的一天，一封发自汕头木雕工艺厂急需金箔的电报，摆在我的办公桌上，我当时恨不得插翅飞过去。

那时候，汕头是改革开放的前沿阵地，听说那里已经发生了翻天覆地的变化。到了汕头，我让业务人员说我是他的徒弟，是新来的“业务员”小江。

这么做是因为厂子穷，出来又没带多少钱，我要是以厂长的身份请人到摊档吃饭就太丢面子了。我热爱金箔厂，觉得装作业务员事小，最多丢了自己的面子，万一丢了厂里的面子而影响了业务，那就是大事了。这份电报意味着一票大单，做成了，可以扭转战局，可以让金陵金箔走出去。

因为我们的金箔质量好，也因为我这个“业务员”一时激动，保证每年供应30万张优质金箔，所以洽谈很顺利。第三天下午，供货协议就敲定了。晚上，我们又来到数日前就餐的大排档吃饭。业务办得太顺利，喝起酒来，业务经理说漏了嘴，我也不能再“装”下去了。

三“提升”

A.【词句表述】

提升思维　提升职责　提升技能

B.【词义解释】

“这是个最好的时代，也是个最坏的时代。”世界大势以其前所未有的速度变化，机遇与挑战融于当下。时代的前进，必然要求创业者紧跟时代潮流，把握时代脉搏，自觉提升综合素养。有的创业者，满足于守住摊子，故步自封；有的创业者满足于小富即安，随波逐流；还有一种创业者，有强烈的成长要求，与时俱进。优秀的创业者，一定会努力避免成为前面两种人，而力争成为后一种人。竞争大势逼人，创业者如果不能在日新月异的时代浪潮中与时俱进，那么，就很容易掉队落伍，成为创业的失败者。“三提升”是对创业者岗位综合素质与时俱进的要求。

创业者与时代合拍，甚至在某些方面超前，将有利于企业快速发展。

创业者还要提供条件，让团队成员与企业共同成长，不断提升执业能力，并反哺企业，形成“团队成员积极主动地通过不断学习提升自己，技术员要成为专家，干将要成为主帅”的向上局面，从而使团队成员一步一步从小台子走向大舞台。

思维提升　思维提升是由企业发展要求决定的，是制胜之关键。把握企业内在发展规律，同样，要根据时代变化条件不断更新思维。思维决定高度，高度决定发展。审视时代格局，改变固有思维，适时调整发展战略方针，避免“刻舟求剑”式的僵化思维，能促进企业健康发展。

职责提升　职责提升是由企业安全发展的宗旨决定的。企业生存伴随着风险，速度越快，规模越大，风险责任也同样越大。因此，创业者应提升职责，提高对自身的要求，使之与企业匹配。随着企业战略的展开。市场的扩大，创业者的职责和职能也要相应的同步推进，以避免因职责未及时提升而出现拖后腿的情况。

技能提升　技能提升是指各高层岗位人员工作技能的提升。一方面，这是由企业生产管理手段确定的。管理人员如果没有先进的生产管理技能，就难以将有效的思维改革付诸实践，难以取得时效。另一方面，这也是生产力得以提高的主观要求。技能提升是一个长期的过程，不是一蹴而就的，所以创业者要时时刻刻用心。

C.【言论摘选】

◆ 必须不断进行自我提升

我们必须时刻牢记“居安思危”四个字。很多人不懂什么叫如履薄冰，不知道人应该诚惶诚恐。就拿金宝宝幼儿园来说，现在虽然办得这么好，但也依然危机重重。政府在一个地方就办一个幼儿园，这个幼儿园有编制，属于事业单位，而且他们有经费。相比之下，我们的幼儿园就危机四伏了。很多人昏昏然、飘飘然、不以为然，总认为我们一切没有问题，而没有认识到很多问题是隐藏着的。所以，所有人必须时刻牢记居安思危的教训，保持诚惶诚恐、如履薄冰的态度。

◆ 管理者要学会“三拿”

今天，无论是经营一个企业，还是管理一个部门，我们都要进行自我提升，提升意识危险的能力，提高解决危机的能力，要把各项工作都搞得有声有色。现在金箔控股集团的每个体系都有权有责有利，管理者要学会“三拿”（拿方案、拿规划、拿计划），拿好方案后还要有规划。方案和规划是辩证的关系，规划就是把方案细化，方案是在整体规划里面，方案还分详细方案和概念规划。如果一个体系领导人连“三拿”都做不到，光等着领导布置，那他就是办事人员。坐在高位、拿高位的钱，就要干出高位该干的事情。所以我们要不断提升自己。

D.【案例一】

“混”进广交会

20世纪80年代初，有一次，我与一些朋友在一起吃饭。我开玩笑说：省长，省着说，省着吃，省着干；市长，试着说，试着吃，试着干；县长，限制说，限制吃，限制干；只有厂长，可以敞着说、敞着吃、敞着干。在市场上放开手脚，思维开阔，这个厂长才可能干出名堂来。

那个年代，广交会是个重要的平台。世界要认识中国市场，需要通过广交会；中国好产品要走出国门，走向世界，也要通过广交会。我想，金箔这么好的产品，为什么不能去广交会上展示亮相呢？1986年5月，我得到消息，就带上金箔千里迢迢赶到广州，想去参加广交会。然而到了会场，我却被拦在门外，因为没有参会证，不让进。着急之时，我看见南京一个柳条制品厂的厂长从里面出来，于是，我便计上心来。我借了他的参会证，贴上我的照片，进了会场。虽然那次没签到合同，但那时的广交会还是打开了我的眼界，提升了我的思维。之后，我每年都参加国内外各种展博会，让我们金陵金箔畅销世界。

【案例二】

学山东 做自己

20世纪90年代末，山东因“要想富先修路”而闻名全国。山东涌现出了一大批思想解放、思维开阔、改革步伐快的大企业、好企业、真英雄。

1998年7月，我带领集团53名干部参观山东海尔、金锣、寿光三个大企业，目的是通过看山东、比自己，找出自己小富即安、小功即满的危险心态，提升经营队伍素质，再次解放思想，为新的发展奠定基础。

在海尔集团，大家被“日清日结”的做法和“斜坡理论”所折服，纷纷谈观点，说感受。在金锣、寿光，大家对食品行业和大农贸感慨良多，声称大开眼界。这为我们之后创建天印山大农贸奠定了思想基础。

这样的考察，每年我们都进行两次。通过不断地参观、学习、实践、应用，干部的责任感和干部队伍的综合素质得到了有效的提升。

大家回到经营工作的实际中，借鉴山东经验，找差距，求创新，有效实施了5S、7S等现代化企业管理方法，全面提升了企业的管理水平，全面提升了集团的经营能力。

【案例三】

给“老把”们画漫像

1955年成立的金箔企业，在当地属“老企业”。老企业长期发展以来，出现很多“老把”们，他们相互依存，严重阻碍企业正规组织的开展工作，导致这个企业资不抵债，濒临倒闭。1983年，我调到这个企业任职。决定如要办好企业，必须破除“老把”。

所谓“老把”，在金箔厂是指一群玩得好的、走得近的人。他们有共同的利益关系和志趣爱好。

1989年，金箔厂还未甩掉老土旧穷的帽子。在我的眼里，员工们却一个个非常亲近。于是，我特意写了篇《非正式群体理论在老企业的运用发挥》，为我们的员工画漫像，提韵味；因势利导，激发群情，为金箔厂的振兴出策出力。这篇稿子获得南京市1990年管理现代化成果二等奖。

在文章中，我描绘了金箔厂的十种“老把”。每一种类型的“老把”都带有各自的观念特点，根据他们的情况，多年来我对他们中不同的人进行有针对性的培养、锻炼、激励、使用：

1. 同乡老把：“龙潭老乡”“南京知青”“外地人”；
2. 城乡老把：“正式工”“合同工”“农民工”“有居民户口的”“乡下二哥”；
3. 工种老把：“打箔的”“切箔的”“车间主任”“后勤科室的”“跑市场的”……
4. 学历老把：“大老粗”“有文凭的”“有职称的”“老同学”；
5. 社会分工老把：“当官的”“老百姓”“小兵担子”；
6. 年龄老把：“我们老家伙”“小字辈”“小杆子”“丫头片子”；
7. 同兴趣老把：酒友、棋友、牌友、球迷、舞伴；
8. 师徒老把：“师兄弟”“我师傅”“我徒弟”；
9. 报恩老把：“你是我的媒人”“你提拔我当干部的”“你给我调资的”“我们共事多年，从没红过脸的”“你是我招聘进来的”；
10. 同感老把：“我们都是领导看不起的”“他们都是想入党当官的”“你我都是彼此彼此的”。

对企业中存在的这些“老把”现象，我给予了必要尊重，但对“老把”们因势利导，正确对待，让他们不仅相互影响，提高技能，而且发挥作用。他们最终走向了正确的轨道，形成独特的像金子一般珍贵的“老把”文化。几十年下来，金箔的各类“老把”们，为金箔事业发挥过很多不同的作用，做出过很多不同的贡献。

三“忠于”

A.【词句表述】

忠于自己的事业　忠于自己的企业　忠于自己的岗位

B.【词义解释】

“天下至德，莫大乎忠”，对自己的事业、企业、岗位尽心者，没有创不好业的。对创业魂牵梦绕，便是“三忠于”的具体表现。不走心的创业，都是作秀或欺骗自己，浪费人生时光和社会资源。天下之事，唯敬畏者致其成。敬畏之事，唯忠诚者进其阶。忠于自己的事业、忠于自己的企业、忠于自己的岗位，这是所有创业者都必须谨守的基本原则。这不仅是做事业的法则，也是做人的根本。一个不忠诚的人，就是一条没有压舱石的船，一遇到大风大浪，就会随波逐流。“三忠于”，即要求创业者要全身心、心无旁骛地投入所创的事业和工作中。

忠诚于自己的事业　忠诚于自己的事业指的是忠诚于所选择的事业，坚定持久地奉献，心甘情愿地付出，无怨无悔地劳动。一个人对事业忠诚与否，在很大程度上，也是一个人的能力是否能够被充分调动和激发的根源。由忠诚带来的信念和信仰，有着巨大的力量。它是创业者创业路上的理想之火，不仅照亮自己，也照亮同行之人。

忠诚于自己的企业　忠诚于自己的企业指忠诚于所在或所创办的单位。单位是自己的根据地，要努力工作、敬业奉献。创业者对企业的忠诚不是看不见和摸不着的，它常常蕴含在日常的工作之中。兢兢业业，默默奉献，在公众面前努力维护企业的形象，在企业内部努力做好企业的工作，有佳绩的时候不骄傲，有困难的时候不动摇，这都是对企业最大的忠诚。

忠诚于自己的岗位　忠诚于自己的岗位指忠诚于你立足的具体工作点或岗位，并发挥好自己应有的作用。每一个创业团队内部和企业内部，都有着精确而细致的分工，正是这些分工叠加在一起，形成了创业的整体。因此，每一个创业者，都要努力培养自己和同行者爱岗敬业的精神，使自己和他人忠诚于自己的岗位，在各自的岗位上努力发挥出最大的潜能。

C.【言论摘选】

◆ 当代营销人员的“三忠于”

第一，每一个营销人员都必须忠诚于自己的事业。

我觉得，一个人不管干哪行都必须要忠于自己的事业。我们的营销人员既然选择了营销工作，那在这个事业上就必须树立“三坚”精神，坚定不移、坚持不懈、坚韧不拔地开展工作，千万不能朝三暮四、朝秦暮楚、左右摇摆。什么意思呢？我们有很多人一开始选择了市场营销这个工作，但在实践中一听到风吹草动，一遇到风吹雨打，他马上就受不了，就想改行。由于他信念不坚定，经不起风浪，到了另一行还是觉得难。因此改来改去，他最后不知道自己应该干哪行，永远也找不到事业的支点。而我们集团的老营销、干得成功的营销人员则不同。他们一旦选择了营销事业，就一个猛子扎下去、沉到底下，扎扎实实地学营销，研究营销，不管遇到什么困难，从来不动摇。凡是对自己的事业从来不动摇的人，他最后都获得了成功。我在化肥厂政工科的时候，很热爱我的事业，所以我做每样事情都把它做得扎扎实实、有板有眼、清清楚楚，做出来的东西也经得起历史的检验和任何人的检查。

现在的市场竞争激烈程度，已经到了难以想象的地步。因此干哪件事都不可能十拿九稳，都会很难，难是正常的。

市场上每一个行业都是充满竞争的行业。在国际上，互联网、通信卫星、电信业都融入了竞争之中，再想找一个没有竞争的行业已经根本不可能了。因此，谁有真本事、真功夫，谁就能取胜。而所有的真本事、真功夫都取决于一个坚定的信念——忠诚于自己的事业。只有树立这样的信念，你才能在任何困难、挫折、风险面前不低头、不弯腰、不摇摆，迎难而上，逆风飙扬。只有这样，你才能战胜对手，笑傲江湖。

第二，每一个营销人员都必须忠诚于自己的企业。

一个营销人员如果不忠诚于自己的企业，那他就是一个不称职的营销员，就是一个打着自己小算盘或心术不正的营销员，那他就什么事也干不好。我们现在是在同一个“鱼塘”里“捞鱼”。如果我们不忠于自己的企业，那我们的同行们、竞争对手们就会利用各种手段干扰我们，动摇我们，削弱我们的战斗力。当我们从事一个行业遇到困难或取得一些成绩的时候，总会有一些外面的人打我们的主意，拉拢我们，腐蚀我们，挖我们的墙脚。但是，我们绝大部分同志都坚定不移地跟着集团走。事实证明，那些打着小算盘、心怀鬼胎、经常左右摇摆的人，他们都没有成功。因为他们今天能从金箔集团跳到另一个单位，明天又会从那一个单位跳到其他单位。他们就这样跳来跳去，五花肠子六花心，永远也找不到自己的根据地和立足点，最后只落得一事无成，就像小时候老人们经常讲的“这山望着那山高，最后还是无柴烧”。而那些坚定不移地跟着集团走，和金箔集团风雨同舟、同甘苦共患难的人，今天大部分都取得了成功。

谁没有遇到过诱惑呢？当年我坚定做金箔，坚决搞改革，走市场经济道路。上面对此不理解，对我有不公正的对待，给我施加压力。在这种情况下，省烟草公司曾建议我到南京烟厂去工作，挑重担。面对这么大的诱惑，我就是坚决不肯走。我认为既然到金箔集团来了，就必须忠诚于金箔集团，我死也要死在金箔集团。单位小，怕什么？单位差，怕什么？一切靠自己奋斗，靠自己创造，任何条件都是可变的。所以让我到大单位、让我当官等种种诱惑，对我来说根本没用。我就是愿意在金箔集团受苦，我就是要下决心把金箔厂干上去。

因此，我们金箔集团要坚决打击吃里扒外的行为，坚决反对“人在曹营心在汉”的人。我们每个营销人员都必须忠诚于集团，都要自觉地树立这样一种信念——我是金箔人。只要坚定不移，在金箔集团给你提供的舞台上尽情表演，你肯定会取得成功。

第三，每一个营销人员都必须忠诚于自己的服务对象。

所有跑市场、搞营销的人都会讲“顾客就是上帝”。那么，你的“上帝”是谁？你的“上帝”需要哪些服务？你对你的“上帝”服务到位了吗？

随着市场竞争的日益激烈，服务已成为竞争的重要因素。当你的产品质量、价格、信誉与对手差不多或并不占优势的情况下，你是否忠诚地、一如既往地进行了服务或提供服务保证就是业务能否成功的唯一关键。

要做到服务得好，服务得当、得体、到位，可不是一件容易的事。最起码你要知道你的客户最需要什么。

忠诚于自己的服务对象，强化服务、优化服务，这不是一个可有可无的问题，也不存在今天明天的问题。在做好服务上，我们千万不能急功近利、只图眼前，坚决不能做“人一走茶就凉”“过河拆桥”的事。这切实关系到我们集团的声誉和信誉。我们一定要立足长远，一如既往地忠诚于客户，做好各项服务。只有这样，我们才能在激烈的市场竞争中立于不败。

面对新的形势，怎样搞好销售？我还是那句老话“怎样看和怎样干”。其实，人的一生要解决的就是怎样看和怎样干的问题，也就是哲学上的认识论和方法论的问题。把“怎样看”解决了，干起来就不会盲目，就会有的放矢，就会成功。竞争将是不可避免的了，几位老总都提到过去跑营销脸难看、门难进、礼难送等问题，我可以肯定地说，随着市场竞争的加剧，今后将肯定不止这“三难四难”“七难八难”，而是“千难万难”了。

难，并不可怕。毛泽东同志说过，“世上无难事，只要肯登攀。”面对这个难，那个难，我们的营销人员只要忠于自己的企业，忠于自己的事业，忠于自己的服务对象，坚定信念，不退缩、不摇摆，迎难而上，刻苦钻研，敢于竞争，善于竞争，那所有的困难都会迎刃而解，你的事业肯定会柳暗花明。

D.【案例一】

乌纱帽抓在手上干

忠于自己的事业，首先要认知无我，也就是“功成不必在我，功成必定有我”。这是一种境界，这也是一种担当。

1992年，江宁县召开企业干部会议，叫我上党课。我讲了以下的话：“老实说，我的乌纱帽是抓在手上干的，不是戴在头上干的，因为戴在头上，一遇风吹草动，或者滑跌一下，帽子都会歪，都会掉。还有，哪个想要，随时可以拿走，无所谓。”

我认为，献身精神是创业者的时代精神中最关键的一种精神。作为企业家，就应该具有牺牲的精神和忘我的精神。一个企业家如果把自己的健康、安危、地位、名利放在第一位，他就不可能成功。企业家在干事业的时候，想到的只能是自己奋斗的目标，而不应该光想自己的名。当然，名和目标是连在一起的，当他的目标实现了，名也就会随之而来。像我，就从来没想过去当多大的干部，我认为我们这些人就应该把献身的精神放在第一位。我所指的献身精神，并不是完全指战争年代那种“向我开炮”的不怕死精神，而是一种信念。有了信念上的献身精神，就会在认识上有献身精神；在认识上有献身精神，就会在行动上有献身精神。多年前我从江宁化肥厂调到金箔厂时，化肥厂还是江宁县最好的企业，可多年后化肥厂就倒闭了。当我回到“娘家”化肥厂，见到“娘家”的“兄弟姐妹”“侄儿侄女”们过着那么苦的生活时，像我这样一个具有党心、民心加良心的企业家，我的献身精神应体现在哪里？就我自己的看法来说，我应该帮助他们。鉴于许多老职工纷纷求救，我在1999年向当地政府大胆提出：不光要抢救“落水”的人，更要抢修“漏水”的“船”。因为把“船”修好了，人就全救了。

在当地政府的大力支持下，我被任命为化肥厂总经理兼党委书记。我对化肥厂实施了“一托、二破、三收”的办法，对职工进行下岗分流，为企业寻求了一条出路。但是化肥厂是国营企业，它的职工的观念与金箔厂的职工观念不一样。他们认为，不管他们有没有事做，工厂到月就要给他们发工资。因此，在接收化肥厂的过程中，由于职工不理解，我吃了不少苦头：我给职工写的公开信上，江宝全的大名都被他们抠掉了；我给职工开对话会，有几百人跟我对抗，说我不是来修“漏水”的“船”的，而是看上了化肥厂这块地皮，是“黄鼠狼给鸡拜年”。有些当年经我手招进厂的职工，也都在指着鼻子骂我。对此，我在接管大会上做了一段非常精彩的演讲。我在演讲中说：“我这次来化肥厂就是甘当替罪羊的，这个替罪羊只有我当最合适。因为前任的领导已经走了，现在我到这里来当总经理，要怪只能怪我。”当时的化肥厂，除了厕所没有抵押外，所有的房产和土地都是银行的，已经资不抵债了。因此，职工们的怨气肯定要找个地方发泄。我对职工们说，有什么气、有什么怨尽管向我发！我的这种态度就是创业者的献身精神。如果我们没有这样的承受力，没有这样的不屈不挠，没有这样的柔中带刚，没有这样的心理准备，又不能站在一个高的角度和姿态看问题，不能从思想上教育和引导职工，那么问题始终得不到解决。正是因为我有献身精神，做到了这些，所以如今，所有原化肥厂的职工都得到了相应的安置，工资都能按时发放，拖欠的医药费也得到了解决。职工的切身利益有了保障，从此他们再无后顾之忧，也不会再去和政府吵闹。

创业者要有献身精神，就不能光想着自己享福，不能光考虑自己的身体安危。对职工的过激行为，对商场上的恶战，对自己的身体状况，创业者都要随时做好心理准备，随时准备牺牲。

我现在身上有六七种病，随便拿出一个都应该住院，进行长期疗养。但我不会这样做，因为我认为自己的命运早已与这个时代融为一体了，时代责任、社会责任要求我必须为社会、为时代做出更多的贡献。虽然我自己摆脱了贫困，过上了富裕生活，但还有更多的人在期望着我，集团有那么多员工指望着以我为首的领导班子，带领他们走上共同富裕之路。

认真总结一下所有创业者成功的轨迹，哪个人的事业是贪图安逸得来的？哪个企业家不是经历了一番创造、奋斗、献身的过程？如果想要贪图安逸，坐享其成，猴在金箔大旗上，办企业怎么可能成功？所以我们必须把创业者奉献的精神、奉献的思维、奉献的意识、奉献的思想准备和奉献的实际行动，感染、传达给所有职工。

这才是忠于自己的事业。

【案例二】

一早要喝酒，李师傅为了啥

1995年冬天，我们开发了200多亩新园区。当时园区的各项设施不配套，特别是生活用水都还没有，需要从老厂区往新厂区拖水，而且每天还需要大量的生产用水。为解决用水问题，我们就想办法，在厂外的水塘边建造了一个抽水站，每天早晨抽水供应，夏天还好，水源足，但冬天塘里经常枯干，抽水较困难。

记得那年冬天，寒风刺骨，电工班的几位同志像往常一样上班前要提水往水泵里灌水，但灌了半个小时，却见不到水。他们都是外行，找不出灌不满水的原因。当时有人想到了厂锅炉房的李长春师傅，请他来找出原因。他来后用手敲了一下管子，他说一点水没灌进去，都漏掉了，因为下面的莲蓬头给草夹住了，合不严，必须下去把水草拔出来才行。天呀，这么冷的天谁敢下去呀？大家你望望我，我望望你，谁都不敢下去。这时李师傅说了声："你们去买瓶'二锅头'来"，大家望了望李师傅："怎么这一早你就要喝酒？""你们买来我把它喝掉，增加热量，我下去拔草。"我们买回一瓶二锅头，李师傅一口气把酒喝光后，就下水拔草，几分钟后，草拔出来了。这么冷的天，寒风刺骨，河里还结着冰，李师傅上来后手脚冻得发紫，讲话都不利索了，现场的人当时感动得热泪盈眶。经过几分钟再灌水后，一股清澈的河水终于流出。

每当我想起这件事时，真是由衷地敬佩李师傅。这个不出名的锅炉师傅，忠于自己的企业，在困难时挺身而出，爱岗敬业，令人佩服。

【案例三】

解剖欧式电机

挑战国际一流的产品技术，"站在世界高度，跟上时代步伐，采用高科技手段，打造一流极致产品"，金箔机电研究院的成员们以此为忠于自己岗位的宗旨，解剖世界顶级电机公司 ABM 的产品——PROFI-LINE 系列双速电机驱动系统，进行逆向测绘、解剖和仿制。该产品广泛用于起重、机床、矿山、冶金、纺织、建筑等行业。我们解剖的目标，是通过研究其电机的绕组和内外部结构，配合对应的减速箱体，研制出属于我们自己的 YDES 系列电机及整套的驱动系统。

我们的具体做法是，第一步，拆解产品，了解原理。在对产品的概念、性能、外形、结构、材料选择、公差、工艺和试验验证设计有了充分的了解之后，我们开始对样品进行拆解。绕组的精准确定需要进行大量计算和试验，并确保每个参数的准确性。因此，第二步，我们建立了数据收集档案。对每个零件的几何尺寸和公差，我们都进行了反复的分析和验证，借助专门的公差分析软件计算分析误差，利用二维和三维软件，进行虚拟装配，给予验证和反馈。第三步，我们建立了对应要求的数据库，研发人员时刻学习和掌握新的标准数据；建立了产品信息，包括三维数模、性能及实验要求、二维图纸、测量结果记录、产品变更记录数据库等。第四步，完善记录过程信息并形成系统化。具体来说，就是将过程信息，包括工艺文件、工装开发数模和图纸、过程跟踪、工程变更记录、过程节点审核管理等，进行循序渐进的完善。同时，对支持产品设计和制造过程的其他资料，耐心查找、整合、领悟并应用。

抓时间，赶进度，利用计算机、网络和数据库技术，将所有的产品信息及其相关原理运营过程集中存储和管理，形成整体的系统，然后反复审核、复改、再审核、整理。完成这些工作后，解剖仿制工作完美收官。

电机解剖小组成员忠于自己的岗位，保持饱满的工作状态，已制造出 3 款提升系统的样机，并且 2 款运行电机已初步成形。经过初步测试，我们的样机已完全具备 PROFI-LINE 样品结构紧凑、安全制动、快速响应、低磨损、低噪声等特性，空载性能误差微乎其微（受测试环境制约），负载测试达到设计要求和国家标准。

三“不吃”

A.【词句表述】

不吃老祖宗饭　不吃老领导饭　不吃老资本饭

B.【词义解释】

民间有俗语“好男不争家产”，指人要靠自己努力。创业者走的是创业道路，更应该“三不吃”。“三不吃”，指创业者不论在什么前提条件下，均应该自力更生，一切靠自己创业。外因通过内因起作用，依靠外援终有穷竭之日，独立自主才是活力之源，对于已有一定条件基础的创业者来说尤其如此。在创业的道路上，老祖宗、老领导、老资本皆是创业者的创业好条件。没有老祖宗的规矩传承，就没有创业者得以安身立命的事业，没有可供借鉴学习的榜样；没有老领导的慧眼识人，创业者就依旧是马厩里的千里马，难遇见伯乐；没有老资本的鼎力相助，也就没有创业者启动项目、开拓市场的资金和能源。这一切都是创业者应当感恩、不能忘却的。然而，创业者如果不能将外在条件转化为内在优势，不能借他山之石铸自己之基，反而消磨自立之心，惯于求人，成为附庸，创业不首先创自、立己，那么业何以成、何以长久？只有化被动为主动，自立自强，才是创业成功之道。

不吃老祖宗饭　不吃老祖宗饭就是不依靠前辈留下的资产和财富，不坐享其成、不丧失斗志、不坐吃山空，不玩物丧志，而应该自己有所创造。不吃老祖宗饭，就是坚定自己的志向，做奋发有为的创业者。而且，我们要真正继承和发扬的不是老祖宗留下的物质财富，而是他们那一辈留下的丰富宝贵的精神财富。唯有精神财富，才是创业者真正的支持和指引。

不吃老领导饭　不吃老领导饭就是不依靠往届领导打下的江山、留下的业绩和创造的财富，而应该自己开创新天地。不吃老领导饭，不可自鸣得意，不能故步自封，不沾沾自喜于在上一届领导的佑护之下生活。须知，大争之世，瞬息万变，如果我们选择了安逸，放弃了奋发，那么，很快将在残酷的市场竞争中陷入被动。如果我们不能引领潮流，与时俱进，那么，很快将被时代的大潮所吞没荡涤。所以，我们自己应当努力开创新的天地，开拓新的格局。

不吃老资本饭　不吃老资本饭就是不依靠自己以往的积累和资历生活，不躺在过去的功劳簿上，不满足于曾经的锦绣，不满足于往日的荣誉，而应该继续创造新业绩。每个创业者的道路皆如逆水行舟，不进则退。过去的功绩不应当成为骄傲的资本，而更应当成为前进的动力。企业也好，个人也好，都必须时时刻刻为了更好的明天而努力。如若不惕厉奋发、昂扬进取，那么往日的荣光随时可能在时代的变化和冲击下瞬间崩塌损毁。

C.【言论摘选】

◆ 2017 年度董事扩大会上的讲话

在一个时间段里，我们都有一个非常重要的关键词，用来指导企业前进和促进金箔集团健康发展。这个关键词就是我们的指南和行动纲领。

去年我提出的关键词是四句话：站在世界高度，跟上时代步伐，采用高科技手段，生产一流极致产品。这些话虽然是在机电公司会议上提出来的，但是同样适用于整个集团。

今年，我在金陵金箔公司董事会上提出的四句话是：夯实基础，建好基地，管好体系，提升业绩。一代人有一代人的使命、责任，新一代金箔人，必须做到“三不吃”：不吃老祖宗饭，不吃老领导饭，不吃老本饭。这也是我们整个金箔集团2018年新的关键词。

D.【案例一】

不 啃 老

原来的金箔企业只有金箔，没有其他的好产品。1985年起，我们开辟新天地，并涉足中国包装材料领域，自行研发设备，自己开发产品，以“人无我有、人有我优、人有我廉”为口号，以国际市场为标杆，以新品迭代迅速而闻名业内。从1992年起，食品包材成为金箔集团的经济台柱子之一。

老祖宗留给我们的江山不能丢，但是我们也不能一直赖在老祖宗身边吃饭“啃老”。一代人有一代人的追求和担当，也就是在老祖宗的基础上，要争取开拓、创造，更上一层楼。

金箔集团的食品、药品包材生产线，目前起用了智能机器人，企业的生产管理已通过国际顶级的菲莫认证，集团是中国包装行业的实力派名企。

【案例二】

微生物检测室

靠锤子和手工过活的传统本地企业，经过三十多年发展和烟草包装创新的成功，现在进入药品包装领域，一起步就是高科技，开始捧上与老资本不相关的新饭碗。

金箔包装进入药品包装领域，不但要立足，而且要有所创造、有所收获。新领域有新要求。我们瞄准医药包装行业内的领军企业，首先从微生物检测入手，听取、学习省级以上食品药品监督管理权威机构的指导意见，参照国际标准建成2 500平方米D级洁净车间，标准化的微生物检测室，一次性通过GMP认可。我们将该生物实验室建成行业领先的生产线和企业内的国家级实验室，使硬件设施迈进了超一流行列，赢得北京同仁堂、蒙牛集团等药企客户的赞许。

致力于建设行业领先水平的技术、设施及相关体系，使企业具有符合现代竞争要求的生产能力。不吃老资本饭。

【案例三】

民主分房大伙笑

自力更生建新房，民主分房大伙笑。

1991年，金箔厂建厂30年来的第一幢职工宿舍楼竣工，它是由职工垫资建成的。大家心里乐滋滋的，但又有不少顾虑，因为大家所垫的钱，额度差不多，可需要入住的职工有百余人，但宿舍只有35个小套、5个大套，谁能住上大套？有人私下议论："那不是明摆着的吗？5个大套，有7名厂领导要，谁敢和他们争？"也有人说："哼，如果分得不公，我就到上面去告！""这下可有'戏'看了。"……

厂办公会上，我说："有人讲，没有三四个月，房子分不下去，我说只要4个小时就够了。"我语出惊人，大伙大眼瞪小眼地望着我。我不急不慢地拿出了事先制订的分房方案：所有申请住房的职工，全家推选一个代表，周日投票，各家代表依次上台讲，时长3分钟，最终得票者多的职工安排入住。职工凡申请要大套的，要向大家介绍自己对厂里的贡献、人口多少、工龄长短等，由群众投票，当场拍板决定。这些方案使有些人无路说情、无门送礼、无处吵闹。

星期天上午，一些有分房资格的职工和他们的家庭代表，来参加分房会议。9点30分，由大家选举产生的会议执行主席宣布开会。申请住房的同志，相继登台作了不超过3分钟的发言。从普通工人到厂党总支书记，人人都接受台下群众的考评。台上一张嘴，台下众人心。谁的贡献大，谁的困难多，大伙的心里早有谱。他们很快从140名竞争者中评定了40名最适合分房的同志。会议只开了3个半小时。

散会时，我高声说道："谁对分房有意见，我在办公室'恭候'。"整整一个下午，没有一个人登门。

住上大套房的厂劳动服务公司职工戴双顶夫妇笑着说："大家看我家是三代同堂的五口之家，都投了我的票，还是民主评议好啊！"没有分到大套房的另一名副厂长坦然地说："谁想住大房、好房，不看'后门'看贡献，这利于调动全厂职工的积极性，我心服口服。"

这就叫不吃老领导饭，创造条件为职工提供安居乐业的条件。

三个“乐”

A.【词句表述】

苦中作乐　以苦为乐　自寻快乐

B.【词义解释】

每一条创业的道路都是未知的，在创业的过程中，创业者会遇到各种艰难险阻。面对困难，积极地去闯去创，创业者不仅仅要有敢于与艰难抗争的精神，也要有自得其乐的幽默与豁达。如此，创业者方才能够苦中作乐、以苦为乐、自寻快乐。苦乐相倚是人生的辩证法，今日之苦，短视之人，仅仅当作苦；眼光长远者，会以发展的眼光看，将其看作量的积累。唯有忍受、克服这些渐进的不显著的量，才能达到质变。

苦中作乐　苦中作乐指在现实困苦中寻找快乐，让自己不觉得痛苦。对于创业而言，艰苦是常态，吃苦是常态，受苦也是常态，在这样的常态之中，保持乐观主义的精神，苦中作乐，则是创业者振奋自己，也振奋志向相同者的良方。

以苦为乐　苦是客观存在的，创业者要把艰难困苦当作创业道路上故事的必要情节。你畏缩不前，艰苦困苦在那儿；你迎难而上，它还在那。作为创业者，既然选择和创业硬碰到底，与其唉声叹气、浪费时间、消磨激情，不如积极解决、积累经验、总结反思，提高自己的承受能力、认知境界，提升团队解决困难的技能。将苦当作乐来对待，以积极的心态面对它，将创业的艰苦看作命运对自己的考验，并且勇敢地应对它，承受它，将有力地提高创业者的心力。

自寻快乐　自寻快乐指用自己喜欢的方式，寻找适合自己又不伤害他人的快乐，创业者更应主动积极地寻找快乐。自寻快乐需要智慧和必要的能力，在创业过程中，创业者应积极培养自己的兴趣，调动必要的知识内存，常常调和成快乐大餐，和大家一起分享，为创业增添活力，为团队的每个人带来生活的新气息。

C.【言论摘选】

◆ 条件的优劣和优劣的条件

“条件的优劣”即承认客观性，用我的话来解释就是现有条件的好坏、多少、高低的问题；“优劣的条件”即发挥主观能动性，改造客观环境，也就是通过自己的努力创造出来的优越条件和不努力而使自己条件恶劣的问题。

没有一成不变的东西，运动是万物固有的属性。同样，市场是多变的，企业也是多变的。金箔集团原本只是个建在坟堆上濒临倒闭的小手工作坊，以前，没人看得起，没人要来工作，在江宁县，谁要是被分配过来，准会被别人认为是犯了错误贬来的。而现在谁能分配到金箔厂还得了，就是团长级的能来都高兴。的确，今天到金箔厂当副老总，就意味着高收入，当个分公司领导就意味着拿钱。当年职工的宿舍是用五厘米厚的三合板隔起来的，20 多平方米的地盘，大人小孩挤在一起。可今天是什么条件？很多人的住房面积达 100 多平方米，家里装潢比较现代。由此你们要知道：条件的优劣是相对而言的，条件的优劣是可变的，条件的优劣是人为造成的，条件的优劣是掌握在自己手中的。

我想，即使你今天选择了好的条件，明天这好条件不一定还是好的。一切的条件都是靠自己改变、自己创造的。不要用打工者的心态去衡量条件的优越与否。只要自己用心，用智慧去做了，就会成为一个能为集团创造财富的外交专家、业务专家、管理专家等。当你一旦成为这样的专家的时候，你自然会拥有优越的条件。当你一旦拥有创造优越条件的能力的时候，你还会在乎条件的优劣吗？想当年，我如果不到条件差的地方去创业，不到当时最贫困的金箔厂来创业，我在金箔集团怎会有今天？

可以自豪地说，我一切的条件都是靠自己改变、靠自己创造的。初到金箔厂创业的那几年，我有很多与恶劣条件抗争的故事。比如：当年“爬上拖拉机，脸上笑嘻嘻”；到福州出差，舍不得买卧铺，座位票又买不到，便在硬座下面垫几张报纸，蜷在别人的座位下达 38 个小时；与原工业局张局长到北京出差，因囊中羞涩，只得给顶头上司点了半只烤鸭，自己不忍下筷，还谎称“今天胃不好”……

所以，创业者要做好思想准备，条件艰苦没什么可怕的，只要我们用自己的双手和智慧去改变它，这样才是真正的英雄、真正的人才。现在的日子不叫艰苦，大家不要计较现在条件的优势，一切靠自己去创造，“条件的优劣和优劣的条件”这个哲学关系就会明了。

D.【案例一】

一盆蟹黄蛋

只要不出差，我一般喜欢每天晚上八九点钟在厂里兜兜转转。那天，烟材车间内机器在运转，油墨、试制品摆满一地，新品“红塔山”烟标就要试制成功，工人们高兴得忘记了下班和吃晚饭。见我走来，一个工人抬起头对我说：“江总，我们还没吃晚饭呢，哈哈……”“哦哦，你们辛苦啦！今天太迟了，下班吧，明晚我请你们吃晚饭。”

第二天，晚上八点多钟，我让人将厂门外“歪头饭店”准备好的八九人的晚饭送到了车间。三个不锈钢盆子，装着一盆饭、一盆菜、一盆汤。菜是蟹黄蛋，汤是榨菜肉丝汤。

这时，我也来到车间，工人们围上来吃饭，不一会儿就吃光了盆子里的饭菜。听见工人们说：“菜不多，真好吃！”我心里有些不是滋味。这时有人说：“明晚，我们自己‘抬石头’，那个蟹黄蛋怎么那么好吃！我还想再吃。”

那些年，厂里如果没有发生重要事情，尽管我有招待权，也不能随意请工人吃饭的，那时我家里还有两个小孩在上学，金箔厂早期的工资收入又极低，自己平时日常开销就比较多，手头紧巴巴的，当时并没有答应他。

第三天，我去帮大家抬石头，大家纷纷说，昨天蟹黄蛋真好吃，今天还要点一份儿。但是“歪头饭店”平时只有面条和炒饭，说不会炒这个蟹黄蛋，歪头说：“昨天的蟹黄蛋是你们江总现场炒的，买七八个鸡蛋，将蛋清、蛋黄分开打匀，然后分开炒，放糖、醋、姜末、调料入味，我们还没看清楚，就闻到味道好香。转身的工夫，他就炒好了。”

“江总，今天，再来一盆？”烟材负责人张菘对我说。

“好的，今天我再来炒，但是你们要学着炒。”

张菘：“如果学会了，我明天炒，让大家吃个够。”

大家七言八语：“这个菜有营养、入口喷香，关键是像吃了螃蟹一样，哈哈……”大家笑作一团。

蟹黄蛋吃了第五天，更可喜的是烟标车间红塔山烟标新品试制成功出货。

【案例二】

鳄　鱼　爬

牟其中曾是金箔人心中的创业偶像之一。他依靠每日的爬行训练来磨炼自己的意志和锻炼身体。牟其中的身体十分硬朗，这得益于他 17 年来坚持不懈的锻炼。最近几年，国内有很多人纷纷效仿学习这种比游泳还要有效的爬行训练——鳄鱼爬，目前，国内已经有超过 20 万人成为鳄鱼爬的直接受益者。2014 年 8 月 16 日，南京金箔控股集团创业导师弟子班也开始了这种爬行训练，从而使得此项训练更具磨炼意志的内涵……

【案例三】

常常默念四个字

2013 年，跟着我创业的几位大股东，不再担任集团领导职务，退出生产一线。自此，金箔集团全面推行“东家”与“管家”分离的全新运作模式，实现金箔事业发展史上具有里程碑意义的重大战略结构布局。

我回到书房，拿起毛笔又写了一次“希望之路”四个字，端详眼前的墨迹，不知怎的，热泪盈眶。

这四个字，几十年来，一直伴随着我，在我心里不知默念过多少次。现在年龄大了，越发觉得这几个字给了我无穷的力量。作为一名创业者，我在任何时候，都能听见梦想召唤，心中有无限快乐，不管创业过程多么艰难。想当年，为振兴传承金箔事业，我选择了创业。创业之初，压力大，工作难度也大，但是我劲头足，有奔头，一个人在办公室写“希望之路”时，我仿佛看到了今天。从那时起，我坚定了要带领金箔人在传承金箔事业的大道上高歌猛进的决心。

中国梦，金箔梦，我们这一代人，把一生都献给了金箔事业。又一代金箔人正在健康成长，他们就要接过战旗，独当一面了。我相信他们认准了“希望之路”，热爱人生，追寻梦想，在传承金箔事业的道路上，砥砺前行，艰苦跋涉。我希望他们在路上，多想一想这四个字，多写写这四个字，让苦累的身体减压放松，让奋斗之心充满快乐。

三个“位”

A.【词句表述】

社会地位　政治地位　经济地位

B.【词义解释】

天道酬勤是不变的真理。有时付出不会马上见效，但是在时间的长河中，前期的努力浇灌，一定会在未来不知名的某个时间点繁花盛开。创业者经过风雨的洗礼，走过漫长的艰苦历程，长期奋斗，终于一步步地实现了创业的成功，而且春色满园、争奇斗艳。所以，我们的创业者理应获得最为甘甜的报偿。社会地位、政治地位、经济地位，这三个“位”便是他们成功所获得的回报。这些回报与他们的贡献既是成正比的，也是名至实归的。三个“位”是社会对创业成功者的肯定和认可，这正是有为才有位、有付出才有位、有贡献才有位。

社会地位　社会地位指社会成员在社会系统中所处的位置。它一般由社会规范公知的法律、习俗文化体系所限定，是社会威望和荣誉高低的程度表示。成功的创业者所获得的社会地位，一定高于他们出发时的地位，这赋予他们的创造所赢得的荣誉和地位。

政治地位 政治地位指上层建筑领域中，各种权利主体维护自身利益的特定行为，以及由此结成的特定关系。如有些企业家还担任全国人大代表、政协委员等职务。一定的政治地位是国家、社会对成功的企业家的尊重和认可，也赋予他们更大的使命和担当。

经济地位 经济地位指一个群体或一个人，在整体市场环境中所具有的重要性程度，以及被公认的位置，如某企业家入选福布斯排行榜前 100 名。经济地位是创业者成功的标志。这个量化的经济标准，浓缩的是他们的价值和重量。

C.【言论摘选】

◆ 鸡蛋理论

我的鸡蛋理论主要谈论的是创业者自己在企业中的分配问题。

关于经营者报酬机制，在旧的已经过时、新的还没出台的情况下，企业界缺乏明确的激励机制和约束机制，造成了“58 岁现象”“穷庙富方丈”等不正常现象。

对此，我的比喻是：主人（指国家）给鸡倌（指企业家）一个鸡蛋，要鸡倌孵鸡、养鸡生蛋。鸡倌起早贪黑，把鸡蛋孵成小鸡，鸡长大又生蛋。这样蛋变鸡、鸡生蛋、蛋再变鸡、鸡再生蛋，鸡和蛋越来越多。鸡倌辛辛苦苦几十年，可主人老是不明说，“盖着葫芦摇”，不告诉鸡倌该吃几个鸡蛋。在忍无可忍的情况下，鸡倌偷吃了几个鸡蛋，又不巧被主人发现了。这还得了！鸡倌竟偷吃主人家的鸡蛋！于是主人报了官，鸡倌二话说不出来，因为他确实“偷吃了鸡蛋”。“鸡倌”本不想做没经批准而偷吃“鸡蛋”的人，也不想做企业垮台的替罪羊，想做“阳光下吃鸡蛋的人”，想讨一个明确的“说法”。可现状就没有明确的“吃鸡蛋法”，全凭“鸡倌”自己“看着办”。无事时“鸡倌”安然无恙，有事时就说你“偷吃了鸡蛋”。这一“鸡蛋理论”，在企业界产生共鸣，引起极大反响，被经济学家及整个理论界广泛引用。我想，后来“工资协商制”“年薪制”相继出台，是否是得益于“鸡蛋理论”的启发呢？

◆ 创业者需要社会的“理解万岁”

创业者是一个特殊的职业，他们从事的事业具有特殊性。

创业者的“特殊性”，“特”在什么地方？

社会上许多人并不十分关注这个问题。其实，创业者“特”就“特”在玩的都是钱。他们“玩钱”与军人“玩炮弹”一样危险特大，但与银行家“玩钱”还不一样。银行家是用别人的钱，是在“政府控制下”“玩钱”，而创业者是在推向市场、政策不管的前提下，没有钱要变出钱。

演员在电影里、电视里、舞台上接吻，人们“理解万岁”；当兵的人在战场上、在演习过程中子弹走火、战争失利，人们“理解万岁”；科学家在实验中浪费这个、损坏那个，人们“理解万岁”。为什么？因为社会承认他们的“特殊性”，人们将他们的行为严格区别开来看。而创业者在“玩钱”的过程中，也犹如演员在演接吻戏，犹如军人在发子弹，犹如科学家在搞实验，难免走火，难免失误，为什么人们对他们就不能给点“理解万岁”？我呼吁，创业者也需要“理解万岁”。

在一个社会大家庭中，大家都是演员。作为一个演员，演什么都要投入，只有进入“角色”才能干好。市场经济比较复杂的情况下，创业者想把钱“玩”好，就必须全身心地投入进去。在“玩钱”的时候，难免有失误的地方。在特定情况下，有的时候有些行为也就难界定了。例如：无论公有企业，还是私有企业，搞市场经济都需要一些经费“打点”市场，私人拿钱打点理直气壮、没有顾虑，公有企业拿钱出来“打点”，一旦查出来，不是算“行贿”，就是算“受贿”。累算起来，后果能不大吗？我再次呼吁，创业者需要社会的“理解万岁”，当然，创业者更要明确自己的社会责任及定位。

D.【案例一】

一句大实话

“有为才有位！”这是一句大实话。

我常说：“挣钱人向前抬抬，花钱人向后排排。”每次，金箔集团开大会、举办大型活动时，每年度贡献多、承担责任大的人，总会被安排坐在最前面、最体面的席位上。

除了获得经济上的奖励，经营能力强的人在金箔集团也最有地位。大家真心地佩服他，有时还会对他忍气吞声。

能人左国书，因日常对职工管理严格而得罪了人。有一次，在评选全集团十佳人物时，他竟然落选了。这让他的心里很不是滋味。我为此专门写了一封承责书，贴在他的办公室门口，称此次落选责任不怪他，而怪集团的操作模式。

我们的原则是给有能力的、做出贡献的人以最大的尊重，尽可能地在企业内外给予其相应的政治地位。他们的地位不仅仅来自于荣誉，更多的还是来自于集体的尊重。所以，长期以来，为荣誉而战使金箔集团人才辈出，干部们有为有位。

【案例二】

荣毅仁来到金箔车间

这是金箔集团的又一个光辉时刻！

1993 年 5 月 23 日，时任国家副主席的荣毅仁同志来到金箔集团视察。

在切金箔车间，荣毅仁同志对神奇的金箔赞叹不已。他拿过切箔工具，学习切箔，询问艺人的收入情况、家住哪里，还鼓励他们好好工作，传承好金箔这一民间艺术瑰宝。大家倍感亲切。视察结束时，荣毅仁同志欣然题词：“金陵金箔，中华一绝”。

荣毅仁同志视察金箔集团，给我们金箔人带来莫大的鞭策和激励，也大大提升了企业的政治地位和社会影响力。

【案例三】

鲜花簇拥的感悟

我经历过多次高血压病的袭击。2006年那一次，高血压急性发作，让我一下子昏迷倒下了。那是我第一次被送进医院，经过两小时的抢救才苏醒过来。那次，我住院抢救的消息不胫而走。仅仅一天的时间，我的病房里就摆满了花篮、水果和营养品。此后的几天里，前来探望的人络绎不绝。在病房内，被鲜花簇拥，我感到自己受人尊敬、爱戴、恭维。

我想，假如自己仍然是最初的那个一事无成的小青年，又或者是个穷困潦倒的老头，那么生个病会有这么多人探望，会有这么多鲜花簇拥吗？我感到很荣耀、很欣慰，这也是对我创业成功的肯定。再往深处想，我咀嚼总结出了社会地位、政治地位、经济地位这三个“位”。

2006年，我出院不久，迎来了60岁生日。厂里的干部们为我举办了隆重的“生日宴”，这是我一生中最显赫的“私家”活动之一！那个热闹场面结束之后，我冷静下来想了很多，一是没想到我这一生虽然坎坎坷坷，但最终的处境却是优越而尊显的。我比一般人幸运的地方就在于，我没有虚度年华，干出了不错的业绩，社会也给了我足够的回报。到了这个境地，用古话说，夫复何求？我的生命下一程怎么走，已经没有什么可犹豫的了。我这个家族男人寿命都不太长，我的家人中活过60岁的只剩下我了。我既要延长生命的长度，更要体现生命更高的价值，必须抓住活着的每一天，在业绩薄上继续谱写新的篇章。

尽管后来又先后患了两次癌症，侥幸死里逃生，我心里想的依然是，只要能动，我都会继续工作，活着就是要工作。

第四章

创 业 运 营

三个“开” 

A.【词句表述】

开明　开放　开恩

B.【词义解释】

创业者的价值观是整个创业的核心。为什么而创业？为谁而创业？创业的初心是什么？创业的归宿在哪里？这些都是十分重要的问题，对这些问题的回答从根本上决定了创业者的命运。三个“开”提出了创业者带领团队时的管理境界。正所谓：“海纳百川，有容乃大。”真正伟大的创业者，应该是一个光明磊落的人，是一个有抱负、有胸襟、有智慧、有担当的人，是一个以开放的心灵与姿态从事创业、拥抱未来的人。创业者好比一家之主，员工的穿衣、吃饭、住房、前途、命运都跟他紧紧相连。有能力给员工的，绝不能不给；没有能力给予的，没钱要有言，有心有言，让全体员工知道企业的状况。创业者经营一个企业，做到三个“开”，员工们就会愿意拼搏，甚至“士为知己者死”。

开明　开明指创业者思想开明识时务，不守旧，有豁达开朗的胸怀、眼光和思想。创业者思想开阔，将为创业带来战略上的宏大视野。而不同创业者之间的差距，常常从一开始就因为这个战略视野而产生的。执拗于“祖宗之法不可违”的创业者绝无可能成功。所谓创业，便是在莽苍的市场中劈出一条新路来，因循守旧之徒与此绝缘。只有思想开明、勇于接受新事物者，才能在市场大潮中乘风破浪。

开放　“三人行，必有我师焉”“他山之石，可以攻玉”讲的都是开放的内涵。开放，即打破一般认知的限制，解除封锁、束缚、禁令、框架等，开放式地接受新的外来的事物。世界是充满变化的，能够在激烈的竞争中存活下来的人，一定是很有思想的人。因此，创业者以何种态度去拥抱新思想、接受新潮流、储备新知识，就成为决定创业成败的重要因素。人与人的竞争、企业与企业的竞争，表面上看是实体的竞争，但其本质却是思想的竞争。不断解放思想，以一个更加开放的姿态和心胸，去学习新事物，这是创业者必须要有的重要素质。

开恩　开恩指当创业团队成员遇到困难或需要帮助时，创业者必须努力予以相应的帮助、宽恕、理解和恩惠。“人非圣贤，孰能无过”，在创业的历程之中，不怕犯错误，就怕犯了错误还将错误扩大化。锦上添花，不可“烂漫”。锦上添花不如雪中送炭。衡量一个创业者的格局是否宏大，不在于其在顺境时能否有福同享，而在于其能否在团队成员处于逆境时慷慨扶持。一个理性的创业者，尤其应在紧要的关头成为创业团队的砥柱，在身边人遭遇困难和遭受挫折的时候挺身而出，给予他们关怀、慰藉、支持、鼓励，努力带领大家一起渡过难关。

C.【言论摘选】

◆ **力争弹好“五管齐下”的五支曲子：思想工作、行政手段、组织措施、经济杠杆、法律武器**

一个企业领导，建立队伍，开展工作，必须首先做好人的工作。而我们一些领导不会做人的工作：有的人做工作简单化、粗暴化；有的人认为金钱万能，只要多发奖金就行；有的人认为只要能开除辞退就行。其实，做人的工作，并没有一个万试万灵的方法。结合我的实践，我认为要统帅好、带领好队伍，必须五管齐下，五种手段交织使用才行。

思想工作——时刻掌握了解员工的思想动态、心理状况，使员工集中所有精力为企业的有效运转服务。凡事以思想工作为先，可帮助员工疏导情绪，理顺关系。我一贯提倡运用市场经济中推销产品的方法来做这项工作，并且要“上门推销、热情周到”，坚持关怀体贴、以情感人、循序渐进、抓好中间、树立榜样、生动活泼、寓教于乐。

行政手段——对自己的员工做思想工作之后，对其所犯的过失和存在的毛病缺点，进行必要的批评指正，比如：公开批评、通报批评、发通报、行政记过等。

组织措施——通过工作变动、撤职查办、辞退开除等组织措施，达到惩罚教育人的目的。这样做有很大的“治病救人”的威慑作用，而且实际上这也是一种不断把人盘活、盘好、盘到最适当位置的过程。

经济杠杆——通过经济惩罚的刺激促使人员提高素质。杠杆原理说的是在力的作用点下，如何不断调节平衡的问题，经济杠杆利用这种原理，以经济作为“力”的作用点。

法律武器——依靠法律形式来保护自己，从而达到一定的管理目的，比如对一些有严重错误又无认识悔改意识的人员，在必要时使用法律武器。

弹钢琴讲究和、辅、配、补音。为了弹好一支曲子，钢琴师的十个手指在大脑指挥和旋律的要求下，交织运作，配合默契和谐。对企业员工弹奏这五支“曲子”，是为了使所有人员能不断为企业发展统一行动，做出自己最大的努力、付出最高的热情，使大家的心一齐为企业跳动。而如何科学有机地交织弹好五管齐下的五支曲子，很需要下功夫研究。

D.【案例一】

一条特殊的规定

市场经济发展早期，市场机会多，我为了增加员工收入，曾制定并颁布了一个特殊规定，允许职工搞第二职业。这个规定一出，不要说在广大员工中一石激起千层浪，就是在我们管理层也引起了不小的担忧，甚至有人警告："这样下去，人心会散！"别小看这个规定，它需要企业家有改革的勇气，更需要我们有创业者的开放和包容的心态。

规定内容如下：

由于市场物价指数增长过快，身在企业单位的职工收入，已经无法维持职工的正常生活，因此员工想辞职不干又不得不考虑长远利益，诸如退休劳保、合同饭碗、公家单位等，而继续干又入不敷出。

虽然我们厂部每年都给职工收入放宽不少，但是仅凭厂里这点力量，想要解决这个矛盾，能力毕竟有限。我们有些职工在完成厂里的工作任务以后，时间、精力、体力还绰绰有余，如果在不影响本职工作的前提下，开展一些第二职业活动，不仅能够解决市场所缺和有些单位的急需，而且能够弥补职工收入的不足，甚至能使职工尽快富裕起来。因此，我们厂从今以后不仅不反对职工搞第二职业，而且还特别给予他们道义上的支持。但是，开展第二职业必须要有一些必要的前提：第一，各单位一把手，坚决不准搞；第二，不能从事与本厂产品技术同类的工作；第三，不能影响本职工作。

这个决定，我们通过厂职代会发布，以示郑重。

不过，随着市场经济竞争激烈，特别是在新经济时代，竞争已无处不在，需要员工们全身心地投入到事业中。因此，在宣布职工可搞第二职业的同时，我们还推出员工随时自由进出的规定。

事实证明，一旦创业，任何时候都要做开明的领导，只有这样，才能有利于企业发展，真正得到最大力量的支持。

【案例二】

用人"三不强调"

在金箔集团的企业文化中，有一点是充分尊重个人的选择。比如：你想干什么，就尽量让你干什么；你干什么高兴，就努力让你高兴。

我们企业使用人才，有"三不强调"：一不强调"领导叫干啥就干啥"；二不强调"一切服从组织分配"；三不强调"理解的事执行，不理解的也要执行"。这似乎有悖常理，却近乎人情。管理之道，不在硬杠杠，而在于软道道，软在开放，软在感情。

集团用人开放，没有约束，“举贤不避亲”，使人才不受限制，有本事的管别人，没本事的受人管。用人上的开放性思维和具体言论做法，使金箔集团这么多年一直保持出好产品、出好效益、出好人才。

【案例三】

何悦患病之后

2009年7月底，会计何悦突然得了一场大病，几经辗转，最后就治于南京市鼓楼医院。主任医师说，三十多年来鼓楼医院只收治过二十几个得了这种病的患者，而且几乎没有患者能存活下来，即便治好了也会留下或多或少的后遗症。

在与疾病做斗争的日日夜夜中，何悦经历了九死一生。在她住院期间，金箔集团的领导、同事、朋友们经常到医院看望，安慰她，让她安心治病、养病，给她带去金箔集团大家庭的温暖。领导和同事们的关怀在鼓舞着她，让她增强了与疾病做斗争的信心！她是不幸的，但又是幸运的，通过医生的精心治疗，她从死亡线上走了回来，奇迹般地活了下来，而且更幸运的是，她几乎没留下任何后遗症。从她生病到出院后回家养病，将近一年半的时间里，金箔集团始终没有抛弃她。她在基本康复后，于2010年12月底，又愉快地回到了工作岗位上，回到了金箔集团的怀抱。

现在的她始终抱着一颗感恩的心，加倍努力工作。我们就是一直这样采取人性化的管理，向员工开恩。用感情留人，留住的是人心。

三个“放”

A.【词句表述】

放手　放心　放权

B.【词义解释】

创业者的创业不仅仅是个人的创业，也是整个创业团队的创业。因此，如何处理好创业者个人和创业团队的关系，就成了非常重要的问题。二者之间的良好关系应是协作，协作意味着互利，意味着共赢。而创业者在一定条件下对团队放手、放心、放权，将有益于协作关系的形成与稳固，从而使企业获得更好的发展。在有相应监控的前提下，三个“放”让创业团队能够更好、更快地推动企业发展。三个“放”是创业者与团队之间对集权与分权的认识要求，可以说，只要有益于创业，创业者就应该毫不怀疑地对团队放手、放心、放权。现代企业管理学在三个“放”上是有总结的，三个“放”已经成为企业管理者的一个共识。但是，三个“放”的具体做法需要深入探究，创业者应当结合本企业、本单位的资源和人员实际，恰当运用三个“放”。

放手　放手指将一些原本由自己做的事交给他人去办。对于创业者而言，放手的前提是充分的信任与了解，没有充分的了解，就不可能把重要的事交给他人去办。在这里，“充分的了解”要求创业者不仅要对所选择的人充分了解，更要对事物的内在有充分的把握。

放心　放心指将工作和权力资源交给他人时给予信任，心绪安定，没有忧虑和牵挂。对于创业者而言，放心的前提是充足的信心。这个信心不仅是对他人的信心，也是对自己择人的信心。所谓“疑人不用，用人不疑”，就是这个道理。

放权　放权指将自己掌握的权力和资源交给他人，这样做同时也是将责任分给他人。对于创业者而言，放权的前提是充分地支持协作。这建立在对创业本身有了更加透彻的认识的前提下，因而能站在更高的立场和更宽的视角来做事情。创业者并非三头六臂，不可能事事亲力亲为，眉毛胡子一把抓反而坏事。因此，创业者应大胆放权，适当放权，抓大放小，如此便可“垂拱而天下治”。

C.【言论摘选】

◆ 创业者的重要职责是能管理、会管理

创业者的主要职责一是能干，二是会管。

“干”和“管”并列，但“管”却是最重要的。有的人把管理看作是可有可无的，一提到管理就头痛，就厌烦，就推三阻四；有的人把管理看作会计的事、一把手的事、别人的事，不知道管理是每个创业者的事、每级的事、每个岗位的事；有的人把管理看作一劳永逸的事，嘴上讲讲、墙上贴贴、会上喊喊，不检查、不落实、不监督，使管理流于形式；有的人把管理看作简单的事，不肯钻研、不肯下功夫、不肯坚持到底；还有的人虽然愿意抓管理，但却不知道管理是什么东西，不知道如何去抓管理。

◆ 放手放权放心，但不能“放肆”

现在我们总厂对分厂是“放手、放权、放心”。大家都要自觉严格地遵守法令法规，对企业负责，

对总厂负责，不能“放肆”！如果为了集体利益或工作需要，需做些“放肆”之事，那么必须经大家商量决定。

◆ 要彰显形散神聚的管理特色

金箔集团是由几大行业公司组成的联合舰队，“形散而神不散”是我们的管理特色。对此，我们的口号是：“各吹各的号，都是一个调。不是一个调，请你往边靠！”管理力求形散而神聚。

◆ 管理的基本经验是“三好”

金箔集团十多年改革之路走得好、走得早，十多年改革心血没有白费，基本经验是“管理体制好、经济政策好、领导方法好”的“三好”。

◆ 发挥财务和审计的管理监督作用

我们的会计派出制是依照国家法律、法规和政策，由集团领导授权财审队伍对企业进行管理监督的有效制度。财审队伍由财务部统一组织、统一检查、统一任免。

被派出的会计人员，其工资奖金由总部发给，直接对总部负责并接受所派任单位的行政领导和劳动纪律的约束。他们的主要工作是正确核算所派任单位的经营成果，如实提供财务情报，发挥管理、监督两大职能作用。“条条审计制”主要是按照财务管理内容和集团实际情况实行专项审计，是将原来的一个分厂一“块”改为一个财务项目一“条”的审计方法。每“条”上设一个专职审计员，也就是把利润、材料、资金、成本、房产、设备分开审计，“条条审计”同样直接对总部负责。

财审“条”与“块”的管理，促进了企业健康发展。

◆ 在深化改革中实行差别化管理办法

随着企业不断发展以及市场竞争的日益激烈，产品之间、领导水平之间存在的差距导致发展极不平衡，原来对所有分厂“一刀切”“一视同仁”的管理办法已不能适应企业形势的需要。少数创业者错误理解“放手放权”为“放任自由”而随心随欲；将“放手”变成“放松”，管理不力，致使企业管理混乱，效益滑坡，资产不断流失。

为此，根据企业实际和规模情况，总部决定对集团大、中、小企业实行差别化管理办法，按企业类型和规模差别赋予相应的自主权。对内部中小企业，一律加强宏观调控手段，缩小一定权力；对亏损严重、效益滑坡、前途无望、多年无长进的企业，采取严肃整顿措施，决不心慈手软。

D.【案例一】

老宋研制打箔机

老宋是一名老中央大学机械系毕业的大学生，1986 年我找到他，告诉他我充分信任他，请他放手干，并许诺妥善安置他的妻儿，希望他为研制打箔机效力。

我这样做，惹来了众多非议。尤其是老宋主攻打箔机的技术难关，在 3 个月下来没有多大进展的情况下，干群中非议丛生。最后连老宋自己都受不了，认为辜负了厂里的信任，打算辞职。我力排众议，鼓励他继续下去，我说，搞发明创造的哪有不失败的，有多少发明会一次成功呢？放手而不是放任，在我的大力支持和引导下，老宋继续研究下去，终于攻克了难关。

由于我敢于放手、科学放手，老宋大力攻克技术难关，新型的打箔机终于诞生了，并成为金箔行业的一项专利。

【案例二】

梳辫子方法

2013 年之后，金箔企业的实际经营权力，被委托到所属各集团公司的“三驾马车”手里。为了做好传帮带，我时常传授他们管理中的小方法。

2016 年 8 月，在吉林长春“金箔控股前途与命运”研讨会上，我总结了抓工作的“梳辫子”方法：企业管理要像梳头发一样，如果不梳理，就会感到杂乱无章，就会眉毛胡子一把抓，理不清问题，分不清轻重，找不到方向。企业领导人要学会给自己企业日常繁杂的工作“梳辫子”，对各项工作进行梳理，做到通顺、通畅，有模有样，才能有效地带领企业再出发。

【案例三】

承制文莱苏丹黄金礼车

文创是近年来的高频词和时髦语。用金陵金箔做文创，用金箔艺术展现传递优秀文化，让金箔走向更广阔的国际市场，在这些方面，金陵金箔有众多大胆成功的尝试。为此，集团在市场开发方面的一系列放权措施给金陵金箔带来了机会。

2017 年，为文莱苏丹五十周年庆典贴饰黄金礼车，是金陵金箔承接的一项重要的国家级的艺术品工程。在整个承制过程中，金陵金箔克服了文化差异，满足了政治外交要求，还在工艺上取得突破，最后呈现的产品在国内外都引起极大反响。此项工程被文化部办公厅列为“一带一路”文化贸易与投资重点项目。

长期以来，我们鼓励金箔人面向红海寻找蓝海，对销售人员放权，让他们大胆开发市场，开疆拓土。金陵金箔的行动得到广泛关注，力作众多，持续获得广大消费者高度的赞誉。由此带来的巨大的信心积累和我们看到的无限量的市场潜力，让我们坚信，市场开发放权还将带来更多的机会。

三个“顺”

A.【词句表述】

心顺　气顺　人顺

B.【词义解释】

“顺”字好写，但是，“顺”字难做。因为顺是一个很大的格局。“顺”字从“川”，川就是大河。所谓“顺”，就是如大河一般浩浩荡荡，江河中有蛟龙，也有鱼虾，有清水，也有浊沙。一个公司也是如此。能做到“顺”的公司，一定是如同江河一般，河中有尖利的石头，也有柔软的水草，无论是什么，都能包容，并且有一个归海的方向。“海”就是公司的战略目标，就算是百转千回，“江河”依然顺流而下，奔腾入“海”。对企业而言，这是一种难能可贵的健康状态，这种状态，常常分为人顺、心顺、气顺三个方面。

心顺　心顺指企业内员工上下一心，舒畅快乐。孙子兵法有言：“上下同欲者胜”，意思是说，只要万众一心，必将取得胜利。创业的成功，企业的兴旺，都不是单独倚靠某一个人就能实现的，它需要全体员工共同的努力。因此，拥有一个心顺无隔阂、心顺有关爱的环境，是难能可贵却又必不可少的。

气顺　气顺指企业内部员工同心同德，朝着一个共同的目标努力。“气可鼓，不可泄”，这是古往今来都在传扬的一句话。道理很简单，如果大家在一起，气不顺，你不服气我，我不服气你，把奋发图强的志气都用在了内耗的上面，那么创业将很难会成功，企业也很难获得前进。因此，气顺对于企业而言，就显得格外有意义。

人顺 人顺就是大家心往一处想，劲儿往一处使，形成众志成城的氛围。就是指企业内“君义，臣行，父慈，子孝，兄爱，弟敬”的工作关系和顺畅的人文环境。大家在一起为了一个共同的目标而努力，充满团结协作的良好氛围，工作顺畅，交流顺畅，沟通顺畅。

C.【言论摘选】

◆ 牵牵连连的人不要管牵牵连连的事

我们企业由于历史的原因，不少职工之间的关系是亲连亲、亲带亲。因此，往往出现了问题，这个那个都出来闹。为了避免这种现象出现，我要求：在厂内，父亲不要管儿子的事，丈夫不要管妻子的事，老表不要管老表的事，牵牵连连的人不要管牵牵连连的事。

有人说，路不平由别人铲，沾亲带故的不要不顾一切地去铲，要自己去铲就感到难为情、无脸面。

我在这方面严格要求：老干部要自尊自爱，要保持自己的形象，车间科室干部要带头，厂级干部要起模范作用。

◆ 管理就像装潢大楼工程的系统运作

我们厂有的管理状况可以用个形象的比喻：一座高大宽敞的大楼，框架全部竖好，内部装潢还没有搞或者说才开始搞。如果仅是这样的状况，问题还不算严重，只要抓紧搞就得了。

严重的是：搞内部装潢的人有了，但是这些人有的不知道自己是来搞装潢的，有的不知道搞什么装潢，有的不知道怎么装潢，还有的想装潢但没有必要的设备，大家全都在等图纸、等材料、等人员、等工具、等安排。而后盖的一幢楼却组织严密、安排紧凑、有条不紊地在抓紧搞内部装潢。显然，后盖的房子反而会比先盖的房子先完工，还更完美。从两幢楼房的装饰工程，就看出了企业管理的重要作用。

◆ 企业管理者要向“草莽英雄”告别

我们很多人懂得在业务上“谢师”，却不知道在政治、管理、经营上“谢师”。这是一种“草莽英雄”的反映。

企业管理者要向这种陈胜、吴广式的“草莽英雄”告别，向小农经济意识告别，要成为真正有现代经济头脑的企业管理者。

◆ 常常检视队伍十分重要

没有约束力就不能形成动力、合力、向心力。干部队伍当中有一些不良倾向影响、干扰着企业的发展，腐蚀着干部队伍。

比如小团体主义，很多小团体的结果都是垮台。还有不顾大局、阳奉阴违，把个人利益放在第一位，不顾集体利益、他人利益。干部队伍中的这些问题之所以会在集团出现，主要就是因为他们没有被监督感，随心所欲。有的功劳大的曾经遭到很多人的反对，也使很多人畏惧。如果一个干部存在的问题仅仅是这些，我们是不可能换人的。就算他的私欲恶性膨胀，我们也只是下掉他的职务，仍然给他相应的待遇。这是为什么？主要就是因为他曾经为集团立下汗马功劳，管理上非常有效。

纵观整个集团，时有奢侈之风、浮躁之风、散漫之风、攀比之风出现，没有严格的制度，没有自我约束力，将不能形成新一轮的动力、合力、向心力。我们很多方面体现不出严密的组织、严格的纪律，必须检视。既然是企业集团，就必须有严密的组织、严格的纪律，而且要环环紧扣。

◆ 实施监督约束是管理的根本

企业实施股份制，不是“一股就灵”，万事大吉，而是要更加严格管理。要抓好管理，首先要抓好对有权者的管理。

随着市场经济化程度的加深，社会不良现象广泛渗透，企业现有的约束机制还不尽完善，主要表现在仅有约束机制，缺少监督机制中的具体规定，企业内部条块管理力度未能到位，给企业捅出大漏洞的人逍遥法外，“穷庙富方丈”的现象时有发生。一些政治素质、思想素质、工作素质欠缺的干部，特别是一些小厂的厂长，严重违规违纪，到了非常严重的地步。面对这些现状，企业迫切需要做的是修改和完善干部监督机制，否则这些乱象将给我们企业和干部个人带来灾难。

◆ 越有权越不能随便做主

有人说我是金箔集团最有权的，其实我也不是最有权的。包括我在内，大家都必须认识到专业技术人员对决策的重大作用。“越能做主越不能做主，越不能做主越能做主”，这才是科学的管理方式。

◆ 不接受约束是不成熟的表现

现在有些人不接受约束，不遵守制度，这实际上是不成熟的表现。有些人甚至是在有意制造混乱，乘机捞油水。为了企业的整体利益和长远利益，为了对员工们有一个交代，我们一定要下苦功夫，建立一套在市场经济条件下与企业发展相适应的约束机制。

D.【案例一】

金箔生产厂成为“全国工业旅游示范点”

2005年11月20日，非遗金箔生产厂接受“全国工业旅游示范点”授牌。银光闪闪的牌子，挂在一片金色的“中国金箔艺术馆”内，引人注目。金箔人穿着崭新的工作服，用欣喜的眼光，看着自己熟悉的工作环境，十分自豪。

这块牌子是由全国工农业旅游示范点评定委员会以919的高分评比确认颁发的。

1983年长江大水没有淹死金箔厂，幸存的生产设备从南京东北郊搬迁到南京东南郊。从此，金箔事业幸遇并走进改革开放新时代，金箔厂得以振兴发展壮大，成为国际同行业翘楚，名闻遐迩。海内外来此参观者，络绎不绝。人们在非遗金箔工艺面前叹为观止，露出惊喜赞叹的眼光。

他们看到的金箔厂已是一个大的产业集团。全厂和衷共济，上下一心。企业像一艘战舰，正在朝着百年名企的目标扬帆前进。

【案例二】

张波：一句实话，获奖十万

2017年11月21日上午，中国慢城内的瑶池山庄风景优美，秋色清朗。我专门召开了一个“讲真话、办实事，共创金箔新辉煌”的表彰动员大会，号召所有干部员工要“讲老实话、办老实事、做老实人”，并在会上授予金箔包装公司福建大区总经理张波“讲真话、办实事的好榜样”称号，当场嘉奖人民币十万元。现场，全集团260名高管骨干一同参会。

为什么事召开会议？2017年10月26日，美国某烟草公司来金箔旗下的包装公司，进行正式的资质认证，结果被评资质不合格。作为引荐人的张波经理，在回答我的询问时，讲真话，敢于直言报告包装公司实际管理过程中存在的一些薄弱环节，引起了我的高度重视和特别赞赏。我指出，在当前全社会都“难以讲真话，不敢讲批评话”的不良风气下，张波经理敢于讲真话的勇气确实难能可贵，特别是敢于直接指出自己公司存在的管理薄弱环节，不讲恭维话，不怕得罪领导，讲出企业的一些实际问题，这更是精神可嘉。为表彰他的可贵行为，我专门召开本次表彰大会。

我指出，在目前许多干部员工不愿、不敢揭露企业的管理漏洞的情况下，我们就是要紧抓张波同志这一典型，带动整个集团干部员工“讲真话、办实事，共创金箔新辉煌”。我号召全集团干部员工都要以张波同志为榜样，学习他“讲真话、办实事，敢于对企业进行善意的批评”的可贵精神。在会议现场，大家还一同观看了张波与我的微信对话全文，纷纷为张波提出的九条谏言点赞。

为在全集团进一步弘扬“讲真话、办实事”的良好氛围，大会现场，高管骨干们还一同学习了我早年的一篇散文《妈妈的一个巴掌》。早年，我创作了一首打油诗：“一根豇豆吓死人，拿它一根做牛绳，要问豇豆有多长，一丈六尺加八寸。”因而挨了妈妈的一个巴掌，这个巴掌就像烙印一样始终警戒我，使我形成了几十年来说话、办事、想问题从不掺假的品德。我在统领金箔人创业的三十四年中，将尊重员工、善于听取员工的批评建议当作做领头人的行动准则。每年的10月22日，我都亲自召开“员工与领导对话会”，认真听取员工的批评建议和要求，并当场给予逐条回答，承诺限期改正。每年年底召开职代会，让职工评出当年“十大教训”，并给予处罚。在企业里，凡是职工给我的批评信件，我都做到条条回复。

“讲老实话、办老实事、做老实人，敢于提出批评建议”，不仅是共产党的优良传统，也是金箔集团每位员工“高举金箔大旗、忠诚金箔集团”的具体表现和衡量标准，是每位领导管理好一个企业的基本条件和基础，更是我们金箔事业长治久安的根本保证。

金箔人的心顺由此可见一斑。

【案例三】

不蒸馒头争口气

1987年金箔成立总厂，全厂实行“独立核算，自负盈亏”的管理政策。厂里有三名青年，他们平时“割头换颈”，关系十分要好，虽不在一个车间，但交往频繁。厂里人都知道他们是一条心，但是不知道他们想要做什么。

当时，这三个人工作表现不出色。有人就说，他们干不了什么大事和实事。可他们自己心里气不打一处来，认为“工作不怎么好，主要是没有一个很好的舞台”。后来，他们放弃已有的奖金收入和稳定的工作条件，主动承包厂里管理难度较大的复合车间，表示“不蒸馒头要蒸（争）口气”。

厂里热情赞扬和及时肯定他们勇挑重担、敢于担当的精神，给他们创造条件，尽力扫清障碍，支持他们走马上任。经过不长的时间，这三个年轻人在这个车间都得到成长和锻炼，工作很有起色，受到全厂一致称赞。

他们承包一开始就是两个目的，一要干出样子给全厂人看看；二要证明通过自己的努力可以多拿奖金。后来厂里其他车间有困难，他们中也有人站出来当承包人。认识上的一致，使我们无话不谈。他们对我说：“江总，您从国营单位到金箔小作坊吃苦，还这么尊重我们，看得起我们，努力创造条件支持我们，前面承包是为了多拿钱，现在搞承包不是承包年把年，手上捞几个钱，管他明年不明年，是为了与您一道把企业办好！我们就是要‘不蒸馒头蒸口气’。”

后来，他们果然干出了成绩，争了气。

三个“团”

A.【词句表述】

团队　团结　团规

B.【词义解释】

创业者对自己的创业队伍，应有清楚的认知，同时要有严格的要求，将一些不同的要素有力地整合在一起，形成一支能打仗并且善于打仗的队伍。这支队伍保持上下一致，前后协同，既遵守社会与行业规范，又能够做出合理的变通；既能单兵开拓，又能组团进行大战；既能纵横捭阖，又能多谋善断。拥有这样的一支队伍，创业才能成功。

三个“团”指团队的建设要求，一支讲团结、有规矩、能战斗的团队，才是有效的团队。创业无论规模大小，必须要有合作团队，必须要有团规，不可以仅仅依靠原来的亲情和友情来维系。具体来说，三者之间的关系可以做如下表述：创业需要团队，团队需要团结，团结需要团规。团规是保证团结、维系团队、促进创业的基石。团队内部的团结若靠人情与关系维持，那企业就已经非企业，而是成为了家族。严明而又人性化的团规，才是保持企业生命力的良药。团队成员以实现创业目标的大局为重，尊重每个人的兴趣，求同存异，取长补短，同舟共济。三个“团”的最高境界是形成全体成员的向心力、凝聚力，使个体利益和整体利益统一，形成和顺局面。

团队　团队指两个或两个以上志同道合的个体，为了特定的共同目标，按照一定规则结合在一起的组织。创业者自身即使能力超群，但终归精力有限，难免有分身乏术或是独木难支的时候。而一个优良的创业团队，可以让创业者如虎添翼。因此，可以说，团队的建设和存在是创业者事业的基础。

团结　团结指以相同的创业价值观去连接团队中的每一个人。创业者作为首领，要用情感、约束和激励的方式，让团队能够凝聚在一起，产生一种共同的追求，共同配合去实现目标。团队成员各有所长固然重要，团队内部的团结同样不可或缺，甚至更为关键。古人所说的“二桃杀三士”即是如此，即便三位将军武力高强，令诸侯震怖，可要是他们互有嫌隙、各怀心思，就轻易可以被人用两颗桃子挑起争端，互相残杀。反之，团队内部若能铁板一块，成员之间肝胆相照、心意合一，则必将无往不利。

团规　团规指团队在实现目标的过程中，人人须知并遵守的规则、条款、法度等。团规不仅要与国家的基本政策一致，也要与创业的基本原则一致。在执行团规的过程之中，团队成员也要做到有规必依、有规必行。

C.【言论摘选】

◆ 搞好企业一定要有一个团结的班子

1983年之前，金箔厂曾经多年没搞好，就是因为人心不齐，领导班子不团结。为什么不团结？就是因为有些人热衷于拨弄是非、挑拨离间，有的领导耳朵根子软，一听拨弄话，马上就信以为真。我要求，任何人不准在我面前讲其他领导的坏话，讲了我也不听。如果有人在我面前讲别人坏话，那就等于在别人面前讲我的坏话。

◆ 要建立一支过硬的干部队伍

没有一支过硬的干部队伍，要想打胜仗是不可能的。

全厂干部都要加强团结、互相尊重、互相支持、互相理解。干部之间特别要强调能够“同享福、共患难”。我们各级干部都要有全局观念，敢于负责、敢于挑重担、敢于承担责任，遇到问题首先检查一下自己有没有不足之处，千万不能把成绩硬往自己头上拉，而把问题全都扣在别人头上。干部都要肯吃苦、肯流汗、肯做艰苦工作、肯当无名英雄，绝不能光玩嘴皮子，整天说空话，华而不实。当干部一定不能计较个人得失，绝不能不放心思在工作上，而专门研究人事关系、个人待遇。干部都要加强学习，要挤时间多学习理论知识和业务知识，要学习别的企业的先进经验，使自己的知识和经验积累不断增加。

◆ 拧成一股绳威力就大了

员工生活在一个大家庭里，相互之间的团结协作格外重要。

职工都要与左邻右舍、上上下下搞好团结，搞好关系。团结的基础是一切以工厂的利益为重，能忍的就忍，能让的就让。我们鼓励职工助人为乐，提倡职工学技术、学本领，掌握一两手绝技，练就一身本事。不管你干哪行，都要干一行、爱一行、精一行，万一有机会换个岗位，那就再干一行、爱一行、精一行。只要人人都掌握了重要技能，加上全厂拧成一股绳，我们厂的威力就大了。

◆ 不能说“我解决不了，你去找江总”

企业领导对相对分工的认识，要树立两个观念：一是任何分厂部门，都要有“一级管一级”的观念。分厂部门的干部对遇到的问题和困难，不能推诿，在自己手上要把问题和困难处理、解决好。如果不能处理、解决问题，试问，要你干什么？以后，任何分厂部门我只认一个主手说话。只有主手才能有直接向我报告的权利，我都不能轻易接待其他人。当然除主手以外的员工和我谈一些与工作或与组织无关的话题，或在一起娱乐，这都是可以的。

部门的主手，遇到问题无权处理时，可以说“向江总请示以后再答复”的话，不能说“我解决不了，你去找江总”。干部不能随便做主，要按组织规定办事。作为一名干部，一定要清楚地摆正自己的位置，不能凭感情办事。凡是感情用事的人，最后都难以收场，双方都受不了。

社会越复杂，我们办事越是要规范化、制度化。有问题向上推，向下推，或擅自做主，越位办事，或不讲感情，这些都是管理大忌。人都有七情六欲，一名没有人情味的干部也是当不好领导的。在工作中，恰到好处地投入一些感情因素，往往就会达到事半功倍的效果。

D.【案例一】

春训第一课

每年到了正月初八，金箔人集中在一起“过年”，开始上春训第一课。

除了相互之间拜拜年、送些祝福之外，三四天的时间内，大家主要是在听课、写论文。大家的身份全部是大江创业讲堂的学员。春训第一课的内容如下：第一，听我作新春培训开班讲话；第二，写论文，论文要求人人必须结合具体工作，撰写 2 000 字左右的文章；第三，论文演讲，现场抽查上台演讲，由全体学员现场投票评选优劣。对优秀论文奖励 2 000 元，对评选出的较差的论文处罚 1 000 元。

这样年年集中“过年”三四天，在金箔集团已经持续了二十多年。有的干部认为这是新年大考，心情紧张、太紧张；有的新人，因为能力好、手气佳，抽到上台演讲自己的论文，博得大家好评，而崭露头角；还有的自认为自己论文好，鼓足勇气，自荐上台展示才华。

在培训中，学习气氛团结紧张、严肃活泼，使一些人成熟，使一批人得到激励，使一代人获得成长，真正达到了培训团队的良好效果。

通过年年培训，涌现了人才，发掘了人才，锻炼了人才，也为各板块、各企业的领导团队人选奠定了基础。

【案例二】

处处讲团结

金箔企业在南京市一直屹立不倒，这与企业管理顺、制度顺、人心顺分不开。几十年来，金箔人没有下岗之忧，没有发不出工资之忧。关键在于企业的稳定发展。

2004 年我提出：班子不团结，就是一把手的错。

有的干部被调了下来，他说：“我在这还没干一年呢！”我说：“用不着了！管理就如同打乒乓球，一上手就知道你会不会，有没有这个能力。”还有人讲与自己的助手不合拍，我就讲：“如果助手是你最需要的人，怎么搞不来？”他说责任在对方。我讲，问题不是这样的，如果他是主手，助手必须让步。我认为人与人之间是一个需要与被需要的关系，不会处理这些矛盾，就谈不上是人才。

我用自身活生生的例子给大家讲：如果他们确实是为你创造财富的人，就要千方百计团结这些会赚钱的人。

一个真正有本事的人，就应把所有的人都团结在自己周围，包括反对你的人。毛主席在讲什么是政治时，有过精辟的论述，希望大家找来认真研读。我讲“金箔梁山聚好汉”，现在我又讲“金箔梁山出人才”，这是与时俱进的思想。团结人才，就等于培养、造就人才，我们的观念不能僵化，应把“活”字摆在第一位。

我们厂各级干部都懂得一个基本道理：企业好坏是要靠人干的，而人肯不肯干，主要看他有没有一颗热心；职工有没有心干，主要看干部能不能对他关心。只要干部心目中有职工，职工心目中定有干部。“将心比心，以心换心。”团结就是力量。

【案例三】

在温州阿外楼吃海鲜

“团结一致学先进，对标找差距”，是金箔团队最大的团规。金箔企业几十年如一日，坚持向国内的广东、浙江、山东等地学习好经验，全国几乎每个著名地方都参观学习过。

1999年，金箔集团的发展迎来高峰时期。我们决定到浙江学习，深入了解市场经济高速发展地区的企业的真实情况，为此，金箔人组团向温州进发。

温州阿外楼海鲜楼迎来一支60多人的“吃货”团队。他们围着玻璃缸，在一字排开的水盆边，对着众多叫不出名字的海鲜指指点点，个个人脸上洋溢着轻松快乐。这群客人来自一个单位——金箔集团。他们沿着郦水走过雁荡山，一路从杏花村赶到温州开会来了。这一行人，就要在这有名的温州阿外楼过把海鲜瘾，然后，回到下榻的酒店好好休息，参加第二天将在这里召开的一年一度的企业年终董事会。他们要汇报情况，分析问题，摆功论赏，学习交流，接受新一年的任务……

一年下来，不管外部社会经济环境如何，金箔集团都会在每年元旦前后，组织各实体各部门的主要负责人到外地旅学一趟，借此机会，放松身心，学习交流……30多年来，这项活动从未间断。大家以能参加这样的会议而倍感荣耀和自豪。因为出席这样的会议，就意味着自己有能力“参政议政”，主人翁的责任感油然而生。不仅如此，还能借此拓宽眼界，学习外地的成功经验，与“江湖”高手交流经营之道，因有所发现而自省、自警，因见地略同而兴奋激动，可以使观念和认识得到更新和提高，也可以使日常纠结突然茅塞顿开。

金箔年底董事会是金箔人年度杰出代表的会议，参加会议是金箔人修炼、学习的硬性团规。会议对过去一年的工作进行总结，有肯定，也有批评。表彰成绩，找出问题，把握并修正企业发展方向，贯彻企业新的发展精神。会上还将出台新一年的具体工作任务、目标，实施思路以及办法、措施等。

金箔年底董事会，其实是金箔干部学习培训班。在开会期间，金箔控股各辖属企业的创业者之间，可以就传承金箔精神、运用金箔理论经营各自企业的话题，互相学习交流，取长补短，形成比学赶帮超、创业贡献的氛围。

这是金箔集团多年来重要的团规之一。

三个“高”

A.【词句表述】

高节奏　高效率　高效益

B.【词义解释】

成功的创业一定是节奏、效率和效益都很高的。这三个“高”，指的是对创业过程中具体工作的状态和目标的要求。面对瞬息万变的市场状况，创业者必须与市场变化保持同步，做到高节奏。在人力资源的配置上狠下功夫，充分发挥人的潜力，做到高效率。在投入、产出的环节上精准分析，踏实作为，以取得高效益。这是创业者不可背离的三个原则。三个“高”是最大的节流，是对创业效率和效益总体的要求。创业者要珍惜创业激情，节约创业时间，把握创业机遇，提升创业成效。

高节奏　高节奏指高速、高频的工作状态。创业者及其团队所面对的是一个充满了变数的竞争环境。突发情况层出不穷，绝佳商机转瞬即逝，如果一个创业公司从决策层到执行层的运转低效，机构臃肿，人事复杂的话，那么公司距离倒闭破产也就不远了。若想在这个瞬息万变的环境中立于不败之地，成为行业领先者，就必须在运营环节上比竞争对手更出色，更优秀。为此，在整个创业的过程中，创业者及团队必须在相当长时间内保持高节奏的运转。只有这样，才能获得竞争的优势。注重三个“高”的创业者，节流意识强，在创业中已胜出一筹。

高效率 高效率指在相同或更短的时间内，完成比其他人更多的任务，而且质量与其他人一样或者更好。行业与行业的竞争，产品与产品的竞争，创业者与创业者的竞争，其可以量化的标准有很多，但是，效率是其中非常重要的一个。低效运转是企业的慢性毒药，虽然表面上看起来可能热火朝天，然而成果却少得可怜。这种表面的繁荣很容易麻痹创业者，最终像温水煮青蛙一样将企业拖垮。工业革命的历史，就是效率提高的历史。自从瓦特的蒸汽机开始，追求效率就是社会和企业的追求。从这个方面来说，效率就是生产力。所以，当年在深圳最响亮的口号就是“时间就是金钱，效率就是生命”，这是改革的最强音。能够在较短的时间内适应变化，以较少的成本获得较高的收益，这样具有高效率的创业者才可能获得胜机。

高效益 高效益指投入成本所产生的实际收益最高。企业发展需要盈利，而盈利的关键则在于效益。创业者要擅于控制成本，提高产出。一方面开源节流；另一方面努力提高产品的附加值。这样产生的高效益才是创业者取胜的法宝。

C.【言论摘选】

◆ 与同行对手开展“五争”竞赛

我们面对竞争，要敢于从管理入手，与我们的同行们，与我们的对手们，与我们的捣乱者们，来一个争速度、争市场、争技术、争管理、争效益的“五争”竞赛。

◆ 成功企业也可能“风流总被雨打风吹去”

古人说：“人生忧患识字始。”在市场经济的咸腥之海浸泡之后，可能不少人会有一种新的感慨：“人生忧患企业始。”办企业难，办好企业更难，办成经久不衰的好企业，难上加难。有人说：“要么吃人，要么被人吃。”他们都说出了商场犹如战场的深刻道理。

在艺术世界里，一首老歌、一个消失了的明星，都会长存在后人的记忆中。在商业世界里，谁还去用几年前的旧产品？谁还能记住那些倒闭或被兼并的企业的名字？再成功的企业，都可能“风流总被雨打风吹去”，我们不得不居安思危。

◆ 强强相争智者胜

兵家是“二强相争，勇者胜”；商战是“二强相争，智者胜”。

◆ **糊弄工作的结果是工作糊弄你**

金箔人要反骄破满、克服以功自居的情绪。居功自傲是我们事业发展的障碍，这个问题要从领导干部身上一直找下去。差的单位有问题，好的单位也有问题。你糊弄工作、糊弄企业，结果企业和工作就糊弄你。

◆ **竞争的残酷不亚于流血的战争**

竞争中绝不能轻敌。在市场经济条件下，企业之间的关系是你中有我，我中有你。竞争的残酷性不亚于流血战争。任何轻敌行为都可能导致失败。

◆ **生意场上的朋友都是无利不图的**

生意场上的朋友都是说说而已的，在商言商，任何生意场上的朋友都是唯利是图的。因为，创业不赚钱是不道德的。

D.【案例一】

农贸市场也搞一云多端

2018年12月28日，南京江宁区首家智慧型农贸市场采用新的智慧系统，通过“一云多端”平台，实现农贸市场的管理、支付、服务、监管的信息网络化、工作规范化、管理现代化。这个智慧农贸的主办单位，就是金箔企业的金宝商贸建办的。

为了彻底改变农贸市场脏乱差、粗放管理的历史局面，我们提前两年将金宝河定桥农贸市场按照星级农贸建设标准改造，以标准化、品牌化、连锁化为目标，实施提档升级改造，商户安置、内部施工、商户回迁各环节全部进行标准化处理。商场化的购物环境、明亮整洁的柜台、整齐摆放的菜品，让消费者买得舒心、买得放心、吃得安心。

金宝农贸在2016—2017年两年不到的时间里，完成了对旗下天印山、城东、东善桥、滨江农贸等所有农贸市场的升级改造，从开发建设到运营管理形成了一整套标准化的管理文件，形成了星级农贸标准化连锁发展模式，统一形象、统一建设、统一管理、统一运营。2018年，金宝农贸在标准化、星级化发展基础上，进一步向智慧化农贸发展，紧跟时代步伐，始终走在行业前列。

2019年，金宝农贸旗下所有连锁农贸市场将以河定桥智慧农贸为样板，全面实现智慧化转型升级。从粗放自由管理的农贸到星农贸，再到“一云多端”智慧农贸，高节奏抢市场，金宝农贸实现了质的发展改变。

【案例二】

金宝的“懒人”购物模式

如今，金宝农贸进一步通过智慧化升级，利用最新的信息化管理手段，实现了高效率运作。新的智慧农贸运营中心里集中了市场每天的销售数据，通过系统分析，哪类菜品销售了多少、哪些菜畅销、每个商户的销售额等都清清楚楚，服务上，借助微信、App，农贸市场可以为消费者提供配送、自提等服务，满足消费者不同的购物需求，消费者既可以线上下单、市场自提，也可以选择现场看菜品、现场提走。农贸市场还开发了套餐菜系列，解决消费者的菜品选择难问题，又开启了懒人购物模式，为他们提供便捷、省心、省钱的优质服务。

2018 年，金宝农贸以政府创建农贸标准化为契机，进一步提升连锁品牌形象，通过软硬件进一步提档升级，推行精细化管理，明确了向智慧化方向发展的战略思路，将金宝农贸品牌真正做到标准化、规范化、智能化、现代化。

金宝农贸板块旗下各连锁市场，围绕精细化管理的内容共制定了“八本台账”“十项制度”和“八项规定”，形成了“八十八”高效率的市场管理模式。

同时，农贸市场之间也相互借鉴和学习，形成了良好的市场环境、商户齐抓共管的经营氛围，商户卫生日、文明商户月度评比活动，共同促进农贸精细化管理迈向更高标准。

【案例三】

“一体两翼”的新农贸

所谓“一体两翼”，即以金宝农贸连锁企业为本体，通过不断提档升级，切实向管理要高效益，在提升农贸管理水平的同时，增加发展两翼：基地对接，互联网金融。

金宝农贸正在借助智慧化系统，在线上采购、基地对接、互联网金融等多元化、多方面开辟新的经营渠道，开创新的经济增长点，通过金宝农贸标准化、智慧化管理发展，形成良好的企业品牌形象，效益大幅提升，成为江苏省智慧农贸连锁发展示范基地之一。

三个“比”

A.【词句表述】

比领导力　比实力　比制度

B.【词义解释】

在激烈的市场竞争中，每个企业都有各自的对手。要想在竞争之中脱颖而出，立于不败之地，比的绝不是一城一地，而是整体实力。其中，领导力、实力、制度，是整体实力三个最为核心的要素。优秀的创业者应当通过这三个方面的比试来追赶强者，超越同行，争取更大建树。这三个“比”强调在创业中，在领导力、实力、制度三个核心要素的比试中，创业者要不断强大自身，从而惠及企业。三个“比”使创业者充满活力，比比就知道差距在哪里，比比督促创业者使劲奔跑，久而久之就有了真本领。

比领导力　简单地说，比领导力就是比领导统帅团队的能力。往深处说，比领导力就是比领导个人的综合素质和实力，具体包括领导的战略能力、战术能力、整合能力、应变能力，还有个人的文化素养和个人气质。从竞争的角度看，这些虽然属于个人，却代表和支撑着企业。千军易得，一将难求。一个能力卓越的领导者，是企业的一面旗帜。

比实力　在绝对的实力面前，一切技巧都是虚浮的。一个企业若想获得绝对的实力，成为行业领跑者，必须拥有真正的力量。具体而言，企业真正的力量就是强大的市场占有力、强大的营销队伍、强大的战略部门、强大的研发部门和强大的管理核心，但最重要的一点是具有强大的自主知识产权和核心技术，并借此成为行业产业链的源头，影响并控制中下游。

比制度　成功的创业离不开好的企业制度。但是，各个行业又有着各自的不同特点，企业制度应与行业适应。另外，瞬息万变的市场也需要制度的不断适应。正所谓“穷则变，变则通，通则久”，优秀的创业者必须随机应变、扬长避短，通过与市场的交集，建立起最适合本企业的制度，并根据市场风向与企业自身需要，不断调整企业制度，保持它的先进性、全面性和长效性。

C.【言论摘选】

◆ 干部素质低是发展的最大问题

创业所面对的问题中，有个最大的问题就是，干部管理水平跟不上发展的需要，面对形势，有的人还不能适应；有的人宏观把握能力较好，但在微观层面做得较差；反之，有的人在微观层面做得较好、较细，却缺乏宏观意识；有的人有经济头脑，但政治头脑差，不懂得政治经济学要领及其之间的关系，不知道什么是方向；有的人缺乏对数字、数据、科学的概念。

在新的时期，我们的管理水平适应不了需要，企业从外部看生机勃勃，对内部仔细观察，会发现存在浪费现象严重、管理松弛等问题。我讲的这些并不是否定一切，而是从整体上讲的一些现象。

我们要求每个干部都要学会锻炼自己、培养自己，提高水平，学会掌握宏观与微观、政治与业务、理论与实践相结合的辩证关系，并且注重比标杆，也就是对标找差。

◆ 遇事拿办法，敢比会成长

管理是团队中每个人的事、每一级的事、每个岗位的事。

有的人把管理看作一劳永逸的事，嘴上讲讲、会上喊喊，不检查、不落实、不监督，使管理流于形式；有的人把管理看作简单的事，不肯钻研、不肯下工夫、不肯坚持到底；还有的人虽然愿意抓管理，却不知道管理是什么东西，不知道如何去抓管理。

管理就是拿出解决办法。

◆ 六种人不能创业

有的人创业当了企业一把手，坐在干部岗位上，犹如一个摇篮中的婴儿，吃、喝、拉、撒都指望保姆照顾，如果离开保姆，就活不成。这种“婴儿式”的干部能创好业吗？有的人坐在干部岗位上，管理企业的做法是：上面有什么指示，全文传达给下面；下面有什么情况，全部传达给上面，自己不动脑筋，不花力气。这种“转播站式”的干部能创好业吗？有的人坐在干部的岗位上，好似一个算盘珠子，上面拨一下，它就动一下；上面不拨，它就不动。这种“算盘珠子”式的干部能创好业吗？有的人管理一个摊子，多少年下来，“两个茶杯”还是“两个茶杯”，无变化、无发展，这种“保管员”式的干部能创好业吗？有的人坐在干部位置上，掌权却不推陈出新，享福他不推，没干好出了问题，他一推六二五，全怪张三李四王二麻子，总之与他自己无关。这种“嘴歪怪茶壶漏”的人能创好业吗？有的人身子坐在厂里干部的岗位上，却心怀鬼胎，打小算盘，搞吃里扒外的活动。这种“人在曹营心在汉”的人能创好业吗？

◆ 一个好的企业领导应善于找自己的问题

一个好的领导者绝不能将眼光老是停留在做过的事情和已经取得的成绩上，而是要时刻解剖自己，找出差距，理出问题，不断地制订出新的奋斗目标，然后坚决付诸实施，这才是一名称职的企业领导者。

◆ **办好一个企业，企业领导人应做到三条**

作为一名企业领导人，我从工作的实践中体会到，要办好一个企业，最主要就是靠三条：第一，了解人、选好人、用好人；第二，帮助各单位多出一些点子和主意，制定一些切合实际的奋斗目标；第三，结合实际制定出合理的政策办法。

◆ **企业好不好，关键在领导**

研究和把握企业的前途和命运，应围绕有希望的产品。如果已有好的经济政策，也有好的产品，那么，企业搞得好不好，关键就在于主要领导。

企业做得好不好，企业一把手是决定性因素，首先你要是一个“好汉”，是朵“荷花”，是一堵“篱笆”，才能有人帮你，有“绿叶”扶持你，有“桩”来稳定你。你要有领导艺术，善于调动一切力量，你的企业才会向前大步走。

◆ **创业者要实干巧干**

不少人看别人挑担不吃力，但创业者应该研究自己，正视现实。在新经济的时代，没有能力战胜困难的人，是思想僵化的人。所以，我们要求各级干部要苦干、实干加巧干，必须更新观念，在“巧干”的“巧”字上下功夫，进一步认识困难的可塑性，抛弃那些守株待兔、放不下架子、怕动脑筋、怕担风险的工作态度。

企业不允许有吃闲饭和滥竽充数的人，每一个干部都要珍惜自己现有的位子，每个人都要带头去跑市场、找门路、搞经营。只有这样去认识，去拼搏，企业才能适应市场经济的发展变化。

◆ **创业一把手首先要抓“业务”**

创业者在工作中，首先要抓好“业务”，然后再扎扎实实抓“内务”。抓销售业务，是开源；抓管理内务，是节流。抓“业务”，要求我们每一个领导都必须先学会放下架子，去求人，去找业务。

◆ **总记着手下人的缺点，怎么能干好工作**

创业者要敢于启用能人，不要怕能人挤了自己的位子。作为创业者，要把手下人当作自己的亲戚、自己的子女，要帮助他们、信任他们，启用他们；不要下面人顶了你两句就受不了，说什么“有你无我，有我无你”的，要“大人”不计“小人”过；不要一天到晚记住人家有什么缺点，而应该对他们的长处、优点如数家珍，甚至他们自己都记不得的优点，你也要记得。一个厂长总是想着手下人有哪些缺点，怎么能干好工作？

D.【案例一】

一个木箱上几根钉

一根钉子不起眼，可管好钉钉子就是管理科学中领导力的体现。

我们生产香烟内衬烟箔纸，烟箔纸在生产线上绕成大卷筒，成品需要用木箱包装。金箔包装烟箔管理精细到一个包装箱上，对包装木箱只允许钉24根钉子。多钉或少钉就是违反生产标准和管理原则，对当事人必须扣工资和处罚。从1989年以后，这个厂越管越严，效益越来越好。

比领导力的关键是观念，这些观念体现在方法与行为上，就是领导力的实在体现。

【案例二】

中标国家级工程

金陵金箔长期被使用在殿堂和庙堂装饰上。清东陵记载“所用金箔出自江宁”，就是指金陵金箔。

2007年，金陵金箔中标国家形象工程。我们金箔厂生产的加厚特用金箔，延续了古法工艺，结合现状使用要求，是故宫第三期大修、北海公园以及恭王府大修的选用材料，我们公司成为国内外市场上唯一一家能够中标大修使用的珍贵的非遗工艺材料的企业。

传承弘扬千古工艺，展现历史时代的光辉，金陵金箔大显实力。无论是竞标，还是其他竞争方式，金陵金箔均凭借品牌实力和工匠精神胜出，成为国家级一些重点工程中的配套材料，为工程增光添彩。

【案例三】

快餐破局：金元宝 vs 饿了么

好办法在标杆那里学得来，借鉴使用，可以事半功倍。

将金元宝和饿了么在快餐上进行市场销售方法和管理制度的对比，不比不知道，一比找到突破口。

对比饿了么，金元宝快餐的线下外卖业务，究竟该如何破局?

金元宝快餐的外卖服务，分为线上外卖和线下外卖，其中线下外卖的形式主要分为三种: 一是打包餐，即打成一份份盒饭送达对方; 二是现打餐，即把餐搬到对方场地现场打;

三是做平台，即做团餐外卖平台。经过运营，比照“饿了么”，我们发现，挖掘可持续性批量团餐外卖业务是金元宝线下外卖业务转型升级的突破点。

美团、饿了么服务个人，团餐平台服务企业主。平台上有多种品类的餐食可点，企业主可在平台上自主选择，但产品种类的单一性会制约客户的持续点单行为，所以经常出现客户连续点几天，再过几天就不知道该配什么菜的现象。做平台，我们具备一些条件和优势：其一，我们已有美食广场店，融合了快餐面条、米粉冒菜、咖啡水果、轻食沙拉等多种餐食，产品丰富，种类繁多，比起原先单一的快餐外卖，多了很多选择；其二，在外卖配送所用的包装盒上，我们已经积累了足够的经验。那些没有餐厅也不生产产品的互联网公司，只能做团餐外卖平台，而我们有这些条件，为什么不可以做？

我们在自己的砂之船美食广场店，自主搭建外卖平台。企业主通过关注微信公众号，进入小程序选择心仪的餐食，可以在一个店铺点，也可以跨店铺点；可以点一个品种，也可以同时点几个品种。每个员工都可以自主在线下单，在线支付，我们定时定点将餐食送到，既增加了企业和员工的互动机会及选择种类，又丰富了口味，提高了满意度。提前点单的模式，也缓解了临时外卖给店铺带来的配送压力和外卖款的回收难题。

如今，外卖服务的竞争根本上是平台制度的竞争。用平台连接店商＋电商，金元宝快餐外卖在学习比拼中成长，在成长中显山露水。

三个“坚”

A.【词句表述】

坚定不移　坚持不懈　坚韧不拔

B.【词义解释】

“锲而舍之，朽木不折。锲而不舍，金石可镂。”这是我们祖先千百年来教诲人们的格言。意思是说，如果没有坚定的意志，朽木也不能折断；如果有了坚定的意志，金石也可以被雕琢。在创业的过程中，创业者坚定的意志力是克艰平难的最大利器。若想取得最终的成功，创业者必定要坚定不移、坚持不懈、坚韧不拔，相信“坚持就是胜利”。《沙家浜》中，郭建光教育大家的时候，就引用毛主席的这段教导：“最后的胜利，往往在于再坚持一下的努力之中。”创业过程中，风吹浪打、艰难困苦、流言蜚语等各方面干扰因素会不断出现，唯有认准一条路走到底，无论遇到什么状况都能做到三个“坚”，才能成功。三个“坚”是对创业者意志的要求。创业者一旦走上创业之路，无论在何种境遇下，均应有三个“坚”的意志品质。

坚定不移 坚定不移指思想上的坚信，毫不动摇。坚定不移，其重点在于“不移”。不移，即确定了理想，不再动摇；确定了信念，不再动摇；确定了方向，不再动摇。一切成功的创业者，无论他创的是什么业，他们对理想、信念、方向，一定是坚定不移的。唯有对这一切一以贯之，才能获得创业的成功。

坚持不懈 坚持不懈指行动上的坚持，持之以恒。坚持不懈，其重点在于“不懈”。不懈，也就是有了方向、有了指引、有了方略，能长期保持行进，不放松、不懈怠。在关键的时候，咬紧牙关不掉链子，在平常的时候不得过且过、荒废时间，唯有如此，一个伟大的创业理想才有可能变成现实。

坚韧不拔 坚韧不拔指意志上的坚定，不屈不挠。坚韧不拔，其重点在于“不拔”。不拔，也就是站得住，站得稳，站得狠。创业者在长期的创业道路上，会涉及很多陌生的领域，会遇到很多困难的问题，而想要在关键的节点、关键的阵地站稳脚跟，将优势转化为胜势；在不利的局面下，沉着应战，将劣势转化为均势甚至优势，都离不开坚韧不拔的精神和意志。

C.【言论摘选】

◆ 信是坚定不移的思想基础

辞典将“信”解释为“诚实，不欺，讲信用”。我认为“信”是：说到做到，不放空炮！

“信”被列为君道之首位，当之无愧。君主要取信于民，必须言而有信。一个领导特别要讲信誉，对此，我一贯坚持：领导不管干什么事，说什么话，都要说到做到，不放空炮。对待重大问题，包括一些需要承担责任，甚至需要冒很大风险的事，更是意志坚定，敢作敢为，以信为本。

不管是大会还是小会上，我曾经反复讲：“企业改革开放，全厂同志一定要大胆创新，干出实绩是你们的！干出问题是我的！”果真，1985 年有一个分厂真的干出了问题：三名承包的头头，将卖废品的两千多元钱私下顶替了请客送礼的费用。他们被人告发，为首的被检察院抓了起来。我四处奔走、到处游说：“这事不怪他们，怪我江宝全。”当时上级正有“提拔”我的意思，有位领导当面对我说，不要为此影响了“前途”。但我还是据理力辩：“保护下级和包庇下级不是一回事。问题出在下面，责任在我上面，我说过的话不能赖！如果跟我干的人不信任我，我什么前途也没有！”过后，被抓的终于被放了出来。人们看到我江宝全如此言而有信、对人负责，对我也就更加信任和放心了。

我从来讲话都是实打实，不说套话、不说空话、不说假话，说的全是直话、真话和实话。我早年曾经搞过宣传工作，有时把一些鼓舞人心的奋斗目标告诉外界。上层有人给我扣帽子，说我会“吹”。我说，言而有行者为“宣”，言而无行者才为“吹”。1984 年，我刚到金箔厂上任时，金箔厂年产值才 200 万元。当时我经过认真分析，认为只要努力，可以超过当年产值已 3 000 万元的原单位。于是在全县干部大会上，我一语惊人：“三年以后超过原单位。”大家都不信。后来真超了，人们又说我“真牛皮”！

打这以后，我再说能搞多少产值，上级也没有人说是“吹”了。1992 年，上级单位有人来劝告我：可以“多报一些产值”“超常规发展”。但我仍然坚持实事求是。1994 年上半年，上级组织产值大检查，正好查到我们金箔厂。结果，上级领导深有感慨地说出对我们厂的“三个想不到”：“水分为零没想到；基础这么好没想到；发展这么快没想到。”

面对客户、面对市场、面对社会，我们金箔集团始终坚持把“信誉第一”放在首位。所有与我们打交道的人都一致承认，我们从来不“皮儿汤”。

1985 年，我们决定开发包装材料拆封线。当时，人力、财力、地皮等问题单纯依靠企业内部力量都无法解决，只好借助外部条件。后来，我们与县城东山镇一个大队合作，由对方出地、出房。结果搞了三年下来，效益不明显，对方有压力。我告诉他们，坚持就是胜利。对方信了。1989 年，这个项目获得了成功，企业经济效益不断上升，按协议，效益也年年分给合作单位。内部有人说，这么好的效益，分给人家真可惜，提议搬回来。但我认为，过河拆桥不是我们这些人干的事。一旦这样做了，还有谁信我们这些人呢？我坚持将利分给人家。结果是，从此以后周围几个大队都愿意与我合作，因为大家信我。由于全集团上下坚持这一讲信用的原则，所以金箔集团在国内市场上的信誉也越来越高。

我们的金箔等产品在用户中免检，我们的企业在任何一家银行申请贷款都能得到信赖和方便，我们也都说一是一，说二是二。

1990 年，为了激励员工，我向全厂单身职工描绘了一幅无后顾之忧的蓝图：单身职工以后吃饭餐厅化，住宿旅馆化，住在公寓里，胜过自己家。职工们当时听得很开心，过后一想，感到有点神，议论说：“说说来劲，听听开心，到头来，肯定是空。”

然而，1992 年集团真的建起一座 8 层楼的金箔公寓，里面通煤气、通暖气、通电话、通闭路电视，每层都有服务员，单身职工住进去个个喜气洋洋。他们说：“金箔厂领导真行，从来都是说到做到，不放空炮。”

由于领导言而有信，取信于民，所以全集团 2 000 多名职工，大小三四十个经济实体，对集团领导都十分拥护和信任。总部一声令下，执行总是畅通无阻。我非常高兴地说：“人家一呼百应，我们可是一呼千应啊！”

D.【案例一】

引起轩然大波的一堂讲课

1987年12月，我应邀在县党校为县属企业五十多名厂长经理做报告。在报告中，我联系本县企业实际，讲了六种人不能当干部的新思想、新观点，举例说明中涉及一些厂长和经理。

讲课效果虽然很好，但会后却有一些人反应强烈："江宝全又不是书记、县长，有什么资格点名道姓教训我们！"县委县政府两位主要领导认为事态严重，责成县工业局全体领导成员集体找我谈话，要求我做公开检查。

此事一传开，在全县及金箔厂内引起轩然大波。可是，在接受工业局领导集体批评谈话的过程中，我坚持不肯认错。我回答他们："第一，是你们请我去讲课的，不是我要讲的。第二，我是在大会上公开讲的，不是背后讲的。第三，既然是请我讲课，我就是老师，老师讲学生，为何不能？"后来的事实已证明那些不听我"训"的企业处境每况愈下，大都已经倒闭，而当时他们却对我非议四起，搞得风雨满城。虽然如此，我还是对自己的正确观点坚定不移。

后来，新任县委县政府领导多次特邀我到县人民大会堂，向全县干部讲话、做报告。此后我讲课的场合从市级省级重要会议延伸到了多所大学的课堂。

【案例二】

深夜告状

1983年11月我刚上任不久，金箔厂少数干部对我不满。他们给我制造了一些工作阻力，其中包括利用"老朋友"关系，深夜造访主管工业的县委副书记朱宝瑜，欲从上层挤走我。这件事让我印象特别深刻。

他们对朱副书记说："中央提出干部知识化，为何用小学文化的江宝全替下大学文化的前任书记？况且，江宝全是政工科长出身，只会玩嘴皮，不会抓企业。"朱宝瑜先问来客是不是党员、是不是干部。得到肯定回答后，朱副书记一拍桌子，气愤地说："党员干部为什么不相信组织？不服从上级？"县委领导旗帜鲜明的严厉批评，打消了少数干部轰走我的梦想。

从那以后，我坚定了振兴金箔厂的决心，更加奋发图强，坚持不懈地工作，带领金箔厂走出了一片新天地。

【案例三】

自断后路

1983 年到金箔厂，上任不到一个星期，我就做了两条断绝后路的决定：一是将自己的工资关系从化肥厂转到金箔厂；二是将自己在化肥厂的单元住房交回厂里，出去租房住。周围很多好心、热心人都劝我别这么干，因为化肥厂效益好，奖金、营养补助费每月 70 多元，比工资还高，而金箔厂一分钱奖金也没有。但我知道，想要闯出一番事业，必须要断绝自己的一切后路，誓与金箔厂同生共死。我抱定背水一战、不成功便成仁的决心。

那时，南京栖霞区还有个市属的金箔厂，效益和规模都比金陵金箔好得多。但我坚信自己能带领一批人，通过艰苦创业把企业做大做强！我写了篇文章，题目就是《学龙潭，赶龙潭，超龙潭》。这在当时也引来了诸多非议，龙潭厂的书记一班人对此嗤之以鼻，认为他们厂五年不干活，工资都发不完；而金陵金箔厂当时连工资都发不出，说我是吹牛不上税……

“学龙潭，赶龙潭，超龙潭”早在第一个五年内就实现了，曾经奄奄一息的金陵金箔厂，不但把龙潭的企业远远甩在身后，而且后来又获得长足发展，成长为行业巨人，影响早已超出一个区县、一个市、一个省，并且产品走出国门，行销世界。

经营管理企业 50 多年来，不管别人怎么评价企业及我个人，只要是有益于企业发展的，我都用三个“坚”的精神鼓励自己勇往直前、永不退缩，尽管受到很多非议，但我坚韧不拔，从没退缩。

三个“化”

A.【词句表述】

正规化　规模化　标准化

B.【词义解释】

没有规矩，不成方圆。凡事都有内在的法则，遵守这些法则，才能获得收益，违背这些法则，就会遭受损失。创业者在企业从小到大的发展过程中，必须坚持管理正规化、企业规模化、产品标准化。这三个方面是企业崛起和向好不可缺少的制度与法则。三个“化”提出的是创业的“法”和“度”的建设。创业者必须用科学的态度建立之，使用之。

正规化 正规化指的是不以个人意志为转移、不以个人喜好为标准、不为一时喜怒而变化的，公开的、统一的、持久的，有章可依的、有规可循的统一的价值观和标准化的管理。管理正规化是一切创业者通向成功的正途。

规模化 规模化指企业不怕小，正所谓“合抱之木，生于毫末”，庞大的商业帝国也是从小企业成长而来的。身为创业者，要有认识到企业从小到大变化发展过程的意识。任何企业都有一个从弱小向强大发展的过程。有远见的创业者绝不会妄自菲薄，即使是在创业初期，企业规模很小的时候，也会确定企业未来发展的长远战略。并且，他们会努力按照大的格局来要求自我，提高自我。

标准化 标准化是指对产品的类型、技能、规格、质量、原材料、生产工艺、检验方法、服务流程等规定统一的、可量化执行的标准，并使之贯彻实施的过程。产品标准化对一个企业来说是向大规模发展的必由之路，也是提高创业者管理水平的优良途径。

从管理模式到企业战略再到优势产品，三个“化”互相配合，方可让创业科学化，使企业契合规律，健康发展。

C.【言论摘选】

◆ 新世纪的战略思路

我们把 2000 年定为金箔集团的建设年和发展年，以此确立了整个集团运作的战略思路：大投入、大改造、大发展、大提高。

何谓大投入？就是要用我们历史上最高的投入，来建设我们历史上最大的工程项目。只要我们认准的项目都要大胆地投入。何谓大改造？大改造就是要对集团内所有企业的旧设备、旧厂房、旧工艺、旧生产线进行彻底地改造。何谓大发展？大发展就是我们要将确定的七个行业以产品为龙头全面地推进，全面地发展。何谓大提高？大提高就是要发扬“坚定不移、坚持不懈、坚韧不拔”的三个“坚”精神，从整体上提高集团干部职工的政治素质、思想素质、工作素质和管理素质，使集团在硬件和软件上都得到全面充分的提高。

金陵金箔在国内、国际市场上具有很高的地位。它也是金箔集团的品牌支柱企业，发展前景美好。但是，我们对金箔公司是以更高的水准、站在更高的角度来衡量优劣、设置目标、提出要求的。金箔公司要加强对国内外市场的研究和认识，进一步稳定和提高产品质量，研究市场竞争策略，在产品开发上要有“人无我有，人有我优，人优我廉，人廉我新”的观念，要树立敢于与同行“四比”——比规模、比质量、比价格、比服务的强烈的竞争意识。在新时期，金陵金箔要继续做同行业的龙头老大，做行业寡头、行业巨头，使企业做得更大、更强、更有特色。

D.【案例一】

金陵金箔——中国驰名商标

金箔工艺传承700多年。

2018年，金陵金箔被国家认定为中国驰名商标。作为非遗民间工艺的传承者，金陵金箔长期信守质量第一，丝毫不弄虚作假。有人拿出1958年的金陵金箔产品，与现在的出品几乎一模一样。正是这种极致的工匠精神，铸就了我们行业第一品牌的地位。

如今，所有的现代管理和现代科技手段，最终贯彻的其实都是极致的工匠精神。这种精神是真正的正规化的体现。因此，我们在管理上恪守正规化，实行现代企业制度。在生产手段上几乎全部现代化、机械化的今天，我们依然恪守行业工艺标准，保持四个“第一”：产品第一、质量第一、耗金最少第一、市场占有率第一。

【案例二】

跨过高门槛——菲莫国际认证

金陵金箔这些年来，拿到了企标、国标、中华老字号等各种标准认证。虽然人们总是讲“一流的企业做标准”，但我还是把这叫作“螺蛳壳里做道场”。的确，我们这些年在这方面所做的努力是显而易见的，但是，我们从不满足于已有的成功，坚持走传统产业国际化的道路，才会达到“条条大路通罗马”的境界。2018年8月1日，金箔包装公司正式通过国际烟草巨头菲莫国际烟草公司的认证。在国内，通过菲莫国际认证的包装企业极少，这标志着我们的金箔包装规模和管理达到了相应的国际水平，也代表着金箔包装真正实现了与国际烟草包装行业接轨，从而为我们的产品走向国际市场准备了必要的条件。

【案例三】

权威的“厨政委员会”

中华餐饮名店金元宝餐饮集团，有个“厨政委员会”。金元宝餐饮所有菜肴的出品、管理流程等，都必须由这个委员会拍板同意，餐厅才可以将餐食端上餐桌供客人们享用。正是因为有了这个权威的“厨政委员会”，金元宝餐饮才实现了标准化管理，从而使连锁化发展有了依据和保证。

我走访过全球多个国家和地区，每到一处，我都会考察、研究当地的饮食文化和餐饮状况。通过跟发达国家的餐饮业进行比对，我深刻地认识到，进入21世纪以来，我国餐饮业在高速发展的同时，其经营管理业态已逐步从“粗放式”转向“精细化”，其中，数据化的管理显得尤为突出。

“厨政委员会”的宗旨是实施数据化管理，推进企业规模化，开发具有金元宝特色的四个“十大”，即十大名菜、十大创新菜、十大时令菜、十大传统菜。

我特别要求菜品必须标准化，并相应要求成立“厨政委员会”，其主要职责在于：①将具有金元宝特色的四个“十大”制定成产品标准手册，学习外国连锁餐饮店对标准化餐品的要求，细化到每道出品的成菜要规定克重，每道菜的油、盐、酱、醋也要规定克重数；②开办厨政培训班，有计划地对企业内所有在职厨师进行标准手册的培训，考核通过才能正式上岗，要让每一位厨师对产品标准手册都能烂熟于心，并且熟练掌握烹饪技巧，保证每道菜在不同门店都要烧出相同的味道，将标准的菜品复制到所有餐饮门店；③举办厨政创新营，专门负责菜品的创新，创新菜品经厨政委员会通过并经市场检验后，复制到所有餐饮门店。

金元宝标准化之路，已给连锁化发展带来机会。市场中很多餐饮企业因为没有标准化而不能生存发展，金元宝复制连锁的速度，由于标准化而得到快速发展。

三支“队伍”

A.【词句表述】

营销队伍　生（产）技（术）队伍　管理队伍

B.【词义解释】

三支“队伍”是创业者着眼于人才建设的大计，是对企业内部职能性管理建制提出的要求。任何一个创业者，必须建设一支营销队伍，必须建设一支生（产）技（技术）队伍，必须建设一支管理队伍。在创业历程中，强大、忠诚、精干的队伍，各职能部分团队，分兵把口不可少。创业者是企业的灵魂，这些队伍则是骨骼、是血肉、是臂膀。创业者纵有经天纬地之才，也需要肱骨之人的辅助，单枪匹马难成大事。成功的创业者，周围无不谋臣似雨、猛将如云。强大的队伍不仅以市场为战场，而且以时代为战场，更是以历史为战场。一个伟大的创业者，一定能将不同能力和特质的人组织起来，形成一支坚不可摧的力量。

营销队伍 营销队伍指企业内从事市场运营销售的团队。这个队伍必须忠于企业，懂得市场，完成销售任务，回馈市场信息，提出市场战略，等等。营销队伍是整个企业效益的源头活水，是营销队伍，也是宣传队伍，不仅要把产品有力地推出去，还要将成败得失带回来。有市场才有效益，有效益才有企业。他们的能力直接决定了企业的盈利。因此，这支队伍的建设堪称重中之重。

生技队伍 生技队伍指企业内部承担生产和技术工作的团队。这个队伍必须有科学精神，遵守行业工艺标准，注意安全生产，有卓越的技术研究能力，能生产极致产品。好的生技队伍一定是一支坐得住、效率高、业务精的队伍。这支队伍的成员不仅要有将事情做到极致的匠心，更要有攀登技术高峰的雄心，这支队伍是创业航船劈波斩浪时的压舱石。

管理队伍 管理队伍指企业内部从事销、供、产、人、财、物基础管理的团队。这支队伍必须能够为企业正常运营提供科学高效的服务。管理队伍的基本职能，就是为企业的高效运转提供执行和运作，在一切人、财、物的调配和整合、输送方面，提供有力的持久保障。他们是企业得以高效良性运转的轴承与支撑。

C.【言论摘选】

◆ 攀登泰山，金字招牌走向全国

我们的企业年会为什么要选在泰山开？

有这样的一层意义：就是要我们学习泰山顶上一青松，泰山压顶不弯腰，经过泰山的十八弯到达玉皇顶，不断勇攀高峰。也就是说，这样做的主要目的就是要激励我们在事业上攀登新高峰。

创业者要有眼光，要站在高处，干在实处。我们站在高处是要看清这个市场怎么样，干在实处是一家一家去攻破。

有人讲“狡兔三窟”，我这个人和人家看法不同。我认为，只要有本事，什么“窟”都不要，你在哪儿都能活。

举个例子讲：我深更半夜回家，没吃晚饭，问我老婆还有没有菜，打开碗橱一看，什么菜也没有。我马上脑子一转，应该搞什么菜，想什么办法。换个人遇到这种情况可能只晓得发火：“我辛辛苦苦深更半夜回到家，家里什么都没有，你怎么怎么……”他面对问题的态度是埋怨，而我是立即想办法，攻破困难。你说，这本质是一样的吗？我十一二岁时，我妈妈挖河去了，她讲家里这点菜是留给你们两天的量。结果我和妹妹一顿饭就把所有的菜吃光了，后面没菜吃了。面对这个问题，两妹妹和我动脑筋想办法，自力更生，这叫作“放下包袱开动机器”：一看墙角有几只山芋，立即把山芋切成丝炒菜吃，放点辣椒。我小时候就知道山芋能炒丝了。

把自己的想法、实践理论与实际相对照了，思维就对，你的正确率就高。要把想法意见和你自己的实践结合起来，到时看准确率是多少。你的分析老是失败，就说明你的思维是错的，比如看到岛上“全是赤脚的”，你就说别人“不需要鞋子”，这就是思维有问题。你不能老是把自己看成是班组长，而要给自己定更高的目标；你现在只有“七八条枪”，但是你以后可能要带千军万马去闯、去打天下。这些都需要你改变思维。

D.【案例一】

营销四字诀：情、网、招、活

每年正月，我们都要评选“十大销售精英”，布置新一年的销售任务。大家明白，很快要走向四面八方的市场。评选的这一天叫营销节，是吹响新一年销售出征号的时刻。

金箔集团的销售精英层出不穷，有点对点销售猛将，有地区销售冠军，有行业销售新贵，有网络营销英雄，还有互动跨界销售打劫者，等等。

销售精英不断涌现，是企业兴旺发达的标志，我以自己是金箔集团第一号营销人员为荣——中央电视台、上海卷烟厂、华西村、南海观音等，几乎所有的大项目、大工程，第一单都是被我拿下的。每次销售年会上，我都要作一场主题演讲，既是培训，也是给大伙提要求，搞得销售气氛热气腾腾。虽然现在有互联网销售模式，有平台共享销售模式，但是对于以制造业产品销售为主的金箔企业来说，突出销售地位，还是着力把打造营销队伍当作建设三支“队伍”的第一要务。

我讲过“情、网、招、活”的销售四字诀，很多销售人员悟通并将其悟透，销售干劲足，业绩好。

营销人员是金箔集团第一位人才，2002 年营销节我送出四个字给营销人员，这四个字就是“情、网、招、活”。

一是“情”字。情，是指营销人员要带着感情从事工作。大家都有一个共同的体会：做任何一件事，不带着感情去做，能做好吗？有了感情，就有了热情、激情、豪情，什么情都有了。有了感情，你就热爱事业、热爱岗位、热爱你的客户，没有情感就一事无成。带着情感干事，没有干不成的。1987 年，我们向某个烟厂推销铝箔纸。我们每次以非常热情的态度、心情去接待陪同这个厂的供应科客人，明明知道不可能，还是坚定不移地做好各方面服务，一直坚持了四五年。有一次，正巧这个厂供应科的一位关键人物到南京旅游，顺带牵着一条狗。我陪同他参观我们厂后，开玩笑地对他说：“你看，我像不像这条狗，看在我为您服务四五年的情面上，你们可不可以用我厂的一点货？”他深受感动，当时就说：“等机会。”后来，他终于给了我们一次机会。现在我们与这个厂的业务做得很大，已经二十几年了。干一个事业，有感情的投入，就一定会有各种情感了，我们会充满激情、满怀豪情、满腔热情地去投入。我们情真意切，就会被人们所理解，被市场所接受。情景交融了，我们的事情就干成了。

二是“网”字。网，是指我们的内外关系，可以延伸为营销的广度、深度。网，在这里指的就是市场营销网络。营销人员的“网”是不固定的。你的“网”有多大、能张多大，到底张在江苏省，张在华东地区，还是张在全国，张向全世界，都由你自己说了算。把你的视野当作渔网，你们所有的工作职责就是张开的一个大“渔网”，所有的事、人、物都是你“网”中之物，千万不能让它跑掉。当你看到“网”中那么多欢蹦乱跳的“鱼儿”，你的心情一定如在风雨中收获的捕鱼人一样，十分激动。眼光就是一张“网”，任何人不能逃脱这张“网”。营销人员心中要有张“网”，到处都是市场。凡是活的都是我们“网”中的“鱼儿”，这就像英国和美国的两个推销员跑到同一个岛上推销鞋子的故事里讲的一样。同样面对岛上人人不穿鞋子的情况，两个推销员的反应却是截然相反的：英国人高兴得不得了“啊，岛上的每个人都可以穿我的鞋子了”，美国人则掉头就走“这个岛上的人不穿鞋子，我的鞋在这儿一双也卖不掉”。所以，“网”就是建立自己的销售网，是一个营销计划，是一个营销策划，是一个导演，是一个决策，是一个思路。我们很多人没有目标性，缺少战略性，做事盲目。做事一旦有“网”了，你的战略、目标就在眼前，你的头脑就会十分清醒。眼里是一张“网”，“网”张开了，还要有三个“坚”的精神，我们就可以“网”到新东西，“网”到新收获，“网”出人生的价值，“网”到生活的新感受。

三是“招”字。招，就是招数。人们常说：“看你能玩几个花招。”一招一式见智慧，“招”字马虎不得，不能缺少。平常我们讲，领导干什么？就是出主意。这个“出主意”就是“招数”，说我们干部要提高领导艺术，这个“领导艺术”就是“招数”。没有招数，一项事业就难以蓬勃发展。把戏人人会玩，各人的巧妙不同，“巧妙”就是招数。金宝市场创办伊始，冷冷清清，有人说搞不起来，我披挂上阵。降低租金，分区承包，门口搭台唱戏，外出招商，等等；都是我的招数。我们还要研究、学习人家的招数，创新招数。有时招数一个人玩，有时大家配合着玩，有时整个企业一齐玩。总之，不断有招数，企业就会有新出路。

四是“活”字。活，就是动、变的意思。在从事营销的时候，在做任何事的时候，我们都要讲究一个“活”字。不能做死了，不能做成老套路，不能盯着一条胡同而不去寻找第二条出路。“吃一抓二眼观三，行情不对就转弯”，这句话的核心说的就是“活”。乡下老太太卖西瓜都知道随行就市，上午卖价高是一元一斤，而到晚上下市了就五角一斤，这就是“活”。总结正反经验，一句话：做事要做好，“活”字最重要，把“活”字用好用活。

“情、网、招、活”提升了营销团队的整体素质，金箔人要融会贯通这个四字诀，市场营销才能越做越好，才会涌现出很多可爱的销售战将精英。金箔集团高管团队中，也有不少成长于销售岗位的贡献者。

【案例二】

金箔文创队伍的五大步

父辈创业时采取了大刀阔斧的做法，经过千锤百炼，在“荒地”上建立起自己的“金箔王国”；经过市场捶打后，南京金箔锻制技艺成为国家首批非物质文化遗产；金箔传人们所做的多是守业者精雕细刻的加法。我的儿子江楠于2015年起开始探索一条金箔文化产业传承、发展之路。

他建立起一支具有新思维、新理念的生产技术队伍。这支队伍按照“用黄金去做创意，用黄金去做文创”的理念，用金箔打造年轻人喜欢的东西。江楠深知，对于中国金箔产业的发展来说，金箔生产是根基，深加工产品才是未来。上任之初，他便迅速组建专业的产品开发团队，深入金箔深加工产品的研发与推广。

第一步，对国内、国外各地的同行进行走访、学习，研究发达的日本金箔产业及产品，解剖金陵金箔深加工产品存在的问题。第二步，将混乱的金箔深加工产品状况进行梳理，加快产品研发脚步，成功研发出多款畅销产品。第三步，2015年召开大会，成立南京金箔行业协会，凝聚团结行业生产技术力量，严格强化对金箔产品进行质量监督。第四步，2016年，江楠开发了30余款金箔文创产品，其中，金箔春联、金箔月饼等产品收获了很好的市场反响，刷新了国内金箔使用的历史。金箔产品销往世界各地40多个国家和地区，在美国、英国相继开设了实体专卖店，在亚马逊等境外网络平台也建立了销售渠道，为进一步国际化打下了坚实的基础。第五步，对生产技术队伍赋能新思维、新理念，使金陵金箔产品正在更多地向产品功能化、设计时尚化、销售多样化转变，用工匠精神推动工艺技术变革。

金陵金箔从小作坊里诞生，发展到业内的支撑品牌，花了近40年的时间。到了后辈手里，他们深知金陵金箔的追求一定不能止于此。在他们心中，一直有一个更闪耀的梦想——“把金陵金箔品牌打造成中国文化的世界品牌。”这既是他们作为中国人的梦想，更是作为金陵金箔企业新一代传承人的梦想。

在奋斗的道路上，江楠和他的团队始终脚踏实地，充满信心！

【案例三】

好保安李志明

李志明做门卫的年代，正是我在金箔大家庭里创业最艰难的时期。

老李单身，生活无牵无挂，唯独牵挂的就是企业的兴衰。20世纪80年代初，李志明看到企业濒临倒闭，资不抵债，他心酸。20世纪80年代中期，企业进行改革，一年一个样，他兴奋至极。他原先是打金箔的，随着年龄的增长，主动请缨看大门。

他看大门与别人不一样，他把整个身心都用在了看门上。每天晚上，他都要在五十多亩地的范围里，来回反复绕巡，检查每个大厅、厂房、宿舍门是否关好、锁好，电灯、电源是否关闭。过年过节，员工们都回家团聚了，李志明一个孤寡老头，像守边疆的将军，将金箔厂、金箔大楼守护得安安全全，多年来，厂里从没出现过一起人为事故！

二十多年来，我几乎养成了一个习惯，白天忙事务，晚上忙公文。在那难忘的年代里，整座办公大楼里往往只有我一个人的办公室里灯光还亮着。每当这时候，李志明都是坐在门口守候，常常到凌晨两三点钟，他都不睡觉，直到我从四楼走下来，他锁好门，然后手持一把大手电，叼着根烟，护送着我回家。之后他再巡视一遍厂区内外，最后才钻进他的“碉堡”内。有时，望着他那干瘦的身影，听着他那清脆爽朗的笑声，我仿佛觉得有了他，我的企业就会平安无事！有了他，我的工作就会有无穷的力量！有了他，我的金箔大家庭就会有永远的快乐！

一个企业的人才队伍，由各种专业的人组成。不能光有帅没有将，不能光有干部没有群众，不能光有前方打仗的没有搞后勤服务的，而要像人家迎亲的队伍，吹喇叭的、抬轿子的、坐轿子的、指挥轿子的都要配套。

李志明是我们的管理队伍中，在安保岗位上忠于职守、全身心付出的好人，我时常怀念他。

三 “激励”

A.【词句表述】

言语激励　薪酬激励　荣誉激励

B.【词义解释】

我理解的激励，是我想给予而你正好需要的东西。这是一种人与人之间达到默契的状态。一般来说，激励就是调动人的工作积极性，把人潜在的能力充分地发挥出来。从组织的角度来说，管理者激励下属，就是要激发和鼓励下属朝着组织所期望的目标，表现出积极主动的、符合要求的工作行为。激励对于创业来说必不可少。激励主要从精神、物质、荣誉三个方面着手。创业者要注意激励鼓舞团队，建设一支能打胜仗的队伍，为企业带来活力。“三激励”提示创业者要适时进行必要的、不同的激励，统筹兼顾，以传递关爱、激发潜力，调动团队一切可以调动的力量。

“三激励”并行，创业团队亲如一家。创业目的，是创业者带领团队，实现各自不同层次的人生价值。

言语激励 法国哲学家福柯说：“话语即权力。”言语的威力不可小觑，正所谓“良言一句三冬暖，恶语一句六月寒”，一句话有时甚至能有“起死回生”之效。当创业团队或员工因为种种原因情绪不佳时，创业者要善于及时劝慰鼓励，使其重拾信心。

薪酬激励 物质的东西说来俗气，却重要。西楚霸王项羽亲为士卒治伤，在言语激励上算是很擅长了，当手下有了战功却吝于赏赐封爵，最终为刘邦所败。对于贡献突出、勤劳肯干的员工，我们应当根据规定，大方奖励。实在的奖励拿在手，员工自然会干劲十足。

荣誉激励 所谓荣誉激励，指的是给被激励者以晋升职务，或选为模范、先进等奖励。荣誉激励的主要方法是表扬、奖励、评优、经验介绍等。荣誉不仅可以成为不断鞭策荣誉获得者、促使他们保持和发扬成绩的精神力量，还可以对其他人产生感召力，激发他们学习和赶超的动力，从而产生更好的群体效应。谁都有为荣誉而战的精神，可以说，荣誉激励是精神激励的终极手段。

C.【言论摘选】

◆ 金宝宝幼教专题会议

2018 年 6 月 6 日，我召开了“金宝宝幼教形势分析与应对”专题会议，深刻、全面地剖析当前幼儿园面临的严峻形势，分析原因，提出应对办法。其中有一条就是：为应对当前教师队伍不稳定提出的解决办法。我说：“人的激励不止金钱激励，还有言语激励、行为激励、精神激励、荣誉激励、生活激励、文化激励、娱乐激励等。要把职工冷暖始终放心上，对待每位老师都要像姐妹，要把每个小孩都当作自己的小孩。”在这个基础上，我提出了下面几点激励方案：

一、提高教师薪酬待遇。让每一位教师参股，集团投资方让出 20% 的股权由教师分配。教师薪酬待遇方式是基本工资 + 奖金 + 股权分红。

二、给予教师福利待遇，住宿标配家居电器。每年组织两次免费游玩。

三、加强教师培训，包括金箔集团理论和信仰教育，同时进行各类专业技能培训，为教师成长提供发展空间。

D.【案例一】

一篇“跩”字文章的诞生

在国家政策最大允许范围内，我们企业内部多干多酬的尺度能有多大，就会有多大。为了激励更多有能力的人，我们采取多干多酬的分配方式，甚至做到了将30%的利润作为薪酬分配。

关于分配的激励，我的宗旨就是要让创业者“跩”起来。我专门发表了一段讲话，展现我对薪酬激励的思想认识动机。

关于“跩”字的思考。我们当地有一个土话，叫作“跩”（音zhuǎi）。这个“跩”字，本意是讲人不灵活，走路摇晃的样子。而这里可以引申为有社会地位、政治地位、经济地位后富足的意思。

我要对社会大声疾呼，让厂长、经理们“跩”起来。厂长、经理是为当地、为单位赚钱的人，所以这些人越“跩”，干的人就会越多，赚的钱也就越多。

有人说：“现在的厂长、经理们够‘跩’的了，吃喝玩乐，有车有房，比我们强多了。”我认为这是事实，但是“跩”得还不够，不然，为什么政府机关一招工，门庭若市？党政要人、干部的子女削尖了脑袋都要进去？

这是我1990年5月，在南京市委第一次宣传会议上的发言，当时说此话，引起了强烈反响。

当时我讲，厂长、经理们的经济、社会地位应该提高。

改革开放后，经过40年的发展，现在社会上“跩”的人多了。为了促进经济的发展，不应该存在“创业难民”，我认为应该激励更多新时代的创业者们都“跩”起来。

【案例二】

祝你“混”得好

金箔集团发展求贤若渴时，我喊出一句口号，还将这一口号刷在工厂附近的大围墙上。这句口号是白底蓝色大字书写的“金箔梁山聚好汉”。那时的金箔厂基本摆脱了贫困，成立了总厂，企业在迅速发展壮大，急需一批人才，四处招兵买马。这句口号，当时就刷在当地路人尽知的地方。

很多人才看到广告，来到金箔厂，他们以能来到金箔厂而感到高兴自豪。也有一些自认为有才华的人来到金箔厂，我召集他们开会，表示给他们提供施展才华的舞台和机会，有不少人对此很感激。

我领导的金箔厂，在1987年获得国家金质奖章，名声大振。他们见我，开口便说："我们跟着江总'混'，想到金箔厂来混碗饭吃。"我对他们说："混，可以，混好不容易，你知道什么叫'混'吗？在光天化日之下，比赛游泳叫混。"就这句话，激励了一批奔到金箔厂的人才，他们纷纷到金箔来"混"日子。

这也算是言语激励吧。多年下来，这些人才为金箔事业的发展努力拼搏，"混"得很好。

【案例三】

"领导"是什么人

在企业当领导难，有人想当却怕当，有人当上了却不敢管，敢管了也管不好，对"领导"的概念不甚了了。

我给这样的干部以激励，特别是当他们遇到困难时，我举重若轻地解读"领导"，让干部们认真领悟去工作，及时提醒他们面对工作。这样，当他们纠结时能豁然开朗，展开工作。

领导是什么人？我说是"走在最前面，并能控制后面人的人"。

1997年11月，我说了这句话，提出要充分认识领导的责任、方法，学会做领导，"仅仅是走在前面的是排头兵，而不是领导"，"真正的领导是走在最前面，并能控制后面人的人"。

给领导们予以激励，能促使领导们为自身荣誉而战，为企业荣誉而战，为团队荣誉而战。

【案例四】

关于"谋"字的思考

1993年1月，我找了几个骨干职工谈话，因为我发现他们在工作过程中忘了自己的工作宗旨和根本职责。我对他们讲，最近我想起了一个字——"谋"。

这个"谋"字，怎么写？怎么读？怎么想？怎么干？我认为要好好思考。为人民谋幸福，这"谋"字就是动脑筋、想办法、千方百计、无论如何、始终如一、坚定不移。如果我们走了一条相反的路，千方百计给他们"谋"痛苦，这怎么行呢？所以，我们当一个单位小头头，就是要为这个单位的人民谋幸福，每个头头都为本单位职工谋好了、谋富了、谋幸福了，全国人民也就幸福了。

三个“期” 

A.【词句表述】

缩短新产品投入期　完善主产品成长期　延长旧产品成熟期

B.【词义解释】

任何产品都和人一样，有着生、老、病、死，有着诞生、发展、兴盛和衰亡的过程。因此，一个真正优秀的企业绝不会把希望寄托在一个不变的产品上。一个好的产品可以畅销一时，但是，一个好的产品控制体系才是保持产品持续畅销的关键。缩短新产品投入期，完善主产品成长期，延长老产品成熟期，这三点正是优秀的企业所严格奉行和坚决执行的。创业者唯有努力探研产品或服务的基本规律，做到迭代开发，明白新陈代谢，才可以面对变化不慌张，化被动为主动。三个“期”提醒我们，产品与市场的关系是规律，遵守规律才能使效益最大化。

缩短新产品投入期　缩短新产品投产期指的是对新产品投入的各项成本风险要有所计划，心中有数，确保投产后，尽早进入正常生产期，尽快将产品推向市场。从经济学的角度看，这个周期越短，企业所面临的成本风险和市场风险就越小。

完善主产品成长期　完善主产品成长期是指企业主产品进入成长期后，我们必须在供、销、产、料、工、费上对其进行动态的管理，在成本、品质、口碑等方面不断优化，使主产品的价值得到最大程度发挥，保持主产品在市场竞争中的领先地位乃至形成碾压优势，使主产品尽可能长时间地实现主要效益。同时，在竞争对手对主产品进行攻击的时候，我们也要及时做好应对。

延长旧产品成熟期　延长旧产品成熟期就是指企业的老产品逐步成熟，已为市场所习惯与欢迎，并且企业对其成本的管控已达到最佳状态。此时，旧产品的发展已进入《易经》中所言的“亢龙有悔”阶段，飞至天顶之后，无处可进，盛极而衰已经是必然，但并非不可控制。在旧产品潜力已经得到充分发挥的基础之上，我们还可以充分利用营销、广告和各种推广方式，巩固旧产品的市场占有率，尽可能地挖掘其潜力，延缓其因成熟而走向衰败的进程。

C.【言论摘选】

◆ 产品更新换代要比赛马还快

我们做实体经济从事第二产业的，需要常常研究两个问题。一是对自己单位生产的产品进行研究，研究产品现状：是老的，还是新的？是差的，还是好的？是先进的，还是落后的？是淘汰的，还是将被淘汰的？二是对自己单位生产的产品的质量进行分析研究，研究产品质量是符合先进标准，还是落后标准？是不是采用国际先进标准？为什么不采用国际先进标准？如何才能实现国际标准？希望每个单位的厂长办公室里，都要挂几个产品标样，将国际最先进的同类产品标样和本单位产品放在一起，找出差距来。我们的目标是在今后几年内，所有产品质量都接近或者达到国际先进水平。今后我们新上的所有项目都必须坚持做到：产品要新、奇、特、冷、稀，否则我们一个都不干。产品更新换代，比赛马还快，我们绝不能马虎。我们有些人老是有“糊一糊”的“侥幸”心理，认为自己的产品虽然有一点不合格，估计对方勉强能用。我们还有的人，凭“经验”办事，认为“只要多送一点湖熟板鸭，产品就不会积压；多塞一点钞票，什么产品都能卖掉”。这样的结果，只能是搬起石头砸自己的脚。

D.【案例一】

新“三包”

金箔包装是业内优质企业，二十多年前就以“包退换货、包试样、包服务”的“三包”政策而受到客户欢迎。这几年，特种包装个性化发展加快，以食品、药品包装为主的包装产品，对新型材料和创新思维及服务内容，有十分细致的要求，行业内称之为“三包”。现在，我们又推出“新三包”，即“包创新、包设计、包新材料”。我们有一套可亲的“三包”流程，例如：你生产的是某一品牌的食品，我们会帮你思考品牌的消费感受，再提炼品牌的某款核心诉求并进行必要的具象设计，把你想到的、正在想的，都帮你先行设计完成，只要你愿意给我们机会，我们就给你满意的回报。

金箔包装在食包、药包上新品迭出。设计走在前沿，服务理念超前，发展形势大好。

新经济时代制造业拼的是品牌、品质、成本。制造业的发展通过智能制造提高效率、提升品质还远远不够，还需要通过设计促使服务前置，从而引导客户需求，引领市场需求，提升利润空间，增加更多的市场机会。

行业内“总量控制、产销协调稍紧平衡”的调控，带来了产品结构调整、新品牌层出不穷的现状。环保管控的加强，环保设施投入的加大，给行业带来了一次洗牌，一些受地方保护的资质不过关、实力不强的同行企业面临关停整顿。我们的规模以及多年来在包装领域锻造的技术实力，形成了一定的市场影响力，赢得了国内大型食品企业的青睐。所以，与业内其他一些企业的境况相反，我们在进军食包、药包行业时抓住了发展的机遇。

金箔包装公司顺势而为，持续加大智能制造投入，以行业一流为标准，提升公司硬件实力，提升服务意识，加强售前服务。市场竞争的战场已前移至产品的设计环节，谁拥有了设计开发权，谁就占领了新品牌阵地。因此，为了获得更多的份额、获得产品的优先权，我们从引领客户需求、参与客户的新产品的设计中做起来，结合客户的品牌特质，设计与之契合的产品。

包装设计服务前沿，是产品更新的新思维，有了这个新思维，便有了市场主动权。同时，金箔包装还大力缩短了新产品投产期。

【案例二】

智能 MES 系统上线

我们企业有个“金箔包装智能装备研究院”，这个研究院诞下一个“新生儿”，叫“智能 MES 系统”。

这是在原有 ERP 系统的基础上，继续推进 MES 管理的系统。“站在世界的高度、跟上时代的步伐、采用高科技手段、制造一流极致产品”是企业的战略目标，公司以大格局、大手笔、大投入的方式，打造信息化系统与 MES 系统相结合的系统，推动生产的精益化管理和智能化配送朝着行业领先迈进，成为行业的一大亮点。

金箔包装研究院研制的 MES 系统可以对市场上有一些不够好的讯息加以智能处置，如：原材料价格大幅增长、各项制造费用增长、产品竞争多、投标降价等。这个智能 MES 系统超能干，可以实现成品率和标准成品率的对比分析，做到及时改正，更能细致到每个制造工序，对每个工序进行任务的下达、执行的控制和数据采集、现场调度等，以一当十。它值班时，你走到任何机台电脑屏幕前，都可以准确地知道该机台生产的产品、成品率、废品率等，不需要人工计算数据，还可以实现更加精细的生产，避免质量安全事故，尤其值得一提的是它完善了主产品成长期。

数字化管理智能 MES 系统上线是金箔包装制造业革命性的改变，使我们的主产品的产能获得了极大的提升。

【案例三】

特种包装缤纷系列

金箔包装是中国包装界梦之队，企业有中国包装工艺技术研究院，从 1985 年开始，研发了很多个特种包装材料配套产品。在产品研发上，更是通过缩短新产品的投产期、完善主产品的成长期、延长老产品的成熟期，套期运作，精彩纷呈。

从 2018 年起，南京流行起细支食品。细支食品给食客们平添了几分儒雅，成为市场风潮。这种细支食品，很快从南京开始，风靡全国。细支食品包装的配套材料生产研发，也时髦起来。

这类包装因为包含了传统经典工艺、新型包材和个性化设计思维，我们给它取名为“特种包装缤纷系列”。主要用可替代无铝高光接装纸，不用镀铝，通过组色转移印刷工艺，提升纸张的光泽度，是缤纷包装系列食品包装的盛装。这一类产品体现了设计感和凹版印刷的实力，无铝高光接装纸配合精美的套印、烫金图文，极大地提升了接装纸的附加值和竞争力。

我们将这一设计成功地用在品牌食品、药品包装上，使包装产品销售市场逆势上扬。金箔包装成为了整个包装行业的标杆。无铝高光接装纸的设计搭配成为细支食品包装的新品，不仅在市场上引起了极大反响，同时也成为包装市场的风向标。

第五章

创 业 人 文

三颗“心”

A.【词句表述】

党心　民心　良心

B.【词义解释】

三颗“心”是对创业者的三观要求。

党心、民心、良心是创业者一切言行的出发点和归宿地。

党心、民心、良心这三颗“心”决定了创业者的政治性、社会性和道德性。如果没有党创造的稳定环境和给予的政策支持，没有人民的肯定和信赖，没有良心道德的坚守，创业者如何能有创业的机会、发展的可能呢？我们一定要用联系的观点看问题，企业成功取决于多种因素合力。如果背离了它们，创业极有可能步入歧途，偏离方向，不仅离成功越来越远，而且可能滑向犯罪。我们的创业不仅仅是经济利益的创业，更有社会效益的创业，如果违背了这些基本的准则，放弃了这些坚守，那么，唯利是图的路究竟能走多远？德不配位的事究竟能做多久？无数失败者的案例已经摆在了那里。所以，每一个创业者，在这个核心价值观上，切不可有丝毫的松动。三颗“心”是对创业者品行原则的要求，具足三颗“心”的创业者，必然受到人们的称赞和支持。反之，创业难成。

党心　党心即指对执政党中国共产党的竭诚拥护和忠诚。没有共产党，就没有新中国。没有外部稳定的发展环境，如何能有创业的机遇？没有顶层设计、政策支持，如何能集中力量办大事？我们常说家国一体，同样，企业也要与国家荣辱与共。创业者们唯有在党的领导之下，切切实实地遵纪守法，对企业有使命感，对社会有责任感，方能最终做好企业，使企业走上一条可持续发展的道路。

民心　“水能载舟亦能覆舟”，古人主张的治国之道是“得民心得天下，失民心者失天下。”同样，在今天，得民心者得市场，失民心者失创业。那种只顾着赚钱，一谈到利益迎头就上，一谈到责任就避而不见的企业，绝不会拥有民心，更不会得到民众的支持。整个企业的团队、员工，都要有基本的道义感和责任心，对伙伴心连心，对消费者负责任。这样的企业才能获得真正的市场，才能真正确保市场的稳定繁荣。

良心　“良心”无形无体，润物无声。良心，就是心中装着老百姓。每一年的“3·15”，都是一大批昧良心的企业被扯下遮羞布、暴露于光天化日之下被绳之以法的日子。现在的经济领域，有太多的企业黑了良心，丢了良心，没了良心。但是，法律绝不会允许他们逍遥法外，民众也不会允许他们肆意妄为。一切违背良心的企业的经营行为，最终都会玩火自焚。一个真正的创业者，一定要时时刻刻对良心心存敬畏，他不仅敬畏这良心的存在，而且更会将它作为自己行为的参照，时时警醒自己。那些失去良心的企业常常一时有所得，但很快灰飞烟灭。面对有形有量的金钱诱惑，是否固守良心，是对每一个企业主体的挑战。坚守良心，这是每个创业者都必须遵循的准则。

C.【言论摘选】

◆ 共产党员的党心、民心加良心

结合我几十年创业的经验和体会，我认为，作为一名共产党员，应该具有党心、民心和良心。这是党对一名共产党员的起码要求，是共产党员不可或缺的基本素质。如果有人问你，你入党干什么？怎么才算一个好的共产党员？你如果回答有党心、民心、良心，那我看你回答得就对了。但你光讲不做不行，能讲到又能做到，真不容易啊！

我们具有公正“党心”的共产党员：必须要大力宣传、树立共产党的良好形象。所以，我们在这个时候强调党心、民心和良心，显得格外重要。我们的企业干部，应当正确理解三颗“心”，用自身行动来树立金箔集团党员干部的形象。

一、党心

为什么党的干部要有党心？你是一个共产党员，没有党心，怎么算是党的光荣成员？怎么算是金箔集团的一个成员？我用最简单的语言问一问，我们这些人到底为什么要入党？你对党的章程、纲领、宗旨到底了不了解？你扪心自问，参加共产党究竟为什么？是为了装门面、图便利、捞好处，还是真心实意跟党走？时刻扪心自问：“我对党到底忠诚不忠诚？有没有假的一套？”这就是党心纯不纯、真不真的问题。

一名共产党员，如何才算有党心？我认为起码要做到以下十条：①不管遇到什么情况，对党坚信不疑，就是有党心。②无论在什么场合，从不说对党不利的话，就是有党心。③始终把党的利益、人民的利益放在第一位，就是有党心。④无论遇到什么挫折打击，坚定不移地跟党走，就是有党心。⑤对党的号召、政策方针闻风而动、雷厉风行地贯彻执行，就是有党心。⑥碰到有损党的形象、党的威信、党的利益的人和事，针锋相对展开斗争，就是有党心。⑦用自己的模范行动，无论在什么岗位上，千方百计做出显著成绩，就是有党心。⑧时刻为党的发展、巩固、壮大出主意、想办法，就是有党心。⑨用自己的人格力量，带领更多的老百姓跟党走，就是有党心。⑩立志永不叛党，时刻准备为党牺牲一切，就是有党心。

有党心，不仅仅是一句话，更是付出代价，凭借毅力、水准和能力来表现的。

共产党人有党心，要落实在行动上，记在脑子里。在关键的时候，最能看出一个共产党员有没有党心。

二、民心

党的宗旨就是全心全意为人民服务。民心是党生存的基础，古人都晓得“得人心者得天下”“得道多助，失道寡助”。很多人当一个干部、做一个党员，却从不把民心看得很重要。这些人眼睛对上不对下、对高不对低、对少不对多，民心什么情况，他从不考虑。我的心思一天到晚集中在全集团6 000多员工身上，他们的忧愁，就是我的忧愁。身在江宁区，我有时也考虑考虑、关心关心江宁区人民的生活情况。我们党员干部要养成关注民心的习惯和思维，这也是对一个党员干部的起码要求。

什么叫“民心”？民心就是生活在社会最低层的劳苦大众的心理状况。有人不问民心，信奉“人不为己，天诛地灭”，这不是真正的共产党员；有人想民心，认为“只要我过得比你好，老百姓死活不关我的事”，这也不是真正的共产党员；有人不怕民心，认为“我的权力、我的地位、我的幸福，不是老百姓给的，我怕什么？”这更不是真正的共产党员。有这三种情况的人，尽管你活得比别人好，但活得心里不踏实、活得不光彩、活得太累。如果周围都是破烂低矮的房子、都是穷苦的人们，你却住豪宅、坐豪车，你怎么能活得幸福？所以树立为劳苦大众、为他人、为大多数人谋幸福的观念，就是有民心。我是金箔集团的党委书记，我就是这样想的、这样行动的。我要求所有党员干部都要把眼睛由向上改为向下，面向一线基层，把自己的一摊子搞好。

什么叫“有民心”？有民心就是一个主意、一个念头、一个办法、一件事情、一个政策、一个规定、一个利益等都能首先为老百姓考虑、为他人考虑。如何才算有民心？我认为做到以下10点就是有民心：①想出一个主意，不能有损老百姓、有害他人的意思，就是有民心。②闪出一个念头，首先考虑别人，就是有民心。③提出一个办法，对大多数人有利，就是有民心。④做一件事情，先替别人和他人打算，就是有民心。⑤制定一个政策，对少数人不利，对绝大多数人有利，就是有民心。⑥颁布一条规定，不是为了坑害职工群众，就是有民心；⑦面对好处、利益，首先想到的是职工、是群众，就是有民心。⑧说话办事，坚持实事求是，不欺上瞒下，就是有民心。⑨揭发坏人坏事，保护好人，就是有民心。⑩赏罚分明，支持先进，批评落后，就是有民心。

作为党员干部，一旦有民心，你的想法、办事出发点就会自动考虑到老百姓、注意到老百姓，始终为老百姓服务，你的工作一定会干好。比如最近，厂里的效益好一点了，我马上想，这么多骨干、这么多人跟我干，我是不是多发两个奖金给他们，让他们出去旅游一下、活动一下？这个念头一闪，就是想着别人、想着他人了，这就是有民心。如果情况相反，你想到最近自己有好多费用报不掉，于是想办法用点子来处理处理，在厂里批还麻烦，在里面开支算了，这就是没有民心的表现。

“领导心中装着群众，群众心中装着领导”。金箔集团能有今天，我本人能有今天，都是职工支持、奋斗的结果。我有三个“做人”理论：像模像样做人、理直气壮做人、堂堂正正做人，就是以老百姓的支持作为做人基础。民心不可污，民心不可欺，民心不可无。

三、良心

良心就是人品，良心就是德性，良心就是度量衡，良心就是要存好心。良心不是“看不见、摸不着”的东西，良心是人的本质，良心是人的灵魂。共产党人就是要做有良心的人。全心全意、好心好意为人民服务的共产党员，才是一个真正的共产党员。“好心才能有好报”，但好心并不是立马就有好报的，好心也不是为了图好报，好心明天是必有好报的。

我们共产党人最怕被老百姓指着鼻子讲一声：“你们这些人不讲良心啊！”这是对我们最大的批评。如果有人骂我“江宝全这个人不讲良心”，可以讲，这比别人骂什么都让我难受。一个共产党人如果没有意识到自己是人民、是党培养起来的，忘记了过去在哪儿，当了干部、居于一定的领导位置后，就忘记人民的培育、忘记党的教导、忘记老干部的栽培等，这些都是没有良心的表现。今天我要从反面、从 10 个方面列举共产党人没有良心的具体表现：①“丢了讨饭棍，忘了叫街时”的党员没有良心。②“端着饭碗吃肉，丢下饭碗骂娘”的党员没有良心。③“一事当先，先替自己打算”的党员没有良心。④“只管自己家中鸡犬升天，不管他人死活”的党员没有良心。⑤“表里不一”的党员没有良心。⑥“中饱私囊”的党员没有良心。⑦“贪图安逸、追求享受、吃苦在后、享乐在前”的党员没有良心。⑧“人心不足蛇吞象”的党员没有良心。⑨“居功自傲”的党员没有良心。⑩“施烟幕弹，耍阴谋诡计坑害人”的党员没有良心。

改革开放以来，共产党打破旧的制度，引进世界先进技术、产品，把束缚生产力的东西全破了，领导我们改革开放，使我们走上了幸福道路，才有我们今天丰富的物质生活。记得当年我们化肥厂的工人买了一双皮鞋，一天擦好多遍，每晚用新报纸盖着，绝不允许皮鞋沾上灰尘，在重要场合或去城里才穿，有人一辈子只穿两三双皮鞋。现在我们每个人拥有的皮鞋一双又一双，手表都是高档的，这一切的变化都是党的改革开放带来的。没有这个时代，没有这种稳定的社会背景，哪里有我们企业的今天呢？

用我的经历来做主题，讲一个共产党员做人的素质要求，讲到是要做到的。有人关心我的身体，叫我注意身体，但是他不理解一个主要领导的处境压力。社会主义生产目的是不断满足人们精神文化和物质方面的需求。就个人来说，享受什么、奉献什么，自己很清楚，要摆正各种利益关系。

作为一个共产党人，你有党心、民心和良心，心中始终装着他人，可以讲你的精神面貌一定是好的，你绝对在任何时候都会受到人们的赞扬，有很好的口碑。要想取得老百姓的拥护、取得党员干部的信赖，就要花费很大精力。

因此，我们所有党员干部都要在新世纪树立一个好的形象，做一个真正的、优秀的共产党人。特别是今天参加会议的干部，如不把党心、民心和良心认识清楚，把三颗“心”上升到一个高度来理解，那么也不可能成为党的好干部，不可能成为好的创业者。作为一名党员干部，就要抵制各种诱惑，如一根旗杆，屹立在企业中；要高举党的大旗，让党旗在企业飘扬。

D.【案例一】

我理解的党心

我是1970年入党的老党员。坚决拥护中国共产党，听党中央的话，处处以共产党员标准要求自己。

2019年8月20—24日，为了弘扬红色革命精神，我带领金箔120多名干部赴井冈山，到赣州于都中央红军长征出发地、长征源，参加“新长征，再出发”活动，对干部们进行党心教育。

每年“七一”，我都会以老党员身份给企业党员们上党课。我讲得最多的、几乎年年都讲的就是“党心、民心和良心”，观点不变，素材常新。我总是结合亲身经历，语重心长地告诉大家什么是党心，为什么一个人要坚守党心、一个企业家要坚守党心。

我与集团所有的党员同志共勉，始终有党的信仰、坚定不移地跟党中央保持一致就是有党心。不能只讲大话、空话、套话。从参加工作起，我就深切地感到一级听一级比较实在，省委听中央的，市委听省委的，县委听市委的，下级与上级保持一致。我是县委派到企业的党委书记，我听县委的，企业里的党员干部都听党委的。我们要与党中央保持一致，这不是喊口号，是一定要落到实处的。这就是有党心。

我对党心的这个理解，多少年来，始终不忘，一直铭记在心。所以金箔企业党组织体系一直比较完善，企业党委一直是先进党委。

【案例二】

四件难忘的民心实事

1983年，长江一场大水，肆虐无情。7月13日，金箔厂没能幸免。金箔厂奄奄一息，政府决定将工厂搬迁。工厂没有了，亏损200万元，很多人绝望离开了，剩下的艺人日子过得青黄不接。

我于1983年11月23日到任，带领员工众志成城，通过三年时间，将金箔厂从死亡边缘救活，使之焕发生机。1986年，我做了4件重要的事也是难忘的事，安顿民心，拯救金箔事业。

（1）还清前期外债；

（2）培养7名青年打箔工和27名切箔工；

（3）建造起第一幢家属楼，40 户职工喜迁新居；

（4）为 72 名临时工办理合同制，使他们与正式工同工同酬。

从此以后，我们团结一致，振兴发展金箔厂，民心顺，企业兴。得民心的这几个重要举措，不仅拯救了金箔厂，更起到了凝聚人心的作用。

【案例三】

接管四个倒闭企业

多年来，我有一个特性：只要遇到社会紧急需要，只要老百姓有人遇到困难，只要是力所能及，我都会毫不犹豫站出来，为党和政府挑重担，为老百姓排忧解难。即使遇到吃力不讨好的事情，甚至还遇到“农夫与蛇”的情况，我仍然义无反顾。

1996 年，当时的江宁县唯一的一家国有企业——南京起重电机总厂资不抵债，走入绝境，亏损上千万元，800 多人面临下岗，企业无法支撑……在这关键时刻，我全权接管了电机厂，将公司亏损资产与员工一并接纳入金箔集团，随后注入大量心血，使电机厂起死回生。几年工夫，企业发生巨变，焕发出新的活力，很快成了中国最大的起重电机生产基地。800 多名员工，近千个家庭，生计得到了妥善安排，他们的家庭有了生存的出路和依靠。

1997 年，江宁湖熟板鸭厂处境困难，到了生死存亡的时候。我再次受地方政府嘱托，为他们排忧解难，投入巨资，接管了板鸭厂，使江宁胡熟板鸭这个有着 500 年历史的名牌产品得以光大。板鸭厂多年来积累的大量后遗症，全部得到了解决。目前，湖熟板鸭厂充满了蓬勃生机。

1998 年，江宁县花园金箔厂经营不下去，我受龙潭镇政府委托，全盘接管花园金箔厂，使这个企业起死回生。

1999 年，江宁地方最大的国营老厂新蕾化工公司破产倒闭。我主动为政府排忧解难，接管新蕾公司，使新蕾的 1 361 名员工的生活得到了妥善安置，企业处境得到了彻底改变。随后，集团又投巨款，下定决心拆除了老厂区，为驻地政府解决河定桥地区脏乱差问题扫除了最大的一个障碍。

通过收购，我们将一个个“烂摊子”变成了“金果实”，为政府解了忧，为员工解了困。做到这些，我觉得良心得到了慰藉。

三个“人”

A.【词句表述】

人性　人情　人味

B.【词义解释】

拥有创业技巧，掌握市场规律，处事随机应变，等等，还处于创业的基本层面。仰望星空，坚守心中的道德自律，这是人之善的境界。创业者的本质是人，不论所创之业是什么，不论旁观者怎么看，都需要时刻提醒自己，不忘记自己是一个有人性、有人情、有人味的人。这些都是人的基本伦理道德。作为创业者，单达到一个“真”的境界，可能使得企业在经济效益上不断攀升，然而，创业者仅停留于一般的善，绝不会成为有社会影响力、号召力的领军人物。心胸决定广度，眼界决定高度。当创业者达到“善”的境界后，会给企业带来另一种不一样的精彩。

人性　人性指在一定的社会制度和历史条件下形成的人的品性，这里指创业者所必须具备的人的品性。创业者的第一个身份首先是人，“人之初，性本善”，作为人一定要与人为善，要有人的善良，善良几乎是一切向好的人性的基石。只有成为一个善良的人，才能成为一个成功的创业者。当下，道德滑坡之声甚嚣尘上，熟悉下的陌生，存在中的虚无，喧嚣中的冷漠，只因在人群中多看了你一眼便拳脚相加，等等，种种“不善”的现象并不鲜见，“善”似乎被藏于历史的博物馆中了。正因为如此，在冷冰冰的经济计算背后，重新凸出善良、人性的重要性尤为重要。人性绝不是一句口号，而必须要“成于中、形于外”，同时要推己及人，不仅要塑造道德主体人格，更要构建德性世界格局。

人情　人情指创业者在创业过程中，与事业、企业及其他人形成的情感关系。对于创业者来说，人情不是空洞的说辞，而是应当亲身践诺的品格。道德主体绝不是单独的个体，而是处在人情关系中的社会存在，在企业中的表现是对同事友好、对下属关爱、对团队充满爱心。一个丧失人情甚至损毁人情的创业者，即使能侥幸获得一些利益，最终也将遭到社会的谴责和公众的唾弃，所以我们要相信德福一致。

人味　人味指人所特有的自尊、意趣、感情和观念等。每一个创业者，要有正常人的气息，没有被扭曲的为人举止，讲话做事和蔼可亲，实在真诚。在创业的过程中，创业者会遇见很多人，在与人的交往之中，充分尊重他人的自尊心，尊重不同的意趣、感情和观念，就是维护最基本的人味。一个有人味的创业者，才能获得大家的支持和跟随。

C.【言论摘选】

◆ 做人的思想工作不是讨好卖乖

用讨好卖乖的方法笼络人，用专讲好话不指出缺点的方法融洽感情，用请客吃饭、喝酒、打牌的方法建立感情，这都不是创业者做思想政治工作的正确方式。

◆ 善于把“我”的观点推销给“他”

党政工团兼职是削弱企业思想政治工作吗？不是。以前或者是现在，做思想工作的一般方法都是：正确的找错误的；上级找下级；特定指派人；宣教式或培训式的。而我认为，企业思想政治工作应该寓于经济工作之中，以抓经济、跑市场的观念方法去做。有效的做法应该是“我”“巴结”“他”，把“我”的观点推销给“他”。

◆ 人人都要做思想政治工作

书记不脱离经济工作，创业者不忘思想政治工作，党、政、工、团、妇联全力以赴开展思想政治工作。将企业非生产性机构配备得像机关里的那样是不必要的。思想政治工作决不能单靠哪一个部门来做，也决不能单靠哪个人来做。在一个企业里，应当人人都要做思想工作，个个都可能有思想问题要靠别人来做。

◆ 用市场经济观念来抓思想政治工作

所谓“用抓市场经济的观念来抓思想政治工作”，说白了很简单：“客户是皇帝”。在我们创业者眼里，也就应当把群众当亲人、兄弟一样看待，而绝不能以上级找下级、正确的找错误的、领导找职工的观念和口气来说话办事。你要想向“亲人”推销你的“产品”，你就应当千方百计向“亲人”介绍你的这个“产品”的特点、质量、价值、服务等情况，使“亲人”欣赏并接受你的这个“产品”。

◆ 思想政治工作要变换花样

用抓市场经济的观念意识来抓思想政治工作，其形式方法也要和产品更新换代一样，经常变换花样，推陈出新，给人一种新鲜感、兴趣感。有时，还要寓教于乐。

◆ **思想政治工作切忌空谈**

用抓市场经济的观念意识抓思想政治工作，一定要像办企业一样，坚持信誉第一的宗旨。思想政治工作切忌空谈，更忌说假话、说大话，而一定要让广大职工听得到、看得见、摸得着。

◆ **把工人冷暖放在心上**

创业者的责任很大，在企业的工作没有句号，顺利的时候要大步往前走，困难的时候要做垂死挣扎。企业如果没有经营好，金箔厂的那么多人一旦失业，我和在座的就很丑了。因此，把工人的冷暖放在心上，我们每个干部责无旁贷。否则，我们当这个创业者还有什么意义？

◆ **创业者是好是坏，就看心中有没有员工**

我认为，在职工们眼里，一个创业者是好是坏，不仅要看你是否自觉廉政，还要看你心中有没有大家，能不能给他们带来实惠。我过去曾经排队买饭，厨师看到是我，打菜都多一些。有些人研究后就跟在我后面打菜，厨师看给我打多了，也不敢给别人打得少，这样影响反而更坏。

D.【案例一】

金箔艺人免费逛京城

你知道国徽为什么金光灿烂？

你知道故宫的金銮宝殿为什么金碧辉煌？

你知道人民英雄纪念碑为什么庄严肃穆？

……

金箔艺人为什么这样传诵？是因为他们看见了自己的劳动成果。让他们引以为自豪的，是他们亲手生产的金陵金箔，点缀在这些景物之中。

金箔艺人，是传承非遗金箔的直接工作者，也是企业中掌握金箔绝技的一群人。我们保护他们，除了为他们创造和提供必要的工作、生活条件之外，还特别注意给予他们特殊的尊重。同时，我们还定期组织他们到那些附着他们自己劳动成果的目的地旅游，这也是我们对金箔艺人给予特别尊重的做法之一。最早一次，是在1985年，我们一次性组织40位20年工龄的金箔艺人到首都北京，免费旅游一周。他们到北京，看到金箔在国徽上、牌匾上金光灿烂，很多艺人激动、高兴得热泪盈眶。自己作为金箔人，看到这些无不感到前所未有的自豪和骄傲。

后来渐渐地就形成一个制度，隔几年我们都会组织工龄达到20年的员工免费外出旅游，甚至出国旅游。2018年，集团总部开展“我在金箔最难忘的一件事”的征文，很多人记下了旅游时开心快乐的场景，表达终身投入金箔事业的自豪与快乐，以及心中对金箔的无限感恩。

【案例二】

一顶尼龙帐

20世纪80年代初期，我还在化肥厂工作。

有天晚上，建厂初期就参加工作的同事陈某老家在福建，说他爱人进厂做编外用工许多年，连一些比她后进厂的人都转成合同工了，她却至今未转。为这件事，他已经找过我很多次。每次，名额都被比我权大的人给了别人。这次陈某特意送了一顶尼龙帐表达急切的心意。

这顶尼龙帐，在当时价格不菲，本地市场买不到，这是陈某让福建老家的亲戚寄过来的。我决定帮他的忙，但是肯定不收这顶尼龙帐。陈某以为我不收尼龙帐，就是不愿意帮忙，就将尼龙帐往我床上一扔就跑。

党委会上，我说："如果这次不解决陈某老婆的转正问题，我就不干了！"在我的强烈要求下，陈某老婆的问题得以顺利解决。事后我想，这件事当时处理得虽然有点急躁，甚至表现得过于意气用事，但是，不管是从人性上说也好，你说是人情也罢，总之，在上级领导的关心下，事情最终得到了解决，同时也为陈某全身心地投入工作解决了后顾之忧。

人生在世，人情是一定要讲的，该讲的时候，就必须讲。那顶尼龙帐，我原封还给了陈某。

【案例三】

让员工安居乐业

20世纪90年代中期，金箔企业进入快速发展时期。金箔的年轻一代迅速成长，大多数人有了家庭，但是很多职工没有房子，长期租住在出租房内。那时租房市场比较混乱，房东经常找理由涨价，房子内家具陈旧，需要维修才能正常使用。在外租房的员工，一个月的工资会为租房的各种费用用去一半。员工为此分心、闹心，我也烦心、痛心。

那时，国内房地产发展刚起步，一般小家庭买不起房，也买不到商品房。家应是最有人情味的地方，然而昂贵的房子，成为人们眼中高不可攀的幻想，也成为最没有人味的物件。我们看在眼里，急在心里，思前想后，提出建设金箔家园的设想，让金箔人安居乐业。当时，由于企业发展速度快，资金短缺，我们找银行贷款，找政府摆情况，想尽一切办法，先后建造了“金箔家园”“金箔新村”“天印花园”“金王府”等可供一大批员工入住的套房。在厂内只要符合条件的职工，交付优惠于当时市场的费用，就可以入住其中，这一系列举措温暖稳定了广大员工的心。

从那以后，他们再也不用处处找房租住，可以集中精力投入工作。他们怀着对企业的感谢，更加努力地工作，生活一样继续，却多了对未来的更多憧憬和希望。企业本身也创造了拴心留人的好环境。

三个“诚”

A.【词句表述】

诚实　诚恳　诚信

B.【词义解释】

古人说“诚外无物”。诚，乃长久之道，智者之重。鼠目寸光者，对其不屑一顾；心存高远者，视其为千金。诚，可能不会如经营、销售之技巧那样立竿见影，然则是一个企业的生存发展之道。“道”乃技之根也。中国人自古以来便有以诚相待的传统，孔子曾说“人而无信，不知其可也”，《礼记》道“不宝金玉，而忠信以为宝”。这个传统不仅仅是个人待人接物的礼仪，也是整个社会人与人和谐相处的基本原则。诚实、诚恳、诚信，便是这个“诚”字最为具体的表现。创业者的三个“诚”，除了体现这些作为一般人应有的表现外，还应特别注意，在创业之路上，我们要坚守契约精神，遵纪守法，恪守诚信经营的原则，说话算话。三个“诚”是对创业者与人交往的要求，诚意正心、抱诚守真才能创业功成。创业者在创业过程中，做人诚实，待人诚恳，行事讲诚信，信守诺言，信守合同，不仅符合传统道德要求，也符合现代文明社会的规范。面对社会各个阶层、方方面面，一个创业者必须树立良好形象：诚实，一切实事求是；诚恳，谦虚谨慎、虚心好学；诚信，说到做到，不放空炮。

诚实　诚实就是指创业者以真诚的人品、真实的作风向业界传达自己的所思、所想、所知、所行。诚实不仅仅是一个创业者的人品，更是一家企业的品格。一个不诚实的创业者，一家不诚实、对公众口是心非的企业，一定不会受到消费者和社会公众的认可和支持，正如西方的谚语所说“失去信用而赚的钱应该算在损失里”。

诚恳 诚恳就是做人不虚伪，真心诚意，待人接物态度谦逊，有礼有节，凡事有求同存异之心，谋求大的格局，不占便宜、耍手段，避免不良竞争。诚恳待人的创业者一定会得道多助，不诚恳的也必定会失道寡助。以诚待人的企业也一定拥有长期而广泛的支持者、追随者，正如程颐所说“以诚感人者，人亦诚而应”。

诚信 诚信就是恪守道义，守约有信。在中国，无论过去、现在，还是将来，有一句话一定是做人的根本，那就是“无信不立”。没有诚信的创业者在生活中，可能会有某时某地的利益，但是，最后一定会彻底失败。因为，唯有厚德方能载物，信守诺言，不仅是我们传统道德的诉求，更是现代文明社会的规范。言而无信，以谎言欺骗为手段，最终一定会失去道义的支持，而被消费者和社会所谴责与唾弃。

诚之用，不会立竿见影。同样，诚之立，也非一蹴而就，它不仅来自外界，更应该源自自律和自身的道德力量。

C.【言论摘选】

◆ 我做事讲话一直实实在在

我工作 38 年，从不拉帮结派，从不搞自己小圈子。对任何人，我都讲“三诚”：诚实、诚恳、诚信。

小时候，我学过大庆，大庆“三老”“四严”永远牢记在心：说老实话，做老实人，办老实事；对待工作要有严格的要求，严密的组织，严肃的态度，严明的纪律。在金箔几十年，我从不违背。

D.【案例一】

一个承诺

“干出成绩是你们的，干出问题是我的”，这是我接管金箔企业后给企业干部们长期的承诺，而且说到做到。

企业“搞得好不好，关键在领导”。企业的领导人多干活、多吃苦、多承担责任，不能多得利，完全靠“觉悟高”和“思想好”来为企业吃苦耐劳，这种“吃苦在前，享受在后”的思想，是干部应具备的基本素质。但是，各种实践证明，单纯凭觉悟和思想是难持久的，也有违“按劳分配，多劳多得”的社会主义分配原则。微薄的经济收入很难调动多数干部的积极性。特别是现在的领导人应酬多、开销大，即使有部分公款报销，也很难弥补实际的开销，这导致许多干部还贴钱干工作。这种“拿钱少的在前方打仗，拿钱多的在后方供养”的状况，如果在企业长期不改变，那么肯到前线打仗的将会越来越少。

直到今天，在金箔集团，我一直都以诚信的态度，来兑现这个承诺。兑现对厂长、经理们取得成绩就给予奖励的承诺，为他们挡风、挡子弹、保驾护航。

【案例二】

他迷失了方向

20 世纪 90 年代，金箔集团提拔一个干部。这个年轻人综合素质较高，集团给了他一个平台后，工作局面很快就打开了，他在干部队伍中崭露头角。

在很多人的眼里，这名年轻干部往后的路是会越走越宽的，他也让同时期的年轻人无比羡慕，因为他的前途一片光明。天上的太阳，总是照向那些懂得阳光价值、会享受阳光沐浴的人。而对于那些在阳光照耀下，却不怎么阳光的人，太阳的光芒就会直击他阴霾的心灵。这个年轻的后生，在一片光明的前景中，却迷失了方向。他自作聪明，自以为是，巴结官僚权贵，依靠狡黠的经营伎俩，游走在法律边缘，甚至于违规操作一些经营项目。最终，他因触犯法律而锒铛入狱，失去了施展创业才华的舞台。我们经营企业，如果不按照市场规律诚恳地做人做事，缺少经营发展的正确思维，铤而走险，最终是无法维系的。

创业者对人、对事，如果失去了正直诚恳的态度，就会变得自私自利。阳光下行动，才能厚德载物。阳光下作为，才能驱除心里的阴霾。

【案例三】

支持中国象棋二十三年

在江苏棋坛，有一场棋赛比较有名，一是办赛时间长；二是社会知名度高，这个棋赛就是“金箔杯”象棋擂台赛，至今已经坚持办了二十三年！

二十三年前，不要说资助中国象棋，就是做公益的人都不多。那时，江苏棋院徐天红副院长找到我，希望我们能够赞助中国象棋事业，我嘴上说“行”，可心里还是犯嘀咕，那时候，金箔厂刚从资不抵债的泥潭里走出来，经营状况略有起色，如果立马出资支持象棋赛，别人会不会说我们“烧包”？但是，回头想想，象棋不像其他的热门赛事，支持的人多，如果我们不给象棋赛事“雪中送炭”，而和别人一样搞“锦上添花”，那这象棋事业的大发展要待何时？我向来言而有信，既然已经答应，我们就义无反顾、不声不响地支持了象棋比赛，从 1996 年至今二十三年不间断……

“金箔杯”象棋擂台赛越办越好，从江苏走向了全国，又走向了世界！现在，又增加了中学生参赛项目，评选出的冠、亚军直接上全运会。足球、乒乓球以及其他一些竞技项目举办赛事时，电视、广播、报纸等各类媒体抢着报道，而这象棋大赛，报纸最多上个“豆腐块”，有时连“金箔集团”四个字也见不到，但我们不图虚名，只求实效，着眼长远，搏击未来。

金箔人做人做事就跟这下象棋一样，看全局对路才会领先；看长远几步才能取胜；看沉着、冷静、多思、慎独，才会立于不败之地！支持中国象棋，犹如自己干金箔事业，坚守职业操守，练就行业真功，不受左右干扰，持之以恒，一年又一年，把金陵金箔做到世界冠军，这就是我们诚信基石上的象棋精神……

这个支持还将持续下去。

三“做人”

A.【词句表述】

堂堂正正做人　理直气壮做人　像模像样做人

B.【词义解释】

人是企业的灵魂。作为一名创业者必须致力于成为一个这样的人，不仅决定着创业者个人的命运，也决定着创业事业最后的命运。对很多自鸣得意的创业者，我常常是眼见他们宴宾客，眼见他们起高楼，又眼见他们楼塌了。他们失败的原因各种各样，可是归根到底有一条，那就是做人的失败。做人乃行事的前提，人都做不好，事怎么能做好呢？业怎么能创成呢？一个优秀的创业者一定是有人格魅力的人。做人就应当堂堂正正做人、理直气壮做人、像模像样做人，正所谓“吾日三省吾身，为人谋而不忠乎？与朋友交而不信乎？传不习乎？”如果做不到这些，创业也一定会因为创业者的德不配位，而以失败告终。

堂堂正正做人　堂堂正正做人指不搞阴谋诡计，做人光明磊落。堂堂正正做人的创业者，是遵守法律、尊重社会道德、对一切正义和人性心存敬畏的人。他们行走在光明大道上，挺起胸膛。他们言行一致，表里一致，不耍阴谋诡计，更不会为了达到目的而不择手段。正所谓“人在做，天在看”，世界上没有不透风的墙，所以创业者千万不要做见不得光的事情，堂堂正正做人，才能获得整个社会的尊重，也必定能获得民众的支持。

理直气壮做人 理直气壮指的是理由正当充分，胆壮而有气势，不畏首畏尾，言行有道理、有底气。有理走遍天下，无理寸步难行。创业者在创业中，应当兼顾天理、国法、人情，坚持理直气壮做人。凡事求理，凡事在理，凡事有理。如此，才会得道多助，使得创业的路越走越顺，事业越来越成功。

像模像样做人 像模像样做人指人前、人后体面庄重，有面子、有地位。创业者充分注意自己的仪表、仪态，在公众场合、人前、人后塑造一个良好的公众形象，既有面子的端正，也有地位的彰显，这对于创业者来说是一个非常有利的加分项。不卑不亢，体现自尊，不仅对创业者的个人形象有利，对企业形象也有很好的提升作用，让人们一看，觉得这个创业者像那么回事，像模像样值得尊重。

C.【言论摘选】

◆ 把自己培养锻炼成开拓型人才

我们提倡每个创业者要把自己培养成开拓型人才，成为真正的创业者。组织交给你一个单位，你要积极主动工作，迅速打开局面。真正的创业者是没有事会找事干、干一项工作要有一项工作成果的人，而绝不是那种表面听话、实际属算盘珠子、工作没有一点起色的人。创业者不能任人唯亲，决不能嫉贤妒能，不能拉帮结伙，凡事都要考虑一盘棋，要遵守“上级领导下级，个人服从组织”这一铁的纪律。

◆ 学开汽车还要半年，管理更要下功夫

为什么我们有许多青年人主观上想把工作干好，结果却事倍功半，或者是“力不从心”呢？这反映了我们干部缺乏现代化管理知识和领导艺术。试想，一个人开汽车还要学半年、一年，而企业这部机器要比汽车复杂得多，难道还可以说管理企业用不着学吗？这真是天大的笑话。“知识就是力量的源泉”创业者要把学习知识当作头等大事来对待，自觉养成良好的学习习惯，抓紧时间学管理、学知识、不要满足于一知半解，不要不懂装懂。打铁还需自身硬，不断充电，终身学习，掌握一定过硬的本领，工作才能运用自如。

◆ 创业者要经得起风浪

当一名企业领导人是不容易的，常年为企业呕心沥血，在外东奔西跑，时常还要受到不应有的指责和恶语中伤。但我们的创业者要经得起风浪，不要在乎这些，一定要自始至终保持头脑清醒，保持企业大局的稳定、生产的稳定。

◆ **创业者不强调客观**

我们要进一步打破思想上的禁锢和障碍，开阔思路。创业者不讲困难，不讲客观，只讲怎么创造条件，驾驭工作，干成绩。“风险”和“收益”同时并举。世上没有一件事是不用冒风险的，敢于冒风险才能采摘最甜的果实。

◆ **创业者日常励志要求**

创业者要争做现代企业家，要学政治家的风度，不能“人得志便猖狂”，不能“小人发财如受罪”，不能“小人办事混时光”。

◆ **企业的生存全靠我们自己**

看位子没用，守摊子不行，以事业厂子为重，干好摊子才是最好的后台、最好的根基。任何一个领导都不可能是我们的保护神，企业的生存全靠我们自己。

◆ **金箔高管必须懂得三个“做人”**

一直以来，我们要求金箔人要懂得三个“做人”：像模像样做人，堂堂正正做人，理直气壮做人。对这三个“做人”要懂得，还要做到。做人心中无愧活得才能理直气壮。

D.【案例一】

廉 生 威

午饭时间到了，办公室工作人员一般会拎着我的饭盒，到职工食堂帮我打饭，我的饭菜都是和员工一样的。除了会议和接待需要之外，多年来，我喜欢这样吃食堂。金箔集团有很多供应商，不论他们是通过什么路子找到我，我基本上都不同他们一起吃饭。

2005 年 7 月 1 日，我在集团党员大会上提出三个“做人”的观点。除了这次讲话，我还经常在各种场合反复宣传这个观点，产生了“廉生威”的强大效应。

我就想做“三种人”。

现在不少人贪图小利、收受贿赂，继而心里不踏实，思想有负担，钱再多也没有什么意义。我不喜欢这样，所以从不跟供应商在一起吃饭，也不跟施工单位一起玩。因此我思想上没有压力，心里坦荡荡，可以说做到了“三个心不慌”：深更半夜家里有人敲门不慌，心里有底肯定不是有人来抓我的；走路上警车在我面前突然停下，我不慌，因为肯定不是来抓我的，车内肯定是朋友打一下招呼的；有诬告匿名信，我不慌，因为肯定不是真实的。

创业者应该堂堂正正做人。我常跟大家提起毛主席的故事。伟人自幼爱吃红烧肉，当我国遇到前所未有的三年自然灾害时，他带头艰苦奋斗，身为共和国主席，连红烧肉都不吃了。一次，工作人员想到老人家好长时间没吃红烧肉了，就为他烧了一盘，他见了很生气，说："人民群众肚子都填不饱，我却享用红烧肉，这叫我如何向人民交待？"这小小的例子，正是我们共产党的领袖堂堂正正做人、不搞特殊、不谋私利、始终想着人民的一个经典例证。

【案例二】

评选"六个十"，出彩金箔人

作为企业领导人，日常，我心里想得最多的，是让每一个努力工作的金箔人有出彩的机会。

从 1986 年起，我们取消企业评比先进班组、先进个人的活动，取消单纯的政治学习日活动。取而代之的做法是：一方面用好的管理体制，给下属经济实体以宽松自由的环境；另一方面大力宣传表现出色的人物。

每年评选"六个十"，让金箔人中的优秀者闪亮出彩，这个评选在金箔集团成了一个惯例，已有二十多年。这"六个十"是：职代会评选"十佳新闻人物"营销节评选"十佳营销人员""三八"评选"十佳妇女""五四"评选"十佳青年""七一"评选"十佳党员"九月评选"十佳科技精英"，宣扬他们的成绩，给予金牌嘉奖。

对当选的各类"十佳"人物，集团给他们制作 VCR、颁发金条，对他们进行精神和物质双激励。"十佳"们还可以任选国内一个旅游点免费旅游十天，集团组织编写他们的先进事迹，载入金箔集团年册存档，并记入金箔集团功劳簿。

【案例三】

民选车间主任

千古金箔技艺，一直由师徒传承，能者为师。我们进行企业内部改革，以产业化要求强化车间领头人的挑选。选出的人，要让艺人们、师傅们同意，起初是不容易的。

1984 年的一个夜晚，有人敲我的家门，我赶忙穿好衣服开门接待。来人原来是金箔厂的四个小伙子，他们在一起喝了酒，兴奋之余来到我家里。常言道："无事不登三宝殿"，他们一落座就说，老主任年纪大了，能力也不够，职工意见大。原来，他们是为推选打箔车间主任的事情而来的。我耐心地听他们的诉求，听他们的打算，同时，肯定了这四个小伙子想做事的积极性。送走他们，我心里定下了决心，决定第二天再听听各方面的意见。

第二天，我在会议上创造性地提出“民主选举”方案，得到了大家拥护。民主选举车间领导，由群众直接投票，而不是由上级直接任命，整个过程当场做到“公平、公正、公开”，一切透明，一切都像模像样、正正规规地实施。通过民主选举，何其保（现任金箔控股集团董事局副主席）以 80% 的高票胜出，我当场宣布选举有效。

后来，何其保理直气壮上任，车间工作一步一步稳健发展。何其保也从一个打箔工成长为企业领导。权力在他手里像模像样地运行，达到的效果也像模像样。多年的事实证明，那次民选的效果是非常好的。

三个“主”

A.【词句表述】

主动　主见　主责

B.【词义解释】

局有开合，势分进退。处在竞争局势之中的创业者，若想一步步走向成功，不仅要时时刻刻保持清醒的头脑、细致的思维，更要持有坚强的意志，具有致人而不至于人的主动精神。市场即战场，风云变化，瞬息万变。要想在剧烈的变化中生存下来，就必须善于从被动转为主动，这样才能有力地掌握市场的脉搏，掌握发展的趋向。从本质上说，创业就是主动，是整个生命向着社会所发散的精神与行动。而这个主动，不仅仅是精神的主动，更是主观见之于客观行为的主动。因此，主动、主见、主责，这三个“主”全都是创业者必须具有的本领和必须承担的重荷。三个“主”要求创业者时时事事要有主角意识，在创业的舞台上，不论何时，均应记住自己要主动担当主演。

主动　主动就是，创业者对创业具有积极的进取精神，有敢为天下先的勇气和担当；有将理想变成现实的远见；有对团队、对企业、对伙伴支持的果决；无论顺境、逆境，无论失败、成功，都有一颗勇敢、求战、不屈的心；对创业工作的重担不消极、不回避，以勇敢者的姿态与精神担负起创业的重任。创业的前途常常是未知的，创业者要以主动的行为，时时挑战这个未知。

主见　主见是指创业者对人、对事都能独立地思考，一切从事实出发，一切向实践靠拢，以实事求是的态度对待问题，不疑惑、不忐忑、不人云亦云、不随波随流。正如德尔斐神庙上写的“认识你自己”那样，你自己认准了的事情，即使再困难，也一定要坚持；自己追求的理想，即使希望再渺茫，也一定要坚守。真正有主见的创业者，常常在黑暗深处看到黎明，常常在荆棘途中感到希望。而这一切，也皆是他们能够引领众人迈向成功的重要原因。

主责 主责就是指在创业的过程中，遇到了问题，创业者首先从自己身上找原因，不找客观，不推诿责任，不回避问题，以坦诚的态度面对问题，也面对自己。胜败乃兵家常事，进退乃大争常谋。在一个地方跌倒，就一定要在一个地方依靠自己的能力爬起来，不仅要爬起来，而且要认真分析失败的原因，举一反三，重析全局，认真总结经验教训。所谓“密涅瓦的猫头鹰只有在黄昏时候才会起飞”，创业者要多反思，勇于承担主责，就一定会凝聚起人心，化被动为主动，重新开辟新的局面。

C.【言论摘选】

◆ 创业者需要主动畅想

提起创业者，人们通常把他们看成是一群成天忙忙碌碌地与市场、产品打交道的人，是一群精于计算经济利益、讲求实际的人。这当然没有错，却常常忽略了创业者必须具备的另一种重要的素质：主动出击，富于想象。

1983 年，我刚来到这个厂的时候，面对的是一个年产值仅 175 万元、内外债却达 190 多万元的亏损企业，厂房鸟笼式、生产作坊式、工艺传统式、打金箔工人坐的是小板凳、垫的是小砖头、烘开子是用火炕、烧的是煤基……看到此情此景，我十分感慨：江宁金箔，你能使天安门城楼上的国徽金光灿烂，能使故宫的金銮殿金碧辉煌，能使雍和宫的大佛金彩四溢，为什么制造你的厂家却一点也不辉煌，显得那么陈旧、灰暗、衰败？我寻思，那是因为金箔太“辉煌”了，以至于我们的思维在这“辉煌”的笼罩之下打不开，眼睛只盯着金箔，心里只想着金箔，于是只好捧着“金饭碗”过穷日子。要改变这种状况，当务之急是走出历史的辉煌，主动把思路打开。

1984 年，有一次，我到北京出差。在街头偶然看到“全聚德”烤鸭店的招牌金光闪闪，心中忽有所思。一了解，发现那金字招牌居然用的是我厂的金箔。过去，我厂都是卖原料，给人家搞装潢或制作工艺品。而今，“金字招牌”热刚刚露头。我想，我们为什么不能对金箔搞深加工呢？搞装潢、制作工艺品我们不具备条件，但贴“金字招牌”完全能够做。我设想，全国 700 多个中小城市，每个城市做 5 万元生意，一年就可做 3 500 万元的产值，那可是“钱”途无量啊。于是，我便派出一名打金箔的工人到天津古建筑队学习贴金技术，他回厂后又带出了 10 多名徒弟。当年，我们就办成了贴金工艺厂，并为江苏电视台做出了第一块金字招牌。追溯源头，我在北京街头的畅想可以说是播下了一粒种子。

不仅贴金工艺是如此，其他行业的产品，其开发的初始阶段，大都得益于主动出击，敢于畅想。

可以说，一个新产品，就是一支畅想曲。20世纪80年代，我看到《展望》杂志上的一篇文章，作者列举了大量趣例，说明许多新产品的开发都是畅想的产物，由此提出“产品畅想曲”的理论。我在黑板上写了个“想”字，对大家说：“我们共同的缺点是，对每个问题都没有去作充分的思考，别忘了，我们都是靠动脑筋赚钱的。”大跃进年代有个唯心的口号，叫作“不怕做不到，就怕想不到”，这当然是错误的。但从另一方面看，有很多事情若要做到，却必先想到。如果连想都想不到，还能做到吗？所以，作为创业者，最重要的品质之一，就是要勤于思索，勇于畅想。

畅想，贵在一个“畅”字。许多时候，我们也不是不想，而是想而不畅，总觉得思维的河床被什么东西淤塞住了。这“淤塞”物不是别的，是“现状和习惯”把人们的思想束缚得紧紧的。越是历史悠久的行业、企业和产品，这种束缚越牢固。畅想，就是要打破束缚想问题，畅想的本质就是解放思想。比如，过去我们厂一谈到新品开发，有些同志就面有难色，总觉得金箔厂无非生产金箔、锦线之类的，还能做出什么新文章？其实这是因为他们的思路被传统和习惯束缚住了。我寻思，“金”与“箔”为什么一定要联在一起？这里有必要对凝结在旧产品中的旧思路进行信息分解，即把信息从旧的联系中分解出来，重新加以组合。通过这种方法，我们后来分门别类畅想出了一系列行业产品。

畅想，就要善于联想。由此及彼，举一反三，都是联想之功。而要做到这一点，就要打破常规想问题，切忌僵化、拘泥。例如我们研发金拉线的成功，激励我们进一步张开畅想的翅膀。

需要强调的是，畅想绝非不切实际的幻想，更不是吹牛。畅想要大胆，决策要慎重，实施更要卖力气，看准了的就要坚持到底。每开发一个产品，我们往往都经过畅想—市场调研—决策筛选—组织实施等几个过程，这样就把产品开发建筑在自身力量的基点上和切实可靠的基础上。高奏畅想与实干的协奏曲，企业就能越办越兴旺。

D.【案例一】

这个责任我来担

我们曾经研制人民币上使用的金线，却无意中违反了与人民币相关的法律法规，险些坐牢，我自担主责，认真检讨，免进牢房。

1997年上半年，南京市另一家生产拆封拉线企业的总经理与技术科长，找到我说要帮忙生产人民币防伪拉线。这不仅是我们企业扩大产品稳定的业务，而且极为荣耀。金箔人对此梦寐以求已有十年！

他俩是生产人民币拉线的专业人才，金箔有生产香烟拉线的现成设备，只需要调整下工艺配方，于是我们一拍即合，马上开工。短短个把月，金箔人民币防伪拉线就开发成功了。产品送到成都造币厂一试用，完全合格。正当金箔为此欢欣鼓舞的时候，原来的拉线企业一纸诉状上告了，上级领导同志亲自批示：严肃查办！这下不得了了，没有两天，投奔金箔厂的对方两位要人就被南京市检察院抓进了监狱。原因是他们违反了与人民币相关的法律法规，私自将生产人民币的工艺泄露。一天晚上八点多钟，南京市检察院一名副检察长带队，江宁检察院检察长跟随，他们找到我说："你们下属的拉线厂，私自生产人民币拉线，违反了与人民币相关的法律法规，万一提供给做假人民币的人，生产假币，流入市场，后果不堪设想。"他们奉命要将直接负责生产拉线的两位厂长张菘与蒋孝南缉拿归案。他们说着，拿出了拘捕证。还说此事与我无关，是我们集团下属企业所为，希望我能配合。

面对此情此景，我真的有点蒙了。一心只为企业争光彩的美梦破灭了不谈，两位现任干将因此可能遭灾。瞬息之间，"干出成绩是你们的，干出问题是我的"的诺言浮现在我脑海中，现在又到了需要我兑现诺言的时候了！在这紧要关头，我怎么能让检察机关带走他们，而自己却躲避罪责呢？于是，我决定自己去担罪。我对他们说："此事你们怎么抓他们呢？他们只是执行者，是我要他们干的，要抓只能抓我啊。"听了这席话，检察院的人竟然愣住了，然后收起了拘捕证，说："那好，明天再来看吧。"第二天上午，市区检察院来了四五个"大盖帽"，对我进行了全面审问，我将全部责任揽于一身，准备进监狱。在企业干部会上和家庭会上，我交代说：你们不必悲伤，为企业发展坐牢，也不是丑事！"

因为我的担当，张菘、蒋孝南躲过了一劫。我的敢于担当，也感动了检察机关，感动了区市领导，最后我写了三份"深刻"检查而免进牢房。

铁肩担道义，作为一位领导，要有敢于主动承担责任和罪过的品格。

【案例二】

贴金工艺风靡四方

金箔卖给别人，别人用来做什么？我们为什么不能做？金箔怎么贴金？贴金市场如何？这些问题，在创业之初的一段时间里始终萦绕在我心头。1986 年，我在北京看到"全聚德"招牌金光闪闪的，开始思考起金箔的用途，产生了一系列联想，决定进入金箔深加工贴金艺术领域。

长期以来，我们只产金箔，只知道卖金箔，不懂贴金工艺。也就是说，我们只做了整个产业链的生产资料的加工者、供应商，获取的只是一点点加工利润。而这个产业的深加工的大头利润却不掌握在我们这样的加工企业手中。善谋者谋势，不善谋者谋子。1986 年，我决定选派金箔艺人夏永华到天津专门学习这项技艺。他学成回来后，我们于次年创办了贴金工艺厂，从贴金牌匾、贴金招牌入手，后来又做贴金工艺品、贴金装饰工程。学会了贴金工艺，有了实践经验，我第一个找客户，接下了第一单"江苏电视台"贴金招牌，从此，贴金工艺成为与金箔工艺有上下产业关联的品牌组成部分之一，名扬世界。

我们为美国塞班、俄罗斯圣彼得堡，德国、米兰等海外各地的客户打造的作品影响巨大，作品采用的贴金艺术独树一帜，也享誉市场。“永远盛开的紫荆花”“盛世莲花”两项庆祝港澳回归祖国的作品，至今金光灿烂……

从那以后，贴金工艺衍生成为一个独特的产业，在古建维修、家居装饰、宗教推广、绘画美术等方面应用多多，风靡四方，展现了无限的艺术魅力。积极的主观能动性和坚定的执着主见，可以给创业者带来意想不到的收获和奇迹。

【案例三】

扒掉老虎灶

1983 年，我刚到金箔厂时，由老书记带着，到处转转。来到生活区时，见到一间新建不久的老虎灶从未使用过，我看了眉头直皱。我前面所在的化肥厂，六年前就开始使用节能电热水器了。这玩意儿至今还存在，足见金箔厂观念的落后到了何种程度！不懂得创新和与时俱进是老金箔的病根，必须先破而后立。我迟疑了一阵，最终决定，把这“新生”的旧玩意儿给拆了，老虎灶扒掉后，取而代之的是新式的节能型电茶水炉。

这一举动，让本来就资不抵债的金箔厂雪上加霜，连工资也发不出来。这让保守的人更加来劲，打电话给上级要求查处我，否则将带领职工到县政府闹事。我没有慌张，对职工们晓之以理、动之以情。我说自己临危受命，并不是来享福的，而是要和大家同舟共济、先破而后立的，而且我认为金箔厂存在着巨大的潜力，要不了多久就会发展壮大。我还承诺工资第二天一定会发到每位职工手中，一分钱也不会少。

立信从践诺起，立德从担责来。当天下班我就跑去化肥厂借了 2 000 元钱，第二天，所有职工的工资和医疗费全部落实到位。我因为主动担当了责任，也兑现了诺言，获得了员工们的信任。

三个“当”

A.【词句表述】

将年长者当长辈看待　将同辈当兄弟姐妹看待　将年轻人当子女看待

B.【词义解释】

马克思说："人的本质，在其现实性上是一切社会关系的总和。"社会性是人最基本的属性，一树不成林，一花不是春。世界上，任何创业者都离不开他人的理解、支持和合作。

创业者如何在创业中正确地处理好与长者、与同辈、与年轻人的社会关系，不仅反映了创业者的情商，也反映出创业者的品质。将年长者当长辈看待、将同辈当兄弟姐妹看待、将年轻人当子女看待、这三个"当"，是创业者在一个企业内，与员工们缔结成家人关系的具体实在的态度。注重正式关系之外的非正式关系，是加强企业内部和谐、促进企业稳定的有效方法。三个"当"要求创业者视员工和伙伴如亲人、与团队心连心，众志成城，上下同心者胜。传统伦理观就是这么教导的："老吾老，以及人之老；幼吾幼，以及人之幼。敬人者人恒敬之，爱人者人恒爱之。"企业是一个大家庭，也有老中青几代人，所以企业内部也必须要尊重伦理。三个"当"可以亲人伦聚人气，可以凝心聚力，可以发挥众人才华。创业者能做到"当"，必将成为一个优秀的团队首领。

将年长者当长辈看待　将年长者当长辈看待，指的是对企业内部共同创业的员工中年长的人，无论其职位高低，都要有礼貌、有尊重，像对待自己的长辈那样真诚，对他们怀有尊敬之心，在工作和生活中善待他们，做到尊老、敬老、爱老，甚至孝敬长辈。

将同辈当兄弟姐妹看待　将同辈当兄弟姐妹看待，指的是对企业内与自己年龄差不多大的员工，无论是否曾经与其共事过，都要以诚相见、真心以对，要像对待自己的亲兄弟姐妹一样，视他们为一家人。面对同辈下属，切勿居高临下，自恃高人一等；面对同辈上级，也无须妄自菲薄，唯唯诺诺。开诚布公，竞争与合作双管齐下，共同进步，才是与同辈同事相处的中庸之道。

将年轻人当子女看待　将年轻人当子女看待，指的是对企业内的年龄比自己小的年轻人，要尽指导、教育、培养和鞭策的责任，要像对待自己子女一样爱护他们、关照他们、引领他们。一个企业要想获得长远发展，必定要注重人才的培养。所谓百年大计，教育为本也。创业者对待企业中的年轻人，要积极培养，也要严管、严教。

C.【言论摘选】

◆ 企业领导与职工的关系

1990 年时，我们厂是集体所有制企业，集体所有制特别强调企业职工集体智慧、集体力量、主人翁意识的重要性。

企业搞好了，所有职工有利；企业办垮了，所有职工受损。我们通常有种说法，叫作“干得好不好，关键在领导”，这话并不错，干部的关键作用不可忽视。但是，所有干部是建立在群众基础上的领导人物，离开了群众，这个基础就如鱼儿离开了水，寸步难行。

所以说，“企业好不好，基础最重要”。这几年我们并没有把职工看成一把雨伞：下雨了就撑开了挡雨，抓在手心不放；天晴了，就靠在一旁不理睬，想不起它来。

我们强调基础的重要性，并不是否定对基础的教育和管理。行为管理学告诉我们，群众离开组织和管理将会是一盘散沙，同样一事无成。作为一名企业领导人，我们有责任对全厂广大职工提一些基本要求和殷切期望，我们希望全厂职工都要做忠心报厂、爱厂如家的忠诚战士。

D.【案例一】

一个食堂分两家，搞竞赛

1981 年，我还在县化肥厂任职劳动服务公司经理、行政科长时，职责任务使我遇到了一桩挠头事儿，那就是整治好大食堂。

这管食堂可是人见人怕的捅马蜂窝的事，几千号职工吃饭，人人都对食堂有意见。有的职工悄悄把黑板上的“炒肉片”改成“炒肉骗”；有的职工干脆擦去“炒肉丝”的“炒”字半边，成了“少肉丝”……排队开饭时，牢骚满腹的工人将饭盒敲得震天响，活脱脱的示威游行。

换了三茬行政科长，都灰溜溜走了。轮到我上任，我总不能丢盔卸甲吧。领导正是出于信任，才把我放到这个岗位的。我先从整顿入手，从群众的愿望出发。方法很简单，即谋划出一个新主意：一个食堂分两家，两个食堂搞竞赛。第一，将食堂原班人马一分为二，划小核算单位，各开一边窗口去卖饭卖菜；第二，职工就餐自愿选择窗口，可以继续持有统一饭菜票，你愿意去哪边窗口买就去哪边窗口买；第三，月底根据饭菜票多少，考核两个班组的营业额。这下，两个班组急红了眼，不用开会，不用动员，抢着在饭菜质量和品种上下功夫。你今天卖包子，我明天加烧卖；你有小煮面，我特设小锅菜……打擂台的结果是职工得到实惠，吃得五饱六足的职工都说：“江科长的大肚皮里，花花肠子不少！”

我哪有什么花花肠子，就是把职工当成亲人，尤其看不得年长者受委屈。我只是想到亲人们要吃饭，就想办法把工作做好而已。

【案例二】

他是我的长辈

刚上任金箔厂厂长的时候，我在企业中设计、推行一些规章制度，且言出如山，绝不更改。偏偏老厂长的儿子因违反生产制度，出现失误，大家都在等着看我怎么处理。在这个当口，老厂长不明就里，一脚将生产车间玻璃大门踹了。事后我了解到，老厂长发火也是事出有因，而且他对厂里贡献很大，我该怎么处理这场风波呢？

工人们看我平时霸气十足，那一刻缩着头不敢作声，都笑话我这个新来的厂长是“茄子拣软的戳”，是欺软怕硬。我把职工召集起来开会，一本正经地说：“老厂长是我们厂的元老，等于是我的长辈——长辈犯错误，我作为后辈怎么能过分指责？你们在座的犯错可不行，你们中间有哪个能当我长辈？”没想到，会后第二天，老厂长自己花钱买玻璃把大门修好了。

长期以来，对待厂里同事，我们平时处得就像兄弟姐妹一样。我要对企业负责，要照章办事，制度面前人人平等，但在执行的时候，我也格外注意处理好与员工的另一份特殊情感。处理好了，温暖无比。

【案例三】

凤妹儿违规

有一年，有人打电话给我，说凤妹儿偷了厂里的包装盒。接电话那一刻，我正在召集办公会，讨论当年的“十佳”人物的评选。

20 名候选人中，就有凤妹儿。接着一名切箔女工冲进会场，报告说凤妹儿晕倒了！我立即奔向切箔房。现场，女工们都围着瘫在地上的凤妹儿，几个年龄稍大的正蹲在地上，给这个不幸的女人刮印堂、按人中、掐虎口。很快，印堂刮红了，慢慢地，躺在地上的凤妹儿睁开了眼。有人去食堂给她冲红糖水，女工们小声议论，言语中满含同情。

我望着眼前这个憔悴不堪、50 岁不到却已头发花白的女人，唏嘘不已。命运啊，你为什么非要让这个女人的生活如此悲苦？

当凤妹儿还是姑娘时，可是金箔厂最娇艳的一朵金花，是多少小伙子的梦中情人。最终，她与副厂级领导张 ×× 相爱，婚后生下一儿一女。谁料想，婚后 3 年，命运竟来了个 180° 的大转弯，丈夫患上了可怕的怪病——肌肉萎缩症。她一个弱女子挑起了全家的重担。我调来之后，改革分配制度，工人工资一律施行计件工资制。凤妹儿的干劲更足了，每天厂里、家里两点一线，她就像一台机器一样高速运转，从来不迟到早退，从来都不知疲惫。我根据她的事迹还编了一首感人肺腑的歌《凤妹儿》。

眼前，她累倒了，倒在了她最熟悉的工作台前。而刚刚打电话说的关于她的事又不容怀疑，随之，凤妹儿偷厂里包装盒给另一个厂弄虚作假的议论传遍了全厂。

我直接找到凤妹儿。她一边哭泣，一边讲述为南京另一家工厂提供金箔包装盒的经过。金陵金箔成为公认的名牌，产品一直供不应求。而那家金箔厂由于过去靠“喂食”习惯了，产品质量不过关，老是销不动。于是，该厂动了歪点子——假冒金陵金箔牌子，抹黑金陵金箔。他们想到了凤妹儿，因为凤妹儿是金箔厂最后检验包装的把关员。她丈夫生病后，该厂一班人常来他们家慰问看望。这天又来了，带了不少慰问品，比平时还重。说话间，他们提出让凤妹儿顺手带出几个包装盒。凤妹儿满口答应。

望着这位麻痹松懈、丧失警惕的“善良的人”，我没有训斥她，而是语重心长地说：“你弄出这几只盒子，几乎要送我们的命啊！”

这一年，凤妹儿失去了“十佳新闻人物”的殊荣，少拿了几千元奖金。厂里也把她的工作岗位从关键工序调到了附属岗位。这一年，金陵金箔厂的包装盒按个数发放，逐一登记，少一个，经手人都得按原价10倍支付罚款。

奖罚分明是把员工当兄弟姐妹最好的做法。

三个“真”

A.【词句表述】

真心　真意　真情

B.【词义解释】

人世间，真善美，“真”永远是排在第一位的。教育家陶行知说过：“千学、万学、学做真人。”

创业者首先是个真实的人。做人做事，呈现真我最为可贵。对于创业者来说，秉持自己的真心、真意、真情，就是“真我”的三种表现。只有“真我”，才能凝气聚力，纳天下英才而用之。创业者在创业中呈现“真我”，方能赢得真实的结果，唯有摒弃一切虚妄假象，创业才能有收获。真心、真意、真情这三个“真”要求创业者时时记住自己是一个真实的、平凡的人，必须用真性情创业，摒弃一切虚假伪善和不实，以自己的三个“真”，感召团队成员，使团队整体具备三个“真”。带领团队共同创业，也必须做“真”人，用三个“真”做“真业”，不能有任何做假，否则，最终结果必将是让自己和企业遭遇虚妄和不真实。

真心 真心指把心中真实的想法告诉他人。创业者以真心对人，才能换来真心，才能赢得别人的理解与支持。创业者以真心换真心，可以聚集群力，再充分整合各方面的意见和建议，可使创业的路走得更好更稳。

真意 真意指把心中真实的意思表达出来，即以诚待人。“诚者，天之道也；思诚者，人之道也”，以诚待人，人必以诚待之。创业者对伙伴不隐瞒，对朋友不欺骗，对公众不忽悠，有一说一，有二说二，充分信任大家，因而也定能获得大家的理解与支持。

真情 真情指把心中真实的情感表现流露出来。“真情，本心也。”人与人相交，贵在真情流露，不自私，不虚伪，不欺瞒。无论成功、失败，无论顺境、逆境，创业者都带着真情创业，那么他的格局将会越来越大，创业的道路将会越走越宽。失真心，只唯利，则人如行尸走肉，最终只能落得人才远离、千金散去的结局。

C.【言论摘选】

◆ 真心研究他人长处，真情赢得真人信任

我不研究一个人有多少缺点，只研究他有多少长处。

“不管白猫黑猫，捉住老鼠就是好猫”这句“猫论”是一句农家俗语，属经验之谈，大白话，由直感而产生了最质朴的真理，非常真实。

在“矮子里面拔将军”，把眼光盯在人的长处上，我发现金箔厂有不少能人。比如左国书，当时是位工人，老高中文化，我发现他聪明能干，搞过供销、生产，很有经营头脑和管理才能，但他也有一些明显的缺点，就是爱打“八圈”、脾气躁、有点傲，上司接受不了。我用人的指导思想是看人的长处，不盯住人的缺点，所以我仍决定把他提拔为烟箔分厂厂长，委以重任。他走马上任后，烟箔厂当年就实现产值 100 多万元，扭亏为盈。他的缺点到现在依然存在，但他的贡献却无法估计。

再比如何其宝，过去下放时当过生产队长，在职工群众中有威信，是个能人，但喜欢喝酒、玩麻将。我通过民主选举程序，提拔他担任金箔分厂厂长。这几年来，由于他工作有方，实绩明显，连年被评为厂“十佳”人物。像这样的人用了，他的缺点对厂里并没有多大影响，但如果把他的优势浪费了，让他的才能埋没了，那么可能就没有金箔分厂的今天。

知人而善任，用人的本质就是用人的长处，就像良匠选材，“直者以为辕，曲者以为轮，长者以为栋梁，短者以为拱，无曲直长短，各有所施。”

我不去研究一个人的档案，而是看他的现在和将来。

对于那些有真才实学又愿意投奔金箔集团的，我都真心招纳，实行“三问三不问”：一问有什么特长，二问你能干什么，三问你在厂里想干什么；不问你有过什么错误，不问出身、家

庭如何，不问有什么不是。当然，人的长处和缺点是一体共存的，在研究一个人的长处时，对其缺点并不是“视而不见”、刻意回避，关键看你是否能以博大的胸怀容人之短。

厂里有一位毕业于某工学院的工程师，历史上曾在劳改农场改造过，1987年经人推荐来我厂。我首先问他有什么特长，他说他正是厂里所需要的人才，我当场拍板同意接收。为了解决其夫妻分居的困难，我又把他的妻子调进厂里，给他们分配一套住房，还付1 000元为他儿子插班上学。他进厂后工作积极性很高，先后搞了三个项目的试制，结果都告失败，见到我就低着头，感到内疚。我找他谈心，告诉他“不要灰心，失败是成功之母，你来厂的时间短，搞的又是研制性的，失败不怪你，责任在我们”，一番话讲得他老泪纵横。接着我又拨款下达了第四项任务——研制烟标分切机。他夜以继日，埋头苦战两年，终于获得成功，解决了烟标横竖同时分切的难题，此项技术在国内属首创。我们以他研制的设备办起了特种印刷厂。现在烟标的生产规模在不断扩大，仅上海烟厂每月就订货10吨。如果当初我在意他的历史，忌讳他的前嫌，那么我很有可能看了档案就把他晾在了一边，如果真的是那样，烟标分切机又何以能研制成功？

我认为，会赚钱和会花钱的人都是人才，企业更需要会赚钱的人才。

一个企业犹如一个社会，什么样的人才都需要，管理的、经营的、生产的、开车的、唱歌的、写字的……就像一部机器，每一颗螺丝都有可能影响到它的正常运转。这些人大致可以分为赚钱的和花钱的两类，会赚钱的和会花钱的都是人才。花钱的人，只要钱花得对路，花在刀口上，他就是人才。但是，出于企业追逐经济利益的终极目的，尤其当改革开放的巨船历经风风雨雨、曲曲弯弯，终于驶入社会主义市场经济的海洋时，经济高速发展，又遇上财力不足的突出矛盾，企业急需原始积累，因而也急需会赚钱的人才。

金箔集团多年来一直流传着这样一句话：“会赚钱的人敢和厂长吵，不会赚钱的人见到厂长就跑。”会赚钱的人可以顶撞我，可以对我不礼貌，但我还是重用他，只要他能把钱赚回来，我就给他荣誉，让他上主席台。我们有位厂长利用客户关系，把妻子带到深圳玩了一趟，职工对此反应大，有人认为要处理。我对中层干部说：“你们有条件都可以把妻子带出去看一看，让她们去见识见识，就知道赚钱的辛劳，在工作上就能给你们多支持一点，让你们更集中精力为厂里赚钱。”

我重用会赚钱的人，爱惜会赚钱的人，这些人始终是我的座上客。但现在一些地方仍然存在这种现象：干的不如说的，说的不如看的，看的不如捣蛋的，捣蛋的不如跟着转的。这是一种极不正常的现象，一定要改变，如不改变，企业将会倒霉。所以我提倡人尽其才，人尽其能。

◆ 三个“真”促进企业改革

我们按照市场经济要求，在企业内部建立了一整套锻炼真本事的竞争机制：干部全面实行“能者上，庸者下”，小到班组长、大到副老总，都可能随上随下。对进入企业工作的员工，我们提出“三不看”原则，提出“你可以自由地来，也可以自由地走”。对人才的使用，做到“十不分”，强调“不管白猫黑猫，捉到老鼠就是好猫”，“是骡子是马都可以出来遛遛”。企业大门也可以自由进出。

在这一系列用人思想指导下，我们摸索制定了许多切实可行的用人机制，如干部上岗自愿制、重要岗位公开投标制、各级干部组阁制、领导年终评议淘汰制、干部年底自我测验制，等等。在各种强有力的制度保障下，金箔集团选拔和使用人才做到了“优胜劣汰”，只有那些有真功夫的人才真有机会。

我们按市场需要设置企业内部机构，减少了企业机构设置，实行“一个萝卜几个坑”，允许企业内有本事的人先富起来。我们一直推行“工资协商制”，不是完全按照国家的红头文件发工资，而是按市场行情把工资待遇讲明、讲开，协商解决。

我的第一本书叫《边干边吹集》。“吹”就是思想解放，“干”就是要大胆改革和创新。之所以要“边干边吹”，是因为我体会到，许多束缚人们思想的旧观念，常常是与束缚企业发展的旧制度互为依存的。真正认清思想解放的重点和难点，“吹”，才能有针对性地宣传思想解放，为改革发展扫清道路。“边干边吹”的过程，就是思想解放与大胆实践相互促进、不断深化的过程。

D.【案例一】

王小丽学徒出师

上下同心者，厂兴人顺。一个叫王小丽的金箔艺人出师的故事，让我感受良多。从她写的《难忘的一件事》中，我读到了员工对企业的一片真情。她写道：

站在金箔厂的大门口，听着知了肆意欢叫，我想起20年前，自己第一次站在这大门前，第一次面对那扣人心弦的出师考试。

还记得那是个夏天，厂门前两排老槐树长得枝繁叶茂，遮住了大片阳光，投下了一片片浓浓的绿荫。穿过这片绿荫，一位满头银发的老师傅，匆匆忙忙地朝我走来，他头上戴着老式鸭舌帽，鸭舌前吊着一副黑色的厚片眼镜，满脸通红，流着汗水，脚穿帆布袜子和厚鞋，手上戴着帆布手套，我跟在他后面，不敢吱声。一路上，走走看看，充满了新奇和兴趣，我见到了要带我的大师傅。

初次见面，我们师傅一双眼睛上下打量着我，我吓得不敢抬头直视她，只偷偷地瞥见师傅还是很年轻漂亮的，之后的相处，让我见识到了她的严厉。

第一天，学习吹纸，让我信心大跌，师傅摆在桌上三个纸团，要求我只吹动中间那团，本以为很轻松的活，却吹了一下午，都没成功过。我环顾四周，别人都已经可以利索地做好，并且动作可麻溜了。我开始泄气想偷懒，东张西望，我严厉的师傅站在远处朝我呵斥：“这都学不会，后面的怎么学！”我吓得低下了头，继续吹吹吹，吹得我口干舌燥，头昏眼花的，真的特别想放弃！可是我是来学本领的，在心里告诉自己：有个严厉的师傅，我就一定要学到东西，一定能学会！

就这样坚持了6个月，现在，将要面临的是出师考试。我就带着这份信念一直坚持，不放弃。

这一天来得太快了。自己蹬着自行车往公司赶，到了厂里头，大家交谈起家里的事情来，我无心听那些家常话，趴桌上焦躁地想着今天的考试。随后我师傅来了，看见我萎靡不振，跟泄了气的皮球一样，笑着对我说：“你没问题的，”我初次看见师傅对着我笑，立马给了师傅一个坚定的眼神。很快，听见陌生的脚步向我走来，主任还有厂长就站到我旁边了，当时一刹那，空气紧张，我紧盯着手上的这块托板，生怕出错，心跳加速，手上有些颤抖出汗，气氛变得紧张。我挑了张金箔，突然发现这金箔有一些问题，一半起毛了。手汗都湿透了，目光久久地停在那里，僵持住了，我闭上眼，深呼吸一口气，按照师傅教的方法继续切起来，终于厂长，高兴地宣布：“行了！”我这才长舒了一口气，抬头看了看，他们都对我投来了肯定的目光，特别是我师傅，那天她笑得最久、最美了。

一晃20年就这么过去了。老槐树依旧那么繁茂，遮风挡雨，那知了依旧叫得那么欢乐，嬉嬉闹闹。

又有一批新的员工来到这个新环境，带着好奇和兴趣。兢兢业业地学习手艺。

我要感谢我的师傅、同事们、领导们，对我的考验，让我更快地成长，你们的真心、真意、真情我永远珍藏。

王小丽是我们金箔艺人中的一员。正是由于有很多个她这样的好员工，真心地付出，才能保证企业持久发展。而这样的真心需要从创业者到团队及每一个员工去付出真心，让一个真心换取一片真心。

【案例二】

金箔子女享有“金榜题名奖”

金箔企业的员工子女享有“金榜题名奖”，这是金箔人的特别福利和对未来的特别希望之一。

2017年9月，企业职工余忠兵、王萍之子余鑫，取得澳大利亚悉尼大学土木工程系的博士学位。余忠兵报告给了集团。我第一时间送上祝福：“祝贺余忠斌王萍教子有方！”

2003年，余鑫考取福建工程学院时，我们向他颁发了5 000元“金榜题名奖”，激励他更好地去完成学业。余鑫于福州大学研究生毕业后，被全球排名顶尖的新加坡国立大学土木系录取。后因出色的能力和表现，被公费交换到研究领域同样全球一流的澳大利亚悉尼大学，获得全额奖学金。现在余鑫被福州大学作为高端人才引进，任土木研究院副教授。

为金箔集团职工子女颁发“金榜题名奖”，以表达我们对职工子弟的真情厚意，奖励那些在高考中、在学业上成绩优异的职工子女，这个规定已在金箔集团推行了20年。

【案例三】

我的散文《盘点月饼》

1963年中秋节前夕，我已调到江宁供销社东山副食品柜台当营业员。

那时，刚经过三年困难时期，物资十分匮乏。高价食品老百姓吃不起，高干特供一般人又享受不到。所以，过节了，老百姓想吃一块月饼谈何容易。听说中央领导采纳他人的主意，一切凭票供应。月饼按户统计，一家一块月饼，平价。

我所在的地方有两三万户，供应月饼的事就落在我和师傅王风楼、师兄顾有铭身上。由区供销社统一发票，由我们从食品厂按计划运回，然后由所在地居民农民凭票来我们柜台购买。一边交钱、交票，一边给他们月饼，票、月饼、钱三样吻合，绝对不能出差错，否则，轻则赔偿，重则开除回家。

可以说，从1960年到1963年中秋节，几年了我没吃过一块月饼。虽然当时我也有一块月饼的计划票，但我要孝敬我的救命恩人叔叔。也就是说1963年中秋节，我将一块月饼也吃不到。可经我们手发出去的，却有两三万元。每给一个客户发一块月饼，我的口水都淌淌的。那时，我才十八虚岁。

我的师兄也是农村人，他身大力不亏，食欲强盛，见到月饼也馋涎欲滴。可是，经销着几万只月饼，我们没有一点想偷吃一块月饼的念头，因为我们已经过严格的职业操守纪律训练。

没想到干什么都会有揩油的机会，卖月饼也有揩油的机会。因为凭票供应，所以每天得盘点对数，票与月饼要相符。谁知，那时的月饼质量可能差些，每数一下，上面的芝麻与表皮都会掉脱一些，结果盘点一下，会有一斤左右的芝麻加皮屑。“怎么办？”师兄问师傅。师傅回答：“你们可以吃！”我的乖乖，可以吃？！那一刻，我们比见到一个美女还兴奋。当时，我们俩用手抓一把月饼屑塞进嘴里，甜美极了！

可是，一件事掺入了私念就糟了。本来这盘点的事，每天下班后一次就行了。由于那些掉下的饼屑归我们，我们就不厌其烦，反复盘点，一五、一十、十五、二十……屑子掉下更多。最后两天，我记得最后来买月饼的，已不见月饼的外层白壳，只看到一团豆沙黑心了。常有买者疑问：“怎么老剩黑心了？”我们回答说：“可能质量差些！”问者也无可奈何。如果不高兴买，那就没得吃了。

那年，我虽然没吃到一块完整的月饼，可我却吃到那么多饼屑与芝麻。当时心里甜滋滋的，过后心里却长期内疚难安。老实巴交的老百姓啊，你们知道有多少人整天在你们头上盘剥吗？你们只想吃一块月饼，可知道我们已从中盘剥芝麻与皮壳吗？

从那以后，我立志为大众做好事，用一生的代价偿还当年盘剥老百姓欠下的月饼屑债！

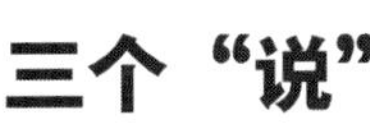

三个“说”

A.【词句表述】

实话实说　直话直说　真话真说

B.【词义解释】

创业者在创业过程中，所面临的情况千变万化，如何不被事物嬗变的表象所蒙蔽，而透过这些表象获得真实的洞悉，对于企业的未来极其重要。面对真实，求索真实，掌握真实，既不妄自菲薄，也不自欺欺人，这是对创业者最基本的要求。创业者秉持实话实说、直话直说、真话真说的态度，有利于创业的践行，更有利于企业的发展。三个“说”都是讲人的禀赋，指创业者在与人交流沟通时，必须有真实、直率的心态，作有效而迅速的信息、指令等的传播。三个“说”让创业者高效率地沟通。

实话实说　实话实说指的是创业者对所面对的真实情况如实讲述。

在创业过程中，面对纷繁复杂的局面，很多创业者往往迷失于种种现象之中，对事情的本质与实情难以把握，即使了解了事情之后，也往往出于种种顾虑与压力而不能如实表达，从而导致在总体决策时因为信息不足而出现偏差。故而，实话实说乃是决策的重要保证，没有实事求是的声音，就没有正确的决策。

直话直说　直话直说指的是讲话不绕弯子，一针见血，耿直诚恳。在创业的过程中，创业者应当坚持直话直说的态度，因为从创业的发展看，唯有直话直说才能有效地降低沟通成本，有效地提高沟通的效率。摆事实，讲道理，直话直说，才是对创业尽职尽责。

真话真说　真话真说指的是知道事情的真实情况，带着自己真实的看法观点说话。知无不言，言无不尽，这是创业者对创业的责任所在。无论是不是好听，只要对事业有利，该说的一定要说，不能为了面子而丢了里子。这样的真话真说，才是对创业的负责与担当。

说实话需要水平和见地，说真话需要真诚和力量，说真话需要胆识和勇气。

做到三个“说”，不仅可以极大地降低沟通成本与信息损失，还能有效促进企业的发展，使创业者清晰掌握企业发展过程中的种种问题，从而做出相应的调整，不断推动企业良性运转。

C.【言论摘选】

◆ 干出成绩是大家的，干出问题是自己的

一个创业者要旗帜鲜明，要敢于表态，不要模棱两可而让其他人去表态。领导要始终记住这句话，干出成绩是大家的，干出问题是你的，人家才肯与你一块儿干。

◆ 不能把精力用在拉关系上

不搞好关系是错的，但乱拉关系、关系搞过头也是错的。如今集团总部少数干部把很大的精力用在拉关系这种虚事上，实际工作却做得不怎么样。拉关系则必然有求于人，有一定动机。苍蝇在你头上飞来飞去，说明你头上一定有它需要的东西。有本事让别人找你，不要总找别人。要想今后有头有脸，就要现在埋头苦干。没有经济地位，就没有政治地位。摊子搞不上去又有什么用？失去根本，“社交”“关系”又从何谈起？一部分人到处拉关系却不注重真本事的修炼，结果怎样？好的领导人，都是拥有主见的人。

无论大摊子、小摊子，还是好摊子、烂摊子，都能搞得天翻地覆，有声有色，这样的创业者又怎能不出名？

◆ 一定要实实在在地奋斗

创业千万不能只做表面工作，千万不要搞虚假的一套，一定要实实在在地苦干，实实在在地奋斗。有些企业之所以搞不好，就是因为主要领导人不能以身作则率领大家艰苦奋斗。

◆ 想“混”也不容易

我们经常会说这样的话：他混得不错，我混得也不错，可是他混得不怎么样。大家都说一个“混”字，其实“混”不是那么容易的。“混”在光天化日之下，犹如在水中比赛游泳，没有本事，是要被水淹死的。

◆ 企业领导说话办事不能“讲过拉倒”

企业领导抓工作要有布置、有落实、有检查、有总结，不能“讲过拉倒”。企业干部“讲过拉倒”，什么事都办不好。

◆ **创业家最重要的素质是创新和求实精神**

由于市场经济变幻莫测、残酷无情，一个真正的创业家对自己应该比其他的“家”有更高的要求。

作为一个企业家，不仅要具有军事家的指挥才能、思想家的分析能力、理论家的认识水平，还要有经济家的头脑、政治家的风度和艺术家的表演技巧。我把这些素质要求概括为：八种精神、八大能力、八个方面知识。在这些素质中，最重要的是两条，即创新和求实。

创新是民族之魂，而创业家的创新活动正是民族创新的最集中体现。创业家的创新包括观念的创新和实践的创新。一个在市场经济大潮中运筹帷幄、决胜千里的创业家，首先必须是一个观念的领导者，看得远、看得高、看得准，还必须是一个市场的领导者，干得早、干得先、干得实。创业家的创新贵在永无止境。

一个真正的创业家要求实，不能好高骛远、不能妄自菲薄、不能虚头虚脑、不能夸夸其谈，对假话、大话、空话、套话应不屑一顾。无论对与错或成与败，他们都敢做敢当，实实在在，光明磊落。

D.【案例一】

我妈妈的一个巴掌

1958年，当时我已经十二岁，开始上小学五年级了。那时候，村干部将我父亲下鱼用的鱼叉、鱼钩都拿去炼钢铁，再后来每家都要交出一两口铁锅去炼钢铁，并说从此每家都不用烧饭了，一律吃“大食堂”。

一天上语文课，班主任老师（现在记不清是哪一位了）站在课堂上对我们学生说：“同学们，现在是‘敢教日月换新天’的年代，只要敢想敢干，什么人间奇迹都能创造出来，‘人有多大胆，地有多大产’，今天我们学生也要敢想、敢说、敢为，学校要求每位学生做一首打油诗。什么叫打油诗？就是一定要在事实的基础上富于想象，无限夸大，这在古时候就有了，那时叫浪漫诗歌……”

老师说了半天，班上没有一个学生做出来，教师又说了一大堆话，并且还举例说什么“疑是银河落九天”啦，结果，班上还是没有一个学生吭声。这时候，班主任急了：“你们平时的聪明到哪里去啦？今天怎么也做不出来了？”

不知是因为老师“点兵点将”，还是被老师的言论所鼓舞，我突然编出了一段我一生都能倒背如流的打油诗：“一根豇豆吓死人，拿它一根做牛绳；要问前豆有多长，一丈六尺加八寸。”当时，我的打油诗一诵出，满堂顿时喧哗起来。老师再三打断学生们的议论，说：“江同学写得很好，我们大家就应像他这样想，这样写。”老师还把我的打油诗抄写在黑板上，作为范本。记得当时班上像炸开的油锅，热气腾腾，有几个同学跟着也来了。什么“稻穗长得像狗尾巴”“玉米长得像宝塔”等，那一堂课上得真有意思。

黄昏，放学了，我连蹦带跳往家奔。受到老师表扬，我脸上充满喜悦，还没进家门，我老远就高喊：“妈！妈！今天老师表扬我啦！”妈妈连忙出来问：“什么事表扬你呀？”我立即将班上上课的情况叙述了一遍，又把打油诗背诵了一遍。谁知，我妈听后，脸上笑容立即收起来，顺手给我一个巴掌，打得我火辣辣的痛，我先是一阵莫名其妙，随即立刻哇哇哭起来了。

“你知道你叫什么名字吗（我小名叫玉泉）？”“家里请人给你起‘玉泉’两字，就是要你‘像玉一样洁白无瑕，像泉水一样清澈透底’，说话、办事、想问题不要掺假。一根豇豆只有尺把长，哪有一丈六尺长？我明天倒要问问老师，为什么把小伢教坏了！”我妈像连珠炮似的一半对我发火，一半对老师生气，说着说着，妈妈自己也呜咽起来。

我是独子，在我的记忆里，妈妈从来不打我，特别是1956年父亲去世以后，我妈更是将我当她的命根子，越发疼爱无比。就是这一巴掌，像烙印一样，我永远忘不了。虽然当时我听得似懂非懂，但是到了今天，我养成的说话比较直、比较真，办事比较实的性子，我想可能与我妈这一巴掌有关。

【案例二】

一个臭鸭蛋的故事

1956年夏天，我父亲患了“吐血病”。那时乡下医疗条件差，加上无钱医治，他究竟得的什么病吐血，当时家里人谁也搞不清楚。他的症状，如果放在现在来看，根据现在的医学水平判断，可能是胃出血或者是肺结核、癌症等引起的。总之，父亲开始是间断吐血，临死前是吐血不止，病状凄惨得很。

一天，我放午学回家，闻到一股血腥味，比平时难闻多了，仿佛有股臭鸭蛋的味道。我连忙问母亲家里怎么有股臭鸭蛋味。

“什么？臭鸭蛋？我好久没吃了，真想吃。”病睡在堂前墙角边的父亲听到我与母亲的说话，有气无力地插起话来。

据大人说，临死的人，经常想吃这想吃那。活着的人可怜病人，总是千方百计满足病人的要求。可是，父亲提出想吃臭鸭蛋，母亲一时措手不及，为难死了。如果父亲光是说吃鸭蛋，在我们乡下是不难解决的，可是臭鸭蛋，一时到哪儿找呢？

俗话说："无巧不成书。"巧事经常会落到巧事人身上。这天下午放学，我与几位同班男同学到村后大水田旁边的一条大沟里洗澡。这里是我们这一带村庄吃水和小孩戏耍游泳的唯一天然泳池。稍微远一点的地方有些养鹅、养鸭的农户用芦苇隔一块地方圈养家禽。夏天天气热，我们在大沟里扎猛子、踩水、仰卧、泼水，玩得开心极了。那年我十一岁，尽管我父亲已经死到临头了，可我玩的时候，仍然忘乎所以。

就在我们玩得快要结束的时候，随着我在水中的翻动，一只蛋状的东西在我脚下一滑，我突然一阵惊喜，连忙三找四找，终于栽猛子在水中捞上一只鸭蛋，而且蛋壳破损，一闻正是臭鸭蛋！我连忙爬上岸，裤头、衣服都来不及穿，直往家中奔去，还未进家门便气喘吁吁地向屋里边高喊着："爸，有臭鸭蛋了！"

父亲接过我递过去的臭鸭蛋，眼睛突然一亮，露出了十分满足的笑容，蛋在他手上晃来晃去的。母亲也难得眉开眼笑，好像父亲无病似的。一阵喜悦之后，父亲连忙问我哪儿来的臭鸭蛋。我将洗澡时捞到臭鸭蛋的情况表述了一遍。

谁知，父亲在听我讲完了臭鸭蛋的来历之后，轻轻将臭鸭蛋又放到我手上，然后半举起他那无力的手，挥挥，再挥挥，说："好伢子！听爸话，在哪儿捡到的鸭蛋快送到哪儿去！爸再想吃臭鸭蛋，也不能白吃人家的鸭蛋啊！"

我愣了半天，坚决不肯送，一边淌眼泪，一边还嘴说："几个同学都可以证明，我不是在鸭围子里捡的，我是在大沟边捡的，有什么关系？"

"不是在鸭围里拾的也要送回去。只要是人家的东西，没有花钱买，都不要拈。这是我们江家规矩！"父亲说着说着，气力不足，一头歪到床里边，手也拖了下来。我吓死了，赶忙拿着臭鸭蛋，一个人跑到大水田旁边的大沟埂上，将鸭蛋重新扔进水里。回家的时候，天都快黑了。

没隔几天，我父亲就离开了人世。他带着没吃到臭鸭蛋的遗憾，丢下了我们母子几个。我带着扔臭鸭蛋的故事慢慢地成长着。四十年过去了，这臭鸭蛋的故事一直影响着我，也影响着我所领导的企业。如今，当社会上流传出"当干部要有文凭、水平加酒瓶"的时候，我经常提醒人们："还要加上人品！"

【案例三】

按劳分配——破除五种观念障碍

我曾提出一个著名的口号："富不富，在思路，思路决定出路。"我们从 1985 年开始冲破企业旧的分配制度禁区，实行新的分配模式，同样要从观念上来认清、理顺和更新。根据我个人的体会和认识，有五种旧的观念必须要破除。

第一，必须要破除现行的工资政策就是按劳分配的思想观念。“八级工资制”，在政府官员、劳动工资的主管部门看来就是按劳分配。“八级工资制”是计划经济年代的产物。随着中国改革开放的发展，在经济体制上，国家先是以计划经济为主、以市场经济为辅，后来是以计划经济与市场经济并重，再后来就是完全以市场经济为主导。在市场经济体制下，企业必须按市场经济的规律办事。在市场经济向纵深发展之时，“八级工资制”根本不能适应市场经济的发展，必须要改革，必须要突破，我们再不能将计划经济这一套用在市场经济中。“八级工资制”的核心是要体现社会主义制度的优越性，但其实这样做完全就是搞平均主义，人人有饭吃，个个有工作，企业通包制。它与改革开放提出的“允许一部分人先富起来”有冲突，与“按劳分配，多劳多得”有冲突，干好干坏都一样，体现不了赏罚分明，因此根本不能适应改革开放的需要，给企业带来的后患无穷。它不仅不能体现马克思主义按劳分配的原则，反而是把社会主义按劳分配原则中的“按劳”和“多劳多得”理论扭曲了。

第二，必须要破除旧的分配制度。有些人认为不管这种分配制度好不好，反正几十年都过来了，大家都习惯了，千万不能改。他们认为，一改就乱了，一改就糟了，一改就无法收场了，因此不敢轻举妄动，宁愿按惯例走下去。但我们认为惯例无法体现按劳分配的原则，这种思想观念必须要打破。如果不打破，我们搞改革开放干什么？搞三项制度改革干什么？如果不打破，我们怎么能适应改革开放面临的新情况、新问题？在我们看来，改革开放的根本目的就是要冲破长期以来旧体制套在我们头上的条条框框。凡是束缚生产力发展、影响企业搞活的枷锁，我们都要设法改掉它，这就是改革。传统的分配制度就是束缚在我们头上的条条框框，就是套在我们头上的精神枷锁，我们必须把它改掉。有些人习惯于老一套，我一提出这方面的问题，他们马上就站出来反对，说我们这种改革是错误的。尤其是看到我们在工资改革方面遇到点问题，出现了些波折时，他们反对得就更加厉害。还有一些人老是跟着上面的指示和舆论转，上面说不对，他们也指责我们不对，他们不愿意我们在这些关键课题上有突破和创新。

第三，某个部门、某个领导按照旧政策发表的个人意见，不是按劳分配。在改革开放中，各单位各部门对“按劳分配”这一课题议论得比较多，某些部门、某些领导还发表了一些意见。因此有的单位就把这些意见当成了分配制度的依据。就我个人来说，我不能承认这些在改革开放早期发表的这样那样关于按劳分配的意见就是按劳分配，这个观念必须打破。改革开放是错综复杂的，先进地区和落后地区，改革开放的前沿阵地和中间地带，开放得早的单位和开放得迟的单位，实际情况都不同。因此分配制度不能搞过去的那一套，而必须结合本单位的实际情况、承受能力、经济效益、人员组合，研究一套适合于自己的分配制度。当时有的领导说“厂长、经理的工资不能超过员工的一至三倍”，后来又说不能超过三倍到五倍，这个规定的法律依据在哪里？道理在哪里？所以我们不能以他们的意见为框框，而要制定一套能体现企业按劳分配特点的分配制度。我们要在分配制度上走自己的路，大家不能受某个领导、某个部门的影响，不能把他们的讲话当成指令而不折不扣地去做，这个观念要打破。

第四，不能把照顾“左邻右舍”看作是按劳分配。改革开放已经进入早中期，很多积极的单位都想在“按劳分配”上有所突破。因此上层有些领导就提出要照顾到“左邻右舍”，并把它作为研究分配制度的指导思想，这个观念也要打破。照顾“左邻右舍”只能是我们在分配制度上考虑的一个因素，但不能把它作为主要因素。企业有企业自己具体的情况。我们企业改革开放的步子迈得比较快、比较早，和那些还没有动的单位不一样。我们企业是打金箔、切金箔的，每个岗位都能体现个人劳动成果，我们不是现代化大生产，这一点和其他单位的产业结构不一样；当我们企业被誉为江宁的小香港，已对企业实施了全方位的改革开放时，周边地区的国有企业还维持着老的运作模式，还没有走向市场，还在徘徊观望。因此，我们在分配制度上应有自己的特色、自己的指导思想和自己的明确思路。如果我们把照顾“左邻右舍”作为指导思想，那么我们将被缚住手脚。所以我们大胆地实行“联利计奖”。联利，也就是将员工的收入和企业的经济效益挂起钩；计奖，即按企业的经济效益发放个人收入。“联利计奖”是我们关于分配制度的指导思想，只有这样才能将分配制度制定得比较合理，使思路比较清晰。

第五，提倡雷锋精神，并不是按劳分配。有些传统观念认为，全国都在学雷锋，提倡奉献，提倡为共产主义奋斗终生，提倡为人民服务，因此要把自己所有的活动都变成为社会、为人民做贡献，不能计较个人收入的多少。有些人甚至错误地认为，只要把雷锋精神发扬光大了，我们的按劳分配就解决了。这些观念都是片面的，不准确的。我们认为，发扬和提倡雷锋精神是我们社会的一种公德，一种良好风尚。每一位干部、每一位党员都应该学习雷锋，提倡无私奉献，为社会多做贡献，多创财富，自己只在奉献中获取一定的报偿。但是，单单强调发扬雷锋精神，绝不是社会主义的按劳分配原则。在我国绝大多数人还处于温饱状态时，硬叫人单纯地学雷锋，多干活少拿钱的做法是难以持久的。特别是对于那些在改革开放中搞个体的人来说，政策本身就允许他们先富起来，你硬叫他们多干活少拿钱甚至不拿钱，怎么可能？到最后，企业里学雷锋的人也会越来越少，自己出去创收的人越来越多，从而使公有企业处于一种尴尬境地。因此，我们要正确地理解学雷锋和社会主义按劳分配原则之间的关系，按真正的按劳分配原则来确定我们的分配原则和分配制度。我们可以为那些创造高效益、高收入的人多做宣传，让他们为社会多做贡献，救助生活困难的人，但不能把提倡雷锋精神当成是按劳分配的原则。在学雷锋和提倡奉献的前提下，企业的分配制度更应该改革、调整和完善，使分配制度更加适应社会主义市场经济的客观规律。

三个“历”

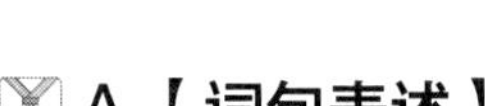

A.【词句表述】

学历 经历 阅历

B.【词义解释】

三个“历”是对创业者的素质要求，指创业者对创业中知识、见识、感悟的兼顾融合，不偏废一方，从而学习自觉领悟。尽管学历、经历、阅历三者各有不同，但是，在创业者学习、认识、感受的历程中，这三者殊途同归。在创业的路上，这三者相互支撑，彼此形成有力的支持和拱卫。单独依靠哪一方面，要想获得创业的成功，都显得单薄，三种合为一处形成合力，能发挥出更强大的力量。这里三个“历”实质上指的是创业者在学习、经历、阅历这三个方面所具有的最优秀的能力。创业者们经历过人生各种挫折，体会到了人情冷暖，而不丢失初心意志，百折不挠，大度宽容，在各种挑战面前，能够从容应对。

学历 学历一般指的是接受教育，学习知识的经历，并获得经教育权威部门认定而颁发的证书。它是学习程度的认证，比如中专，大专，本科，研究生等。有了一定学历的人，一般也就会具有这个阶段的知识。然而学历还有另一层意思，那就是学习的经历。学习是一件贯穿终生的事情，不管是不是在校，学习的历程是不应当中断的。对于创业者来说，更要树立终生学习的观念。

经历 所谓经历，就是见识程度。一般指的是亲身见过、做过或遭遇过的事，或是通过自身与他人体验所总结出的直接或间接的经验。经历本身是客观的，但是，作为参与者，虽有切肤之痛，却是具有强大的主观适应性和拓展性的。一件简简单单的事情，在某些人那里一潭死水，但是对于一些有心的创业者来说，却可以成为命运的基石或是转折点。能够从经历中观到真理，收到裨益，得到支持，是创业者的必经之路。

阅历 如果说，学历在知识、在信，经历在见识、在行，那么阅历就在省悟、在心。所谓的阅历，是指一个人对社会、对事件、对生活中所发生的事，达到了一定程度的见识及理解。古人说“苦辛厌奔驰，忧患饱阅历。”不仅仅是读了一些书，有了学历，也不仅仅是经了一些事，丰富了经历，更重要的是在跌宕的人生中，随着时间的累积，渐渐形成了自己的一套世界观和方法论，然后，再由此出发去观察世界与人性。唯有此，才可以称得上有足够的阅历。

C.【言论摘选】

学历 + 阅历 + 经历 = 能力

学历 + 阅历 + 经历 + 业绩 = 三位，即政治地位、社会地位、经济地位。

我们企业讲文凭，不唯文凭。在有学历文凭中选用那些有能力的人才。

◆ 金箔厂干部来源有“十大渠道”

金箔厂干部来源渠道主要有如下十种。

一是靠“毛遂自荐”。在我们这个厂，有句重要口号，无论什么人，只要你想干什么，都可以报告，领导尽量满足你的要求。

二是“熟人介绍”。这不是开后门，外国资本家和中华人民共和国成立前的资本家，大部分是靠托人介绍人，从中发现人才。这样做好处多，企业可以通过介绍人来实现对新人的管理。对熟人介绍的任何人都要热情欢迎，对纯粹的“关系户”，要控制，对真正的人才不加限制。

三是靠“政策引诱”。宽松的政治政策、经济政策和生活政策，吸引许多人改换门庭。

四是靠外单位支持输送。对特殊急需的人才，主动上门的，一律接收，或由本厂将其借来或挖来使用。

五是靠“领导推荐”。老干部、老职工情况熟，关系多，可主动为厂里推荐人才。

六是靠“积极培养”。看到好苗子、有前途的人，有意将其放到基层锻炼或者送到哪个地方培训，逐步使其成为一名成熟的干部。

七是靠“上级分配”。充分利用正常渠道早向上级机关“挂号”，经常盯，抓紧要。

八是靠“花钱购买”。对人家花钱培养的人才，或需付费的人才，愿出合理价格将其“购”回来。

九是靠领导自己物色。领导在抓产品的同时，也十分注意及时发现能人，记在心中，到时派用场。

十是靠“群众选举”。在改革承包中，群众自己推选领导人，或者由领导挑选助手，都是很重要的。

无论哪种方法，我们的目的，就是多拥有人才，多要人才。只要是对厂里有用的人才，我们可以采取灵活的方法对待。只要办法能行得通和不违法，我们都可以用来进行人才的选用。

◆ 专业的对口和对口的专业

什么叫“专业的对口”呢？

用我的话解释，就是指你所分配的岗位正好匹配你所学的专业，而“对口的专业”则是指在你的岗位上学习与你岗位相匹配的专业知识、技能等。专业的对口和对口的专业，这个问题也是辩证的，并且将始终伴随你们的一生。

你说我江宝全学什么专业的？我搞了 20 年化肥，按理应把我分配到搞化肥的单位。可 1984 年县里却调我去搞金箔。化肥是白色的，它的制作过程是化学反应。而金箔是金黄色的，它的制作过程是物理反应。两个截然不同的专业，我一干又近 20 年。所以，千万不能把专业的对口和对口的专业这样的问题，当成自己成功的绊脚石。随着时代的变化，什么专业都将不是专业了。驾驶员兼职化，我们集团 50 岁以下的干部坐小车都不配驾驶员；英语已是国际上通用的语言，每个大学生都必须会听、会说；现在会玩电脑也不稀奇了，小学生都在学……今后一切的一切都不存在专业了。因此说，专业对口是相对的，不对口是绝对的。

无论叫你干什么，你都要拿得出来。没有本事的人，最终的结局就是下岗。我们要在不对口的专业中寻找对口；要在专业对口时做好下一步不对口的准备。情况是随时变化的，只有先适应社会再驾驭社会的人，才能算成功者。

若大家都想专业对口，都想选个好的专业，谋个好的工作，那差的岗位、辛苦的岗位就没有人去。年轻人要站得高看得远，不能死抠着专业对口的问题不放。一天到晚寻找专业对口的人，他总是觉得不对口的。年轻人只要能在每个不对口的专业中，把能力、智慧、应尽的责任释放出来，就是对口。当年我第一次分配的工作是到供销社上班，我的任务就是打水、扫地、跑腿。为了干好工作，我一次能拿 8 个水瓶，后来又发明了挑水的担子；十多个办公室要扫，怕早上来不及就等到别人下班后晚上来扫，所以领导来上班时，办公室里永远是干净的。后来，我在县化肥厂任政工科长，将劳动、宣传、工资、人事、保卫、办公室六大口子管理得有条不紊。你说哪行是我的专业？做每样事情都要用劳动去创造它，用智慧去改变它。对口与不对口都是可以改变的。同学们千万不要满脑子都在想对口。市场随时需要人才，不论叫你干什么，你都要能干得比别人好。如果你认为我堂堂一个高级人才，干这个算什么玩意？对每个事都这样牢骚发发、漫不经心，那么日后你就会一事无成。

我曾看到一位老朋友的儿子在端盘子，很认真，很卖力，我很高兴。在最基层干事，能够这样认真的人将来肯定有出息。金箔集团是培养企业领导人的地方，按一把手的素质来严格培养人才。但是，很多年轻人一开始就总是想入非非，却又不练好真功夫，最终一事无成。用农村的老话形容就是：“天天做梦到苏州，醒来还在家门口。”

◆ 大学生要正确看待社会、正确看待自己

2009 年，我在世界金融危机高潮时期的新年贺卡上，写了段献词，内容是：“人生就是六个字：如何看？如何干？这‘如何看’，就是认识世界、分析世界、研究世界、解释世界；‘如何干’，就是改造世界、建设世界、创造世界、驾驭世界。”

大学毕业生还不知道社会上是一个什么状况。社会庞大而复杂，即将走向工作岗位的大学生们，将会处于复杂的矛盾之中。可是，很多同学并不知道自己处在社会矛盾体中，不懂得在复杂矛盾中生存，更不知如何面对和处理这些社会矛盾。

我们企业曾经与江苏省经济管理干部学院办了一个大专学院。在第一届学生毕业的时候，我收到了很多学生的来信。今天我选一封给大家读其中一段："几年前父母把家底拿出来，送我到这儿来学习，我知道他们是下了很大的决心的。那一夜他们仿佛又苍老了许多。我不敢正视他们殷切的目光、他们满鬓的白发、憔悴不堪的容颜，不敢正视他们被生活日渐压弯的脊背，我只能满怀负疚。在这个年龄，在这样的岁月里，我本该挑起家庭的重担，分担父母的包袱。到了这繁华的都市，我不敢放纵，因为深知我花的是父母的血汗钱，是他们辛苦一辈子的积蓄，我不能任意地挥霍。面对身边花花世界，我冷眼旁观，这一切都不属于我。我是一个外来者，我还没有权利分享这一切。我要等待着那一天，等待这个城市接纳我的那一天，再来享用。我幻想凭自己的努力，可以得到回报，得到认可。但一切都出乎我意料，我对这个世界认识得太少，我把这个世界想得太简单。我犹如一片孤舟漂泊在大海上，失去了方向，找不到停靠的港湾。日夜狂风的撕裂、雷雨的惊吓，我迷茫，我不知所措，我四顾企盼，希望能得到帮助。但周遭都是茫茫的一片，毫无反应。是不是我的选择错误？是不是我的决定有些草率？但一切无济于事，我已经想尽了种种办法，但是得到的都是摇头。我不甘心这样的学习就此付于东流，我不愿意看到父母失望的眼神，不愿听到他们无奈的叹息，他们已背负重荷……"

这封信很令我感动，同时也令我深思：一个不会认识社会矛盾、分析社会矛盾和处理社会矛盾的人，能当创业者吗？你们能成为社会的栋梁吗？从学校步入社会，每个人的内心世界都会充满着矛盾，这就要看你自己如何对待了。一个不会分析和处理矛盾的人，不可能做到自我拯救，更不可能成为创业者。

真正的创业者，在面对错综复杂的矛盾局面时，能选择一条正确的道路；能在突如其来的灾难面前，化险为夷、转危为安；面对天大的事情，都能做到泰山压顶不弯腰，能够镇定自若、指挥自如。例如有一年，与我集团一墙之隔的乐超企业毛绒厂起火，漫天大火在屋顶熊熊燃烧，现场有 200 多人，大多惊慌失措。唯有我集团金艺公司李总经理镇定自如，沉着指挥救火。这就看出了什么是总经理，什么是普通人。如果你想成为总经理，那么你在面临突如其来的大火和灾难时能不能泰然处之、镇定自若？想干成事业，这一点你能做到吗？

社会中很多具体矛盾，都严峻地摆在大学毕业生面前：如何进入社会这个战场？如何选择事业的道路？如何解决自己的认识问题？这一切的一切如果不能正确对待，你可能永远只能自卑、自叹、自惜。即将走上社会的大学生们，如果不把自己的认识论和方法论的问题彻底解决，那么在以后的工作中，遇到挫折就会退却、失意。

D.【案例一】

王东宁的故事

王东宁是曾经那个小丫头片子吗？是的，1998 年王东宁大专毕业分到集团后勤劳动服务公司，一年后又被送到金箔学院进行为期三年的企业管理专业学习。双文凭高学历了，王东宁心想，应该要受到重用了吧，可是她每天接触到的、所做的还是一些跑腿干活的琐事。

2000 年 9 月 18 日，集团在金箔路上的江宁体育中心举办首届金箔文化艺术节。这是一个大型活动，她每天除了例行的工作外，就是准备好活动现场需要的物料物资。活动当天，她正美滋滋地想着看刘欢、李谷一、蒋大为这些大腕们的现场演出，突然接到领导电话，问花卉怎么没到位。她到现场一看，原来花被人顺手搬走了。眼看着离活动开场时间越来越近了，大家也很着急。王东宁想到离体育场最近的金宝市场“小翠花店”，于是让老板娘赶紧将花卉准备好搬到路边上等她。

那一刻儿，她像一名雄赳赳的骑士，骑着载满花卉的三轮车，边骑边大声吆喝着：“哎喂喂，请让一让，请让一让……”周围有人说：“这丫头骑得这么带劲，卖了这么多花，真会赚钱！”

那一天，王东宁同金箔人一样，经历了身为金箔人的荣耀，想着金箔集团这样的企业能办出如此精彩、影响如此之大的文化艺术节，在这样的企业工作，成为无数金箔人中的一员，是多么的自豪！她在一次开会时说：“这次的经历让我终身受益。”一个做事马马虎虎、对自己不严格要求的人，最终只会一事无成！只有持之以恒、脚踏实地地做好每一件小事的人，才有可能成就大事！

如今，王东宁已成长为金宝商贸集团的总裁，真的干起了大事。

从那以后，无论面临的工作是所谓的“小事”，还是有“重大责任”的工作事项，她都是以最强的责任感和敬畏心去迎接它，在做好每一件小事的过程中，自己也逐步成长起来，成了集团独当一面的管理干部。

【案例二】

傅明忠犯懵

20 世纪 80 年代，傅明忠是金箔集团有大专文凭的老知识分子，现在已经退休。在纪念改革开放三十五周年时，他写了一篇《副厂长修机器遭批评》的文章来感恩企业，说明知识分子在实践经历中成长的必要。

文中有一段，他这样写道：“有一天晚上，我在厂部值班，有人告诉我一个分厂的真空镀膜机坏了。我及时赶赴现场，看到技术副厂长正汗流浃背、满脸油污地检修机器。见此情景，我十分感动，大晚上的，副厂长亲自动手干，我傅明忠何德何能一进厂就被领导安排在厂部工作？不过就是有一张大专文凭而已。

我要向人家副厂长学习，要苦干、实干，干好工作以报厂领导的知遇之恩。后来与江总谈及此事，我的赞赏之词溢于言表。江总只淡淡地说了一句‘精神可嘉，行为欠缺’。我好生纳闷，这么好的典型事例，厂领导怎么一点不重视呢？在后来的办公会上，江总针对此事说：‘副厂长亲自动手修机器，精神可嘉。但对副厂长，我不但不表扬反而要批评，因为你没有摆正自己的位置，不知道自己的职责，没有管理全厂的领导能力。你现在的水平只配当一名机修工，千军易得一将难求，如果你不迅速提升自己管理全厂工作的能力，明年这时你就真会成为一名机修工。我要向全厂的干部职工郑重宣告：如今的金箔厂，各级干部的产生必须要有一个新的概念，不再单纯靠任命、恩赐，所有干部特别是主要负责人，要靠水平、靠能力、靠真才实学。’”

副厂长修机器遭批评这件事，傅明忠记得清楚，难以忘怀。

【案例三】

两首打油诗

20 世纪 80 年代，社会上有一股“文凭热”。我却想，学历很重要，但在某种意义上，阅历和经历也同样重要。

那时，我对“文凭热”就深有体会。我虽没上过大学但由于我天生好学，在长期工作实践中，边工作边学习，经验不断增长，理论水平不断提高，逐步进入了企业高层。可是，正当我“三十七八，等待提拔”的关键时刻，社会上突然掀起了“文凭热”。一夜之间，我这个没有文凭的“小学生”被淘汰出局，我亲自招来的一名大学生，竟然一夜之间当上了副县长。后来，还是因为文化水平低，被调出化肥厂，前往金箔小作坊任职。我当时就编写了两首打油诗。一首为：“生产工作当骨干，文化学习靠边站；现在一切凭文凭，将我逐步当废品！”另一首为：“你有文凭当县长，我无文凭到小厂，干个三五年再讲，看看谁有好下场？”

如今，很多有着高学历文凭的人，都淹没在历史的长河中，而我带领着一代代金箔人，拯救弘扬了金箔事业。这一切都在说明，成功的创业者，除了要具备相应的文凭，还必须具备丰富的经历和阅历。

文凭标志的学历，只代表学校学习的经历。有人在这个学习经历结束之后，学习就结束了，专业知识不断退化，实践中又拒绝学习，比好学上进的没有学校学习经历，也就是没有文凭的人并无优越性。创业者这个身份本身就决定了你必须终生学习、刻苦学习，一日不学，吃老本，就会落伍，就会抱残守缺，就会被滚滚前进的社会洪流所抛弃。

三“长短”

A.【词句表述】

看长处，容短处　用长处，避短处　扬长处，补短处

B.【词义解释】

创业难，难在很多地方。作为创业者，面对各种各样的困难，能否充分地扬长避短，发挥自己的长处，趋避自己的短处，是克服困难、获得成功的重要方法。创业团队中人人是人才，“三长短”讲的是用人之术，提醒我们将人的“长短”用好用活，人尽其才。尺有所短，寸有所长，每个创业者在自己的创业道路上，都有着各自的个性、禀赋、能力和资源，因而也就有了各种各样的创业条件和创业陷阱。诚如《道德经》中所言：“自知者明，自胜者强。”创业者能够时刻保持清醒，保持理性，做出趋利避害的战略和战术行动，是拉开与竞争者差距的关键。用人取长补短、扬长避短，是尊重人才的具体工作方法，是动态管理工作。创业者需要注重“三长短”，不浪费人力资源。“三长短”处理得当，你就会搞成人才济济的局面。你的创业定会人气旺，财气聚，事业兴，希望大，道路长。

看长处，容短处　看长处，容短处，指的是评价一个人的时候，不仅要看到他的长处和优势，也要明了和清楚他的短处和劣势。在这一基础上，不仅要加以包容，更要提供多方位的加强和扶持。长处是对创业有利的，但是，如果看不见或者看得不清楚，那么，创业的潜力就不能得到激发。短处是不利的，然而，若是有了自知、自制，并且在自知、自制的基础上提前布局，那么就会未雨绸缪，减少损失。

用长处，避短处　用长处，避短处，指的是用人的时候用人之所长，避人之所短。每个人都有观察事物和观察自身的盲区，因此，全面而深刻地观察事物的全局和洞悉人的长短，对于创业工作的具体安排是极其重要的。这就要求创业者因材而用，适才而用，顺才而用。将人们的长处与相对应的岗位与职能匹配。这样不仅可以有效地调动人才的积极性，甚至能有效地抑制其短处弊端。

扬长处，补短处　万事万物都是处在发展中的，今日的长处如果不能保持，将很快沦为创业的桎梏，此时的短处如能积极地加以转化，反而可能成为创业新的支点和核心。所谓攻守易型，此消彼长，正是说明了这个道理。因此，创业者在用人、培养人的时候，要激励其发扬长处，而对其短缺的方面要因势利导，加以弥补，使之尽量完善。

C.【言论摘选】

◆ 领导方法纵论

我这里讲的“领导方法”，就是“工作方法”。因为是针对各级领导讲的，所以叫“领导工作方法”，简称“领导方法”。

所谓好的领导方法，也就是正确的领导方法、正好对路的领导方法、恰到好处的领导方法和站得住脚、摆得平、后遗症少的领导方法。有了好的领导方法，就能创造一个好的工作环境，从而取得好的工作成果。

有不少同志把“领导方法”看作无形的东西，认为讲不清、道不明。我们知道“桥”和“船”是方法。

所以说，领导方法问题，关系到一个人的事业能否成功，关系到个人的前途命运，关系到一个企业的兴衰存亡。

根据我几十年的实践经验，给大家讲讲如何运用一些好的领导方法。

1. 要不断提出新目标、新要求，不断出新主意，“玩新花样”

不管你是什么样的人，领导多大的摊子，干什么行业，在一个单位当领导，总不能把这个单位搞得死气沉沉的。你要经常动些脑子，出些主意，玩些花样，提出一些新目标，讲出一些新要求，使手下人、外界有新鲜感、活力感。有活力才有动力，有动力才有进步、才有发展。这是重要的领导方法。我在十个数字领导方法一文里提出要有“十大目标”，也就是说的这个意思。要制定三年、一年、半年、一季度、当月、当天的“十大目标”与“十大工作计划”。每天晚上都要排出明天要做的十件事。有的人就是因为不排、排不出来，所以能力提不高。

2. 要学会把千斤重担分给大家挑

一千斤分十人挑，每人只有一百斤；一百人挑，每人只有十斤，有多重？当然要学会把千斤重担分给大家，要注意以下几点：第一，责权利相结合。交代给你事干，就要赋予你相应的权利。第二，用人不疑。既然赋予你相应的权利，就放心、放手、放权。金箔集团教大家这样一句话“干出成绩是你的，干出问题是我的。”在任何时候都要这样做，不能颠倒过来。不是光耍嘴皮子，这要有素质和真功夫。你只有勇于承担责任，大家才愿意帮你挑重担。第三，要布置交代明确。在给大家分重担时，要明确哪些给你挑，哪些给他挑，挑多少，挑多长时间，各人的职责是什么，要规定得清清楚楚，分配得明明白白，不能胡子眉毛一把抓。我们搞世界金箔行业大聚会，那么多的头绪，就因为我们交代明确，分工细致，所以搞得很成功。第四，布置任务的同时要交代方法，要尽量提出意见来。

3. 要时刻注意、处处注意领导班子团结

必须要时刻注意领导班子团结，然后才能协同作战。“各吹各的号，都是一个调；不是一个调，请你往边靠。”要密切关注领导成员的思想动向，如果所有人都反对你了，肯定是问题到了不可收拾的地步。所以，对领导班子内部存在的问题一定要防微杜渐，重视早期预防。要么是一团和气，要么就闹得不可开交，都是不可取的。一定要学会团结人，这也是领导方法的重要内容。

4. 遇事自己要拿出主导办法

无论大事小事，金箔集团都有办法解决。我曾经说过，什么叫管理？管理就是遇事拿出办法。我们金箔集团在医疗费、订合同、吃饭、分房、干部权力约束等方面都有具体的办法规定。就算不是每件事情都有办法，也要学会拿别人的办法，有时要学会花言巧语“窃取”别人的办法，这个单位才能成功。作为一个领导人，自己要有主见，自己清楚怎么拿办法，有时还要注意用别人的办法。当然，有时会上别人的当，所以要会识别。

5. 要经常组织下属学习新东西

不学习新东西就会安于现状，就会做传达室、保管员式的干部。要不断学习新工艺、新材料、新技术、新管理、新观念。香港赖先生请我们吃饭就三个菜；意大利保罗请我们到饭店吃饭，等了半天就一人一块煎饼、一个汤，只要吃饱了就行，决不浪费。反观我们请人吃饭，恨不得把所有的菜都上尽了。这就是我们要学习的新观念之一。我经常有“江郎才尽”的感觉，不学习、不补充，自来水只放不蓄不行。只有不断学习，才能跟上时代发展，金箔集团才会不掉队。我曾对一些人讲，有人说，现在只要能“混”得过去就行了。其实，这“混”字写法也特别，“混”是在光天白日下，在水中游泳比赛，你能“混”得了吗？

6. 要善于当好密探角色，调查研究，掌握情况

掌握得一清二楚的情况。有人喜欢唱“好了歌”，人云亦云，不作深入细致的调查，是不可能拿出好办法和对策的。我到南方了解金箔市场的行情变化时，果断作出了降低价格“让利不让市场”的决策。事实证明，这个决策保住了金箔集团在东南亚的市场。很多同志工作飘浮，一问三不知，飘浮的人是不可能把事做好的。我现在工作“飘浮”些了，主要做宏观的事多了。但是当年，金箔的合理耗金量、工艺的设计都是我亲手搞出来的。

7. 时刻都要对本单位情况进行对比分析

我们对第一手材料进行必要的分析，去伪存真，去粗取精，才能拿出正确的办法来，否则就会失误、失败。有人某年春节一口气买了几万只板鸭，买进后价格下跌就卖不出去了，到后来还有一万多只库存在那里卖不出去，这就是因为没有认真分析市场变化的缘故。

8. 要养成安民告示的习惯

在分析过程中要注意相互交流，进行前、后、上、下、左、右、中的对比。在一定情况下，出安民告示，公布于众。我们将金拉线厂的市场占有率、经济效益进行了前后对比，将负责人免职，他就无话可说了。另外，如果他早一天作这样的分析，保持清醒，也就不会下台了。

9. 要经常与人展开辩论

要善于组织大家辩论。辩论对增加知识，对提高领导水平，都有重要意义。不管意见对不对，要允许把不同意见表达出来。金箔集团东郊董事会、天目湖总裁会，“吵”出了很多重要决策。

有本事的人敢和江总吵，无本事的人见到江总跑。

10. 学会对下属进行各种激励

领导任务不能局限于“过河”，更要会“找船”，要学会领导方法和艺术，实现组织目标或者个人奋斗目标。我是用心良苦地给你们讲这番话的，希望你们将来工作出现问题、困难时不要问江总怎么办。我希望，即使金箔集团垮了，江总离开了，你们还记得在你的心灵深处曾有过这么一个人讲过这么一番东西。我们是为社会，为当地培养人才。我希望，假如我有一天不在金箔集团，金箔集团仍然兴旺。我希望，即使金箔集团垮了，你们也照样能生存。这才是我真正的目的。希望大家把学到的东西运用到实践中去，能挑重担，成为优秀的创业者。

D.【案例一】

金箔闯将朱正华

朱正华大腹便便，工作能力比较强，是个好闯将，但是有时醉酒后言行不够严谨。在金箔事业的舞台上，朱正华最大的长处是开拓能力强。1988 年，集团招兵买马，从社会上把他招来工作。1990 年企业推行“蜜蜂计划”，将他放在山东烟台。他的业绩一路遥遥领先，做到全国同时派出的 40 个分厂的第一。

他的第二个长处是悟性高。一些项目遇到问题时，只要我把基本想法跟他一沟通，大到项目投资论证，小到找人办事，他都能所向披靡，马到成功。

他的第三个长处是情商高。只要你能容忍，认可他，那么一旦他交上你这个朋友，他就会永远做你的朋友，并且在你需要时施以援手。

这个性格鲜明的汉子，喝酒能冲。但他喝醉后有时分不清东西南北，仿佛谁也不认识了，与不喝酒时判若两人。这被很多同事以及一些朋友当成笑谈，他甚至因此而被当面指责。为此他还在一段时间内饱受争议。

作为他的领导，朱正华身上的长处，我看得十分清楚，他的短处，我也清楚知道。我决不会因为其有所短，而忽视他的长处，也不会因其所长而不留心他的短处。

【案例二】

派遣干部坐牢了

1996 年，江宁国有起重电机总厂效益急剧下降，资不抵债，亏损上千万元，800 多人面临下岗，企业面临破产。上级希望金箔集团能够全面接管电机厂并使其能够起死回生。我答应派出一名干部前往电机厂。这名干部上任的第一年，我每个星期都要跑去两三次，手把手地教他工作思路和领导方法。

在我的不断鼓励下，这位新官上任三把火，也铆足了劲打拼，电机厂当年就扭转了亏损局面。两三年后，电机厂已成为年产值 8 000 多万元的中型企业，不仅成功“脱险”，更是起死回生。

但在成功、荣誉和赞扬的光环下，这名派遣干部自我膨胀了，变得昏昏然、飘飘然、不以为然。他总觉得自己拿的还不够多，于是和公司财务主管做假账，侵吞企业资金，而且数额巨大。尽管他们认为自己做得天衣无缝，可还是遭到了举报。

我们创业者不是大观园里的宝玉，也不是韦小宝，我们是为创业而来的。“三然”是悬在创业者们头上的一把利剑，时刻提醒着创业者要胜不骄、败不馁，不能一出现“小富即满”就满足，就沾沾自喜，不辨东西，迷失自己。人贵在用己之长，避己之短，切勿在小有成绩的时候自我膨胀，否则只会适得其反。

【案例三】

老金箔，走新路

金箔是个传统企业，几千年不变。在新时代，金箔能不能创新？在金箔领导班子思路扩展情况下，金箔文创产品走出了一条新路子。

用金箔做文创，是金陵金箔的发展战略。我们的金喜卡、金箔月饼、金箔春联等多次受到行业、市场好评，一些产品畅销国际市场。

《孟子》中记载：“虽有智慧，不如乘势，虽有镃基，不如待时。”因为善观时变，所以懂得顺应改革之势，领悟、理解和贯彻执行决策层的指令，需要认知和自信。

金箔集团旗下品牌支柱产业金陵金箔，取得了举世瞩目的成绩：世界最大的生产基地，国家非物质文化遗产，故宫博物院授牌的官式金箔供应商，金箔深加工产品研发的系列金箔艺术品被誉为“当代艺术的一朵奇葩”。金箔发展到了一个重要的时期，需要我们认真探索总结。

“在传承的基础上创新，是对传统最大的尊重。”面对现代科学技术发展给千古金箔技艺带来的挑战，我们发扬传统，也要顺应行业竞争态势。我们“用金箔做文创”，打造年轻人喜欢的金箔产品，探索出了一条良性的金箔文化产业传承、发展之路。

因势利导，才能事半功倍。金箔文化的传承、发展顺应市场需要，符合现代人需求，最关键的是我们想用文创振兴金箔产业，用金箔代表中华文化品牌走向世界，打造金箔百年辉煌。

要实现这一目标，需要做到：客观、系统地认识金箔产业发展内在规律，认真解决好非遗发展过程的利用与发展关系；借他人优势发展自己；主动优化利用一切可用资源。

领悟要旨，才能寻找到事物发展的内在规律，用金箔做文创，想要做好，需要依靠创业团队中的青年人，相信他们想得到、做得好。

三“什么”

A.【词句表述】

想什么　说什么　做什么

B.【词义解释】

古人说：“三思而后行”，意思是说，凡事要仔细思考后再付诸行动，这才会达成真正的“知行合一”。三“什么”是要求对人的思想言行注意观察，从而知晓其内在。创业者须全身心投入创业，团队成员才可能一心一意共同前进。一方面，创业者自己对创业的态度和行动，要表里一致，言行一致，自身努力成为团队的表率；另一方面，创业者也要从所想、所说、所做来考察团队的成员，立体地、全方位地了解团队情况，从而更好地任用人才。透过“三什么”，我们可以感知创业者对所创之业的身心状态。希望引起足够注意，既然选择了创业，便要一心为之，不因“三什么”动摇自己，涣散人心。

想什么　想什么，就是“知”，指人的思想活动的内容，即脑子里在琢磨什么。一个创业者的“知”，决定了他的格局、他的视野、他的理性甚至他的命运。笛卡尔说：“我思故我在。”真正的创业者所想的，应当是为个体、为企业、为国家，求发展、求精进、求贡献。如果他所想的趋向自私一点，那么就可能造成行为不当。

说什么　说什么，就是“言”，语言反映思想，人通过说话来表明自己的内在想法。一个创业者的“言”，决定了他的公众形象和社会信用，反映了他的战略规划和事业理想。

做什么　做什么，就是“行”，指行动价值取向，一个创业者的“行”，决定了他能攀多高，能走多远，能克服怎样的困难，能取得怎样的成绩。

C.【言论摘选】

◆ 作为企业舵手的创业者、需要想什么？说什么？做什么？

关于金箔集团干部的产生，有一个新的概念，就是不再单纯靠任命、靠恩赐、靠照顾、靠投机钻营就能行了的，所有的干部，特别是各级主要负责人，都要靠本事、靠水平、靠能力、靠真才实学。人才都是在竞争中涌现出来的，在长期实践中刻苦磨炼出来的，是被聘任或被推选站出来的，只有从这三个渠道锻炼、涌现出来的领导干部人才，才是真正过硬的和有本事的干部。

在我们金箔集团里，能当一名总厂和分厂的厂长，这无疑是非常光荣和十分令人自豪的事。厂长的位置是多么的令人向往、令人追求、令人羡慕。他们有职有权、有车坐、有楼住，许多方面还有特殊待遇，工资待遇也是最高的。他们既是企业最高行政领导者，又是企业的法人代表。正因为他们的位子有这么多吸引人的地方，所以我们厂想坐上去的人很多，这些位子简直就像以前挤公共汽车上的座位一样，有个人下了车，让了座，马上就有人顶替坐上来。这的确是一个可喜现象，说明我们干部队伍后继有人、蒸蒸日上。

但是，我们有的人并不一定都清楚：作为一名分厂厂长，知道身上的担子有多重吗？知道责任有多大吗？知道素质应有多高吗？市场竞争激烈异常，知道时代要求你应当具备哪些条件吗……很多东西，如果不说出来，有人以为什么人都能当厂长，谁当都能当好，如果真是这样的话，那真是在拿全厂职工的根本利益开玩笑了！

为了把我们的企业办得兴旺发达，使我们的子孙后代都能吃上康乐饭，我们就得不断提高我们的干部标准，特别是要选拔和培养“会经营、会管理、会用人、会办事、品行正”的高档管理人才。

一个企业的厂长关系到企业的命运，厂长是企业兴旺、衰败的标志。厂长肩上的担子千斤重，身上的责任相当大，素质要相当高。

有的人虽然是个好苗子，但是不成熟；有的人虽然有某个方面的特长，但是其他方面还不足，怎么办？这就给我们带来了另一个问题：对干部的培养，如何形成使用—培养—教育—成熟—使用的良性循环过程。这个良性循环锻炼过程，是培养符合企业要求的成熟的领导的必要过程，是万万忽视不得的。前面我们已经说过：一个好厂长、一个好干部，是在竞争中涌现出来，是在实践中长期锻炼成长起来的。这话应该是不错，而且也必须要这样做，但是，一个干部的成长，光靠一个干部本身的能力能行吗？根本不行。一个干部的成长过程中，除了本身具备先决条件外，上级组织和上级领导还应该千方百计给他们创造的良好的外部条件，使他们真正有一个赖以成长的气候。在这方面，我们厂的办法就是：①“用人不疑，疑人不用”，大胆放手使用所有在职干部，做到放手、放心、放权；②在向下级干部交代任务的同时，交代一些可行和可供参考的方法；③平时利用各种机会对干部进行各类教育；④为犯错误的干部多承担责任；⑤平时与各类干部多接触、多交流、多考察；⑥对干部存在的后顾之忧要尽量帮助解决；⑦经常正确评价干部，提拔优秀干部，调整不适应的干部；⑧对各级干部采取重奖励的政策。

我们要花大力气培养和教育干部，对各级干部都要进行严格训练和严格考核。凡没有当过班组长的干部不能当车间主任；凡没当过车间主任的，不能当分厂副厂长；凡没当过分厂副厂长的，不能当分厂厂长；凡没当过分厂厂长的，不能当总厂副厂长；凡没当过总厂副厂长的，不能当总厂厂长，没有当过总厂厂长的不能到集团任总裁。这种台阶式方法训练出来的干部，根基深、锻炼长、经验足、见识广，在出类拔萃的人才中选拔出来的干部，才是真正过硬的干部。对各类技术干部、业务干部、经营人才，也都要求其从头干起，从基层干起，在有成果和有成效的基础上一步一步向高峰攀登，成为我们各类人才中的佼佼者。

这里我们要特别指出的是：一个企业就是一部机器，或者说是一座楼房，它是由各方面部件组成的，而只有一台马达，组成不了一部完整的机器，只有几块砖瓦也盖不起一座楼房。企业的人才也是如此，光靠几个厂长办不好一个企业，只有靠各种管理人才、技术人才、生产人才、服务人才等多方面组合一起的共同努力、共同智慧，发挥综合优势，才能将企业办得生机蓬勃。我们决不能轻视这类人才，却只重视那类人才，而应对什么人才都要重视。一个领导班子也是如此，不能光有帅才，没有将才；不能光有干事的，没有动嘴的；不能光有内向的，没有外向的；不能光有开放的，没有稳健的；不能光有懂管理的，没有懂技术的；不能光有下死命令的，没有做思想工作的；不能光有做实践的，没有搞理论的。一个企业的领导班子应当注意综合功能，注意运用各方面的人才，使之配套成龙，从而使企业成为一部完整的机器。

上述这个要求虽然很高，但它的确是一个成功企业应具备的起码条件。企业在人才培养的最终目标上，不折不扣地贯彻这些精神，人才就会层出不穷，企业就会大放异彩。

D.【案例一】

衡量企业管理者三个“什么”

金箔企业为什么能发展扩大？关键在于我们经常问企业管理者三个“什么”。

我提出考察一名干部要看三个“什么”，即你整天在“想什么”？你整天在“说什么”？你整天在“干什么”？你整天是不是在想你的事业怎么发展？你跟你的朋友、知己、员工说了些什么，从你说的话中就可以看出你在想什么。如果你整天干的事都是喝酒、玩、赌博，你还能干多大事？将一个领导的言行一对照，就能看出他是什么样的干部。

创业的人，“三句话不离本行”的人，基本上是业务上的行家里手。而那些眼高手低的人，大多不切实际。

【案例二】

顾达明提出的四个问号

顾达明在2019年春节干训班上，被抽到进行论文演讲。他的文章说是论文，其实不符合论文体例，但是文中有“四个问号”，获得满堂掌声，他的论文也因此获奖。顾达明这样写道：

“2017年年底，我们金箔包装公司为昆明卷烟有限公司生产的冬虫夏草（和润）细支接装纸，在紧张的供货过程中，突然发现严重的黏支、卷翘问题，虽然在现场经过多方沟通，想方设法让客户用了一点，但是仍然未能解决问题。这次质量事故，引起了我们公司领导的注意。各级领导去了多次，客户也答应给我们机会重新调试。2018年上半年，公司多次打样，断断续续试了半年，1—5月停供5个月，这对公司造成的损失是巨大的，而公司总也解决不了问题。

试问这样的反应速度、这样的改进速度是我们公司的作风吗？客户能接受得了吗？客户会对我公司的问题解决能力质疑吗？“冬虫夏草”这款烟是客户重中之重的品牌，客户怎么能忍受得了我们在出了质量问题后的半年内都拿不出合格的产品？最后在无数次的实验后，终于在6月、7月重新开始发货。这种严重的产品质量事故，平心而论对业务是会造成很大影响的，也幸好集团公司与烟厂上层有着良好的关系。但这次事故，直接经济损失达到上千万，在烟厂还有将近10吨冬虫夏草（和润）细支接装纸没有退回，如果形成损失，那就是将近140万元的损失。真的值得我们深思。”

顾达明是烟草包材销售市场上的骁将，“四个问号”都是心声，揭露的问题有理、有据、有数字。对于企业来说，这样保护企业利益的人，这样敢于呼吁、呐喊、言说的人，多几个更好。

几句话，“四个问号”，都离不开自己的实际工作。企业需要这样的骨干。

【案例三】

我的呐喊

早在2003年，房地产市场刚刚大热的时候，我就看到了今天，并写下了《大家都搞房地产，谁来搞生产？》的文章。最近几年，我又连续发表了系列文章，对中国房地产的状况进行了抨击和批评。尽管人微言轻，但是，作为一名老一辈企业家和老一代共产党员，我坚持认为“国家兴亡，匹夫有责”！并以此向金箔人表示，我坚持走实业报国之路的初心不变。当然，我更多的，还是希望国人要为中国实业实体经济的振兴，矢志不渝地多做贡献！

2001年，江宁撤县划区，自此，全国几十家大大小小的房地产公司涌入江宁。江宁的土地价格猛涨，由原来的10万元左右一亩，猛升到几十万元、上百万元一亩，后来发展到几千万元一亩。如此一来，稍微有点关系和有点办法的人都转去搞房地产，许多投身房地产的人也因此先后成了江宁的首富和暴发户。江宁区的国税、地税收入中，房地产业缴纳的税收已占到60%左右。在这种影响下，江宁区的制造业受到了严重的冲击。江宁工业局所辖的几个厂的厂长放弃了自己苦心经营几十年的企业，辞职出来搞房地产。这时候，社会上一些人抓住各种“权贵”，和他们结成了“生死与共”的“血肉”关系，地由“权贵”出面拿，钱由“权贵”找银行贷，基本上都是白手起家。10年不到，他们已经创建了一个拥有几十亿元资产的“全国闻名房地产集团”。甚至还有人对我说：“搞房地产跟贩毒品一样来钱，贩毒品违法，房地产又合法、又赚钱。你搞生产有什么意思？一年忙到头，能有多少利润？还要养那么多人，增加那么多麻烦，不如集中精力来搞房地产。”

面对这个情况，我心里反复嘀咕：“大家都搞房地产，谁来搞生产？没有人搞生产，谁来养活更多的人？没有更多的人，谁来住这么多的房子？指望外来的人住？产业不发达，外来人跑来干什么？”

可是，有人却对我说：“你烦那么多干什么？只要能赚到钱就行，其他事你能烦得了吗？”

我知道，搞房地产的人确实富得流油，而且那是一座不用攀登的“金山”，更不必经过九九八十一难！但是，我的这个命，就是注定要攀登“实业救国”这座“山”的，到别的“山”上，我不习惯！

老实说，搞房地产不是我们金箔人的强项。搞房地产在土地竞标前，没有官商勾结，好地段、便宜地段、麻烦少的地段，一般是得不到的；实行土地竞标后，没有实力、没有规模、没有运作的高手，一般也是不行的；再加上搞房地产，风险很大，像北海、海南，出现房地产泡沫，砸下去的钱，赔起来也是巨大的。如今房地产大上的后面，必有大下的低潮。这个风险我们金箔人必须要注意到。而搞实业，对金箔人来说是个强项。因此，我们坚持把主要精力用于发展实业，这个决策思路不会轻易改变。

虽然搞实业，难度大，获利小，竞争残酷，一般想赚大钱的人不肯干，不敢干，也不愿干，但我们金箔人不能不干。金箔集团不是官商联手的企业，不是福利慈善机构，不是吃皇粮的企业。金箔人只能靠自己的辛苦劳作生存，靠自己的智慧生存，靠自己的硬功夫生存。金箔人还有一个信念：多为国家缴税，多为社会养人。所以金箔人只能老老实实走实业之路，这才是金箔人的光明之路。虽然，金箔厂因为各种原因，目前手中也有几块土地，例如老化工厂，被我们兼并，有200多亩地，政府规划必须搞房地产，因此适当地涉及一些房地产也无妨。但是，房地产在我们金箔集团永远都不会成为主导产业，也绝不能挤掉实业——一个企业，在大家都头脑发热的氛围里，究竟该做什么？一定要有自己的定力。这个大政方针在江宁房地产热度高温的情况下，就是金箔人的指导方针！

我常说："企业家虽然有潇洒的今天，更有忧愁的明天啊！"
对于炙手可热的房地产，金箔人如是看，也是如是说，如是做的！

三"不提"

A.【词句表述】

不提职务高低　不提待遇多少　不提条件好坏

B.【词义解释】

创业所要付出的代价，难以用世俗条件来衡量。创业之初，创业者为梦想使命而战，不应该计较客观条件。无可否认，无客观条件支撑，则无法起步，然而，全然沉迷其中，必然迷惑心智。要相信，全心付出，清风自来；太过于蝇营狗苟、汲汲于利禄，必会南辕北辙。要明白，职务高低、薪资多少是结果，是自己形成的结果，这个变量取决于你的付出，而绝不是预先设定的定量。所以，掌握好这其中的因果逻辑关系至关重要。

"行百里者半九十"，意思说的是一百里路，已经走了九十里，其实才是走了一半。越往后越艰难，越接近终点、越接近成功，越有阻力。很多时候，这个阻力不仅来自外界，更来自内心。对于创业者而言，有时巨大的失败不是由于外界的压力，而是由于放松了自己。这样的情况比比皆是。慎终如始，只要创业还在路上，创业者就一定不能在职务、待遇、条件上计较，否则，贪图享乐、见利起欲的结果，必是功亏一篑。三"不提"是对创业者个人修养的一个规定，指创业之初，创业者不应该过于计较自己的切身利益，而应该无条件投入创业奋斗之中。

不提职务高低　指的是在创业团队内部和企业内部的职务上，以事为准绳，使得人尽其才，物尽其用。在既有的管理体系中，职务总是有大小、有区分的，创业者应先着手于事，多想如何干好事情，干成事情，不出事情，那么事成之后，一定会有相应的回报，最合适的奖励往往会给予能干事的人、干好事的人、不出事的人。职务高低绝不是由主观讨价还价的协商决定的，而是客观做事之后的结果。

不提待遇多少　对创业者和企业而言，待遇指的就是工资、奖金、福利。但是，一切创业者和普通的企业员工都应知道，世界上没有免费的午餐，所有的待遇都要依靠奋斗得来。这个奋斗不是一时兴起的，也不是时断时续的，而是长期的、坚韧不懈的。革命尚未成功，同志仍需努力。在创业的路上，这些不能作为创业者的牵念、绳索和羁绊。对待遇过度斤斤计较，不仅动摇创业者的初心，更会撕裂创业者的团队，慎之戒之。当然，适度的待遇激励会成为促进力量，如何把握好这个度，是企业领导阶层必须仔细思考的问题。

不提条件好坏 创业者大部分都是白手起家的，自身的客观条件严格受到资源、能力、渠道等的很大限制。也正因为如此，创业才更凸显出意义。所谓有条件要上，没有条件也要上，与其苦苦计较条件的好坏，裹足不前，不如振奋精神，坚韧向前，尊重客观条件，更需要在尊重的基础上发挥主动的创造性和积极性，要相信事在人为。细细想来，世界上哪一个创业的奇迹，不是源于人的精神对环境束缚的突破？这是人之高贵之表征，亦是人之价值实现之途径。贫瘠的条件可以使人生于忧患，优厚的条件也可以使人死于安乐。其中起决定性作用的，依然是人。

C.【言论摘选】

◆ 金箔集团考察干部的八条标准

一个企业，不能单纯选那些生产型、听话型的干部，也不能选那些花言巧语的干部，更不能选那些凭关系、靠钻营投机取巧的干部。

企业规模化发展这一时期，我们衡量和考察干部有八个方面。

一是看干部的文化素养，但更看干部的实践本领，看其政绩如何。

二是看干部对领导本身态度的好坏，但更看干部对工作态度的好坏。

三是看干部年龄大小，但更看干部能否适应工作。

四是看干部现有贡献大小，但要考虑到所处地位。

五是看干部工作是非，但更看现实表现。

六是看干部在群众中的议论情况，但更看事实如何。

七是看干部肯不肯干，但更看会不会干。

八是看干部专业水平，但更看其综合领导能力。

◆ 创业者绝不能在意眼前小利

社会上曾有一种说法：“改革承包，不捞白不捞。”少数干部把心思放到捞钱上，把精力放在搞名堂上，这样下去结果必然是成为企业的蛀虫，成为昙花一现的小人。我们要用自己的模范行动表明，我们是中国经济改革的开放时代成长起来的一代创业家，而绝不是什么见利忘义、贪图小利的无名鼠辈。

D.【案例一】

自我提拔

刚调进金箔厂时，我是金箔负责人，大家叫我江书记，我的任务是带领金箔人振兴发展金箔事业。我没有想过职务的高低。

国家实行厂长负责制，大家叫我"江厂长"，企业越搞越大；成立总厂，叫我"江总"；发展成集团，叫我"江总裁"；现在我是金箔控股集团董事局主席，下属十个集团，有十个总裁，十个董事长。

从来没有人，给我发个文件，提拔任命我。几十年，我就是自我提拔。当初金箔厂小厂没有人肯来，现在我的位置，想要的人可能很多。当初我也没想过什么职务高低、职务名称发生变化，只是把带领金箔人发展金箔事业的责任一直担在肩上。

自我提拔，只为将事业越做越大。称谓变化，也正代表着事业越做越大。

【案例二】

脸热　心热　锅热

我刚调到金箔厂时，一分钱奖金也没有。而在原来的化肥厂可以领奖金，仅每月的营养补助费就有 70 元。

由于我们两口子热情好客，厂里的干部职工们上门的越来越多，有的人来商讨工作，有的人来反映困难，我都热情款待。可时间一长，家里的财力就吃不消了，到了捉襟见肘的地步，只好一味节俭，紧巴巴地度日。

我还常常把厂里的人带回家吃饭，把家当成旅馆饭店，弄得爱人措手不及。有一次我开完会又带人回家吃饭，一进门就看见她在拿盆罐接雨水，这时候又没时间去买菜招待。我说来的都是客，尽其所有吧，没有丰盛的菜肴不要紧，但一定要脸热、心热、锅热，做点合口味的家常菜。然后我又笑着对客人说，请你们吃饭不是来看这里的条件有多差，好歹自己住的是单间呢。好在大伙也不计较，围坐一桌，吃得开心，谈得投机，欢声笑语不断。

创业艰苦，"三不提"，我出门不敢说自己的真实身份，只说"业务员小江"。企业有条件时，我没有节假日，没有上下班，也不提待遇多少，只是全身心地投入工作，苦在其中，乐在其中，坚定不移。

【案例三】

六个盆等漏

我调入金箔厂，退出原单位的住房，带着妻儿，租住在县城一人巷内，一户破旧的房子里。一下雨，房子就漏，连续下雨，我们家把所有的盆拿出来，脚盆、脸盆、什么盆都一起上阵，六七个盆全都派上了用场，等漏接雨。与此同时，我就化身为鼓手，自娱自乐地敲打起来。房间太小，放不下小孩的床，我就自己捣鼓了一个活动床，床板白天掀起来挂在墙上，晚上放下来睡觉，还说这是创新、是创造。居住条件差，我们一家人就这么克服过来了。一贯任劳任怨的妻子，也从来不发牢骚。

我那时上班骑自行车，有时也能爬上个拖拉机上班，在厂里大会上，我曾炫耀："爬上拖拉机，脸上笑嘻嘻。"

创业伊始，我忘记了条件好坏，只是一门心思扑在创业工作上。

三"疲劳"

A.【词句表述】

感情疲劳　岗位疲劳　工作疲劳

B.【词义解释】

一个好汉三个帮，再牛的创业者，也需要他人的支持。在长期的合作过程中，人与人之间，难免会产生一些疲劳和松懈。其中，感情疲劳、岗位疲劳、工作疲劳，是最常见的三种情况。三个"疲劳"要求创业者在创业过程中，既要对自己，也要对他人的困顿状态进行有机调节、调整、修正、激活，使之焕发新的活力。

三个"疲劳"具体就是指，在创业过程中，企业内人与人之间、领导与员工之间会出现因劳累或身体、心灵处于疲乏的状态，从而导致工作不协调，需要理性调整的阶段。这个阶段普遍存在于一切生活之中，创业也不例外。如何合理地度过这个阶段，消除疲劳，事关稳定的大局，是每一个创业者所面临的重大问题。

感情疲劳　感情疲劳指再好再深的情感，都会因遇到外界或内在因素变化而出现危机、矛盾、疲劳。当创业者与同伴，或者与员工遇到感情疲劳的时候，适度地调整、优待、激发，是很有必要的。人，毕竟不是机器，而是有着丰富感情的血肉之躯。在感情疲劳的阶段，认真对待，真诚处理，将会极大地增强大家的凝聚力。

岗位疲劳　岗位疲劳指一个人从事某种岗位时间过长，出现厌倦的状态。对待岗位疲劳的情况，创业者一定要具体问题具体分析，理性地分析情况，合理地对应处理。对于能力不匹配的，应当做好积极的合理调整；对于情绪不匹配的，应当及时疏导宽解。这样才能有利于工作的长期开展。

工作疲劳　工作疲劳指再重要、再有利的工作事业，不注入新的动力，也会出现精神不振、工作劲头不足的状态。“流水不腐，户枢不蠹”，意思是说，水只有常流，才不会腐臭；门轴只有常转，才不会被外物侵蚀。创业者的工作，也是同样的道理。当出现了工作疲劳的时候，要积极运筹，合理调整，努力消除导致工作疲劳产生的根源，为它提供新的动力和源泉。困乏疲倦是伴随创业过程的，不回避，主动进行必要的加油、充电、修整、修正，以更好地前进，于人、于事、于创业，均是如此。

C.【言论摘选】

◆ 创业者要尽心卖力还要有本事

创业时间长了，会产生“岗位疲劳症”，做事缺乏一股劲，不够尽心，不够尽力。搞企业没有本事不行，有本事不卖力不行，卖力了不用心不行，用心了没本事还是不行。对此，创业者要经常给人更换岗位，逼得人往前冲。

◆ 理性认识岗位疲劳

2000年时，我在董事会指出，金箔集团的股东，大部分都是企业早期改革开放的中坚分子，为企业的生存与发展做出过突出的、特殊的贡献。改革开放几十年下来，原先20多岁、30多岁的中青年已逐步变成壮年和中老年，他们长期既当大股东，又当经营者，明显带来三个现象：一是年龄不对了，精力和体力已不如前，老是得不到休整，久而久之会积劳成疾；二是长期从事同类岗位的工作，出现“岗位疲劳症”难免，很容易出现按部就班、不思进取、维持现状的情况；三是大股东长期处在第一线岗位上，不管别人领导他，还是他领导别人，都会出现矛盾心态和矛盾现象，即对大股东所在企业施行任何管理制度时会瞻前顾后、畏左惧右。

创业不能疲劳，要想使事业永远前进，使金箔集团的发展永无句号，那么对企业中出现的三种现状就必须理性认识并加以改变。

◆ **用心、用情、用劲，是任何创业人士成功的关键。**

所谓用心，指该人对此产品、对此企业、对此事业是否全心全意？是否真心实意？

所谓用情。即该人对这个企业、事业、产业是否有热情、激情、豪情？

所谓用劲。即该人对这个企业、事业、产业，是否用尽自己的全身力气？是否费九牛二虎力气？是否吃苦在先，享受在后？是否患得患失，斤斤计较？

D.【案例一】

那天，我忍对了

金宝商贸集团副总姜友花，深情回忆，创业之初：“那天，我忍对了！”

“金宝市场，从无到有，从小到大，从弱到强，是一个十分艰辛的过程。

1994年时，金宝市场冷冷清清，社会上广泛流传着‘金宝金宝，关掉拉倒’‘金宝金宝，早关早好’的谣言与非议。市场里面空空荡荡，商户稀稀拉拉，顾客更是寥寥无几，市场连续几年亏损。管理骨干们似乎也筋疲力尽了。前方看不见希望，阵阵的感情疲劳弥漫在人们心里。

金箔企业与金宝商贸领导日夜操劳，为如何搞活市场费心劳神。为了解决人流量小的问题，在十一区兴建农贸市场，吸引人气。但是，附近的菜农，不愿意到市场里面来买菜，因为要交摊位费，都是挑着担子到住宅区里去吆喝着卖，市场里面，只有稀稀拉拉的二十来户商户，而且摊位都集中在大门口，靠里的摊位无人问津。作为一名金宝市场的员工，尤其是农贸区域的一员，我当时的心情是焦急万分，每天想得最多的就是如何招商，如何引导附近的菜农到农贸市场来卖菜。

金宝市场的发展需要我们每个人尽心尽力，要把市场的事当成自己的事去做。在这种情况下，我们双管齐下，一边和工商、税务打交道，请他们支持、配合；一边自己主动与这些菜农沟通，采用各种方法对他们进行引导。我们几乎跑遍了东山镇的各个住宅小区，和菜农打交道。面对不同年龄、经历和思想文化水平的人，我们沟通时针对不同情况，有的放矢，不用一个模式到处硬套。有的菜农温顺随和，我们就可以和他们分析，进农贸市场经营有什么好处，可以慢慢地对他们进行引导说服；有的菜农倔强固执，我们在交流时就有必要采取强硬的态度，坚决不让他们在小区里经营。

那个盛夏的一天，我和区域的另一名同事，一起在丝织厂的小区和菜农沟通。当时有一名三十多岁的妇女，是一名钉子户，文化水平不高，平时说话就夹枪带棒的，那天一语不合，就激动了起来，把手中的扁担一摔，扑了上来。因为同事是男性，她就直扑着我而来。当时的我还很年轻，从没经历过这种阵势，眼看着她扑过来，我就后退了一步，结果脚步没站稳，衣服就已经被她揪住，厮打了起来。由于夏天衣服单薄，等同事和周围的菜农将她拉开时，我的衣服已经被她撕扯坏了。光天化日之下，我只能用手裹住衣服，脖子上的金项链也被扯断，掉落在地上。当时，我委屈的泪水就溢满了眼眶。我捡起项链，发现少了一截，那名妇女紧握着手，还在喋喋不休地骂着。我压住自己的情绪，没有和她发生冲突，还帮她把踢翻的菜筐扶起来，她当时就不说话了。我深知，自己此刻的举动，代表的不仅是个人，更是金宝市场，我在众多菜农面前的任何一个举动，都关系到金宝市场在他们心目中的形象，因此我处理得十分小心。第二天，这名菜农就来金宝市场租赁了摊位，并积极缴纳了费用。”

这件事情，在其他菜农中引起了较大反响，给农贸市场的招商带来了一定的正面影响。那时，她始终坚持这样的态度，逐渐形成惯性，从而使金宝市场的招商管理做得越来越好。经过多年不知疲倦的市场经营磨炼，姜友花成长为金宝集团副总裁。

【案例二】

推出大股东所有权与经营权分离方案

11 年前，我对占股 4% 以上的股东，实行“二权分离”。上董事会讨论时，我指出大股东们是企业早期改革开放的中坚分子，为企业的生存与发展做出过突出与特殊的贡献。

集团大股东与中层骨干不少人提出集团大股东可采用“所有权与经营权”分离的办法，来妥善解决大股东在企业出现的以上矛盾。根据与会者意见，再结合集团实际情况，并参照中外企业运作经验，特制订出《金箔集团大股东所有权与经营权实行分离的方案》，经股东会讨论通过后执行。方案共有以下十条。

一、以集团现有的经济实体为单位，建立八大独立法人地位的股份公司。公司全部为独立法人结构，出资主体为金箔集团与经确认的在位大股东个人。

二、所有股份公司一律依法建立董事会，董事会成员由集团出资代表、在位大股东代表组成，董事长尽量由现在的在位大股东担任。

三、金箔集团总部现阶段继续维持现有的项目投资、资产管理、监督服务职能不变，集团董事会成员仍以在位大股东为主。董事长改为董事局主席。

四、各大公司总经理全部实行聘任制。

五、总经理主持所在公司生产、经营、管理全面工作，总经理享有《公司法》赋予的权力；有提议和推荐助手的权力，报请董事会批准任命；有对管理机构和生产车间的设置权；有对企业资金使用和安排批准权；有董事会赋予的有关权力。

六、总经理必须接受监督。董事局主席直接任命的除总经理以外，同时还任命一名财务总管。总经理与财务总管不是领导与被领导关系，而是各司其职，各尽其能，各有其权。

七、各大公司董事长是集团大股东的代表，由集团董事局颁发聘任书。

八、各大公司董事长经集团董事会批准并同意签订任职承诺，而且在担任公司董事长期间尽职尽力，符合以上条件的在职公司董事长，可享受年薪制、董事长专项费用和股金分红制。

九、大股东在集团正式退休，或者因为各种原因不再担任公司董事长或其他职务后，如果不另外从事与本企业相同的产业，经集团董事会研究批准，除享有股权分红以外，可适当每月或年终给予一定补贴，包括车贴。

十、实行新的股权改造与“两权分离”办法以后，集团总部管理实行必要调整。

“二权分离”从提出到施行过渡，改变了疲软的现状，使领导班子展现出生机活力。11 年下来，已产生良好的效果。

【案例三】

土段子有力量

金箔工艺是我国非物质文化遗产之一。其工艺鬼斧神工，世称“中华一绝”。金箔制造的十二道工序之一就是打金箔，传统打金箔全靠手工，是个绝活。金箔艺人在石墩子前，一上一下两人，打着赤膊，一遍喊着号子，一边捶打，每天要打两万五千多下。坐在上面的是推锤的，只管打；坐在下面的是护锤的，左手移动着“家生”（金箔料），右手与下面人轮流锤打，并定准方位。厂里有十几对这样的好把式。他们干活时，动作整齐划一，加上嗨呵嗨呵的号子声，场面相当壮观。

这些老把式通过上一辈传帮带，冬练三九，夏练三伏，每天鸡叫起来练划膀子功、蹲功，七斤半的铁锤，每天要锤打两三万下，生手要培养两三年才能上场，从打铝箔到打铜箔，再到打银箔，一步步提升，直到满师才能打金箔。

能否改成机械打箔？我请教老把式。开始他们认为完全不可行，但我曾在另外一个厂看到过机械打箔，于是暗下决心，“改革”打箔技术。“改革”一词的魔力，冲决了老把式们心中保守的堤坝，老员工主动请战。可是，国内既没有生产的样机，也没有现成的图纸。负责此项工作的攻关小组决定仿造锻铁设备。

但不同产品对设备的要求差距太远，打金箔与锻铁完全不是一回事。通过分析，他们找到了问题的症结：一是锤打次数每分钟不能突破 120 下；二是锤头力度要类似人工；三是速力要绝对均匀；四是锤头要稳定，不能摇摆；五是底座面积相称。连续搞了几个月，还是不过关。于是，我就陪着大伙儿没日没夜地干。在那最紧张的日子里，我们几乎连续通宵达旦地干活。难熬的是深夜三四点钟，大家饥肠辘辘，由于没钱，财务制度不允许，连想由厂里供应一碗面条都不可能，只能“蜻蜓咬尾巴——自吃自”。我寻思着，我任政工科长 10 多年，难道不能借助精神的力量？于是我开始给大家讲笑话，讲故事——虽然在化工厂讲烂了，但到这里，还算新鲜。大家也绞尽脑汁，想出了众多有意思的土段子，睡意全跑光了。“什么一二三四五，家人随我在厂里舞，星期六陪家属，星期天和孩子玩半天”；“男女搭配，加班不累”；“三十七八，正该提拔”。

一晃30多年过去了，这些土段子，与当年艰苦奋斗、自力更生的精神，一同流传了下来。许多人还将这些段子当作劳累消除剂，每逢一定场合，就相互打趣。

也就是从那阵子研制土法打箔机的经历中，我悟出一个道理：民间流传的许多俚俗土段子居然有出人预料的作用，可以缓解物质匮乏状况下的工作疲劳，作为“精神快餐”。农民、渔民、船工，创作了一批山歌、号子，原来是一种精神激励。“下里巴人”文化的“活学活用”，令土段子成为金箔文化智库里不可缺少的一部分。

三“干事”

A.【词句表述】

想干事　肯干事　会干事

B.【词义解释】

想干事，肯干事，会干事，从哲学的立场看，这三个“干事”就是知行合一。有效、高效地做好这三点，对于一个创业者而言，是企业战略与战术、指挥与执行臻于完美的结合。我们常常说某些创业者事情做得漂亮，原因就在于此。很多创业者，思想上想创业，主观上想创业，行动上也肯吃苦耐劳，但是对于怎么创业，缺少思路，缺少办法。他们不知道想干的事是什么事，不知道如何积极主动地去干想干的事，不清楚如何把想干的事和正在干的事做到最好。对此，三个“干事”要求创业者，不仅要有信念，有使命，有高昂的热情，更需要有严谨、务实、勤奋的工作作风以及促成结果的方法水平。唯有如此，创业道路才可能走向成功。

想干事　这个“想”，不是妄想，不是狂想，而是梦想，是理想。这个“想”，是想要在有限的生命之中，有所思，有所感，有所行，有所为。人类社会的每一次进步，都源自那些真正想干些事情的人们。创业者就是最想干事业的人。

肯干事　一个真正肯干事的创业者，绝不会痴心妄想天上掉馅饼，更不会缩在保护罩里回避真实世界的风风雨雨。他未必是一个完美的人，但一定是一个用心的人，更是一个勇敢的人。他可能很长时间都不会获得事业的收获，但是，他依旧会埋头苦干，积极进取。因为他知道，唯有行动，才能改变。

会干事 会干事的创业者，常常是积极思考、积极工作、积极开拓的人。他们明了事物外部的因果和内部的逻辑，对于事情的轻重、缓急、进退、取舍，都有非常合理的判断和选择。我们常常说某些创业者事情做得漂亮，原因就在于此。

C.【言论摘选】

◆ 创造条件，发现想干事、肯干事的人

如何创造条件，发现企业内部想干事、肯干事的人，使他们会干事、不出事，我认为有以下几点做法：

一、“用人不疑，疑人不用”，大胆放手使用所有在职干部，做到放手、放心、放权。

二、在向下级干部交代任务的同时，交代一些可行和可供参考的办法。

三、利用各种机会对干部进行各类教育。

四、为犯错误的干部多承担责任。

五、平时与各类干部多接触、多交流、多考察。

六、对干部存在的后顾之忧要尽量帮助解决。

七、经常正确评价干部，提拔优秀干部，帮助不适应的干部。

八、对各级干部采取重奖励的政策。

◆ 知识分子要走与实践、与工人群众相结合的道路

理论与实践相结合，技术人员与工人群众相结合，个人专业与集体智慧相结合，是知识分子和科技人员通向成功的光明之路。知识分子要知道：

一、有知识要学会运用。“工厂需要的不是文凭，而是有用的人才”。

二、要到群众中吸取营养。

三、不搞文人相轻，要依靠集体合作。

四、要淡化官念，要在事业上有所作为。

五、知识要不断更新。

六、要艰苦奋斗。

◆ 培养人才，要给他锻炼的过程和时间

有的人派一个业务员，就要求他必须马上接到业务。为什么不给他一个培养锻炼的过程呢？

要求苛刻，接不到业务差旅费一分钱没有，叫人怎么跑？跑多少业务拿多少钱，人家还没达到这水平，怎么办？你可以给一个基本工资，旅差费照发，要求他把情况好好摸一摸，每天摸五家，用本子记着，回来报告。不下任务不是没有任务，这里包含一个哲学思维。有的人不晓得这样的工作方法，看他的业务分配方案比国家的法律定得还要严密。我要说的是，成熟的业务员与不成熟的业务员不一样，所以，对新业务员必须有三两年的传带过程，他们才可以成为会干事的人。

D.【案例一】

她到央视表演切金箔

2007 年 3 月，切箔艺人平祖敏参加 CCTV 全国青年“劳动榜样”大赛，这是展示全国青年技能的大赛。全国有 50 名身怀绝技的人参加。

赛前平祖敏向导演详细介绍了金箔制造的 12 道工序：从黄金配比到化条，从拍叶到做捻子，落开子，沾捻子，打金开子，装开子，炕炕，打了细，出具，切金箔。她还向导演介绍切箔之前必须练习的基本功：练习吹口风，把三支蜡烛放在一排，间距 1cm 把中间一根吹灭，两边蜡烛不灭。告诉他们吹口风技术的娴熟程度直接影响切金箔的质量，口风好，金箔听你的指令，让它飘在何处，它就能很听话地飘在何处。录制组的人员听了，十分好奇，期待看她的表演。

CCTV 舞台中央，著名的节目主持人张腾岳问她来自哪里。她紧张地回答了来自南京金箔集团，台上的三位评委给予很大的鼓励，她开始镇定下来，台下的领队在不停地示意，示意她好好表现。她用竹刀把打好的金箔切成客户需要的尺寸 9.33×9.33cm。时间在一分一秒地流走，她进入了最佳状态，切得更快了，耳边听到主持人说：“切好一张，又切好一张……”当时，规定在 5 分钟内，把 5 张半成品金箔切成 8 张成品金箔。当倒计时开始时，她的口风把金灿灿的金箔吹起的那一刻，主持人说：“真神奇，真了不起。”平祖敏顺利地完成了表演。三位评委中，全国劳模李素丽很惊喜地感叹道：“江南的姑娘真是心灵手巧，真的很棒！”平祖敏获得第三名并进入决赛。第二轮决赛中，她只用了 4 分 50 秒就切了 12 张 9.33×9.33 的成品金箔，比原来快而且多切了两张金箔，并且准确地吹灭了指定的红蜡烛，出色地完成了比赛表演，展示了金箔艺人的绝技。

平祖敏踏上央视大舞台，展示金箔技艺，她把对金箔事业的热爱，融入比赛中，取得了好的成绩。作为金箔艺人，她第一次向世人展示了金陵金箔“中华一绝”的工作风采。

【案例二】

小鲍听课

小鲍现在是名销售员，在他刚进金箔厂时，第一次听我讲话，他立志要成为一个像我一样肯干事的人。

小鲍曾这样写道：

“遥想 2001 年 2 月 1 日下午，我坐在金箔集团原总部会议室里。虽然，室外春寒料峭乍暖还寒，但是，来自金箔集团各大公司、各条销售战线上的 200 多名骨干、精英，把整个会场挤得满满当当，全场一派热气腾腾、暖洋洋的气氛。

江总给金箔集团在座的营销人员喊出了一个响亮的口号：三‘忠于’！关于三‘忠于’思想，他说：‘一、每一个营销人员都必须忠于自己的企业；二、每一个营销人员都必须忠于自己的事业；三、每一个营销人员都必须忠于自己的服务对象。’

江总在讲话中结合自己年轻时的工作经历，谈起自己当年在乡供销社干了三年的学徒工，领导要调他去县上的化肥厂工作。当时的化肥厂国营大单位好得不得了，而他为什么伤心得不得了呢？江总说在乡供销社里干多好啊！接着用一串顺口溜描述他‘天天扫扫抹抹、收收发发、糨糊抹抹、来人刮刮，喊喊人、跑跑腿、扫扫地、打打水’的学徒生活，他怎么舍得呢！我脑海中立即活脱脱地浮现出一个勤奋的学徒工、一个无忧的年轻人、一个快乐的单身汉形象。

江总身临其境、活灵活现、声情并茂的讲课，随即就把大家逗得前仰后合，会场上笑声一片。江总的讲话几次被笑声打断，他不得不停下来，环顾着会场，看着大家的脸、听着大家的笑声，沉浸在从艰苦岁月努力打拼成长起来的喜悦之中。顿时，我被江总那朴实无华的做事风格给深深地打动了；他极富张扬的人格魅力和语言感染力也深深地吸引着我。

之前，江总给我的印象是此人慈眉善目、笑容可掬、和蔼可亲，就像个‘能容天下大事’的大肚子弥勒佛。还有江总能‘韶’，他的话匣子一打开来，嬉笑怒骂、谈古论今、口若悬河、滔滔不绝、妙语连珠。一件别人看着不起眼的琐碎小事放到了他嘴里，用大白话一掰扯，一股脑全整成顺口溜、排比句，听起来就是那么有劲，不同凡响，别有一番味道。

江总的讲话听起来，有的就像燎人心口火辣辣的衡水老白干；有的就像沁人心脾凉爽爽的青岛啤酒；有的就像暖人心窝甜丝丝的张裕干红，全然没有凉白开水一般的寡淡无味和索然无趣，反正听他讲话两个字‘过瘾’！

一堂课下来真可谓‘听君一席言，胜读十年书’，江总果然名不虚传，让我十分地佩服。

光阴荏苒，我还依然清晰地记得当年江总这段深情的教诲。这堂课在我进入金箔集团的八个年头里，不管是在销售工作、后勤工作上，还是在为人处世的方法上，都令我大受裨益，今后也会继续影响着我做人做事的风格。

非常感谢！江总给我留下了难忘的一课。”

没想到小鲍对我的一堂课悟了这么多，后来发现他的工作干得也如他讲的那样努力认真。

【案例三】

创办金宝天印山农贸

2006 年，随着江宁经济的迅猛发展，人口迅速增长，民生需求增大。当时，江宁区政府最头疼的一件事，就是农副产品集散地没有得到很好的解决。“菜篮子工程”跟不上老百姓对美好生活的向往了，“江宁菜价高过主城区”一度成为人们议论的焦点话题。

政府到处找地办农贸大市场，许多有地的地产大鳄都捂盘惜售，也不肯投入到农贸项目。这时金箔集团正巧有块空地，原准备做房地产项目，见到当地老百姓“菜篮子工程”没落地，百姓呼吁，政府着急，于是我主动站出来对区长说，愿意把金箔的地拿出来办“菜篮子工程”，创办“金宝天印山农贸大市场”。很快在政府的支持批准下，金宝天印山农贸大市场建了起来。作为江宁最大的“菜篮子工程”，市场占地 150 多亩，建筑面积 5 万多平方米，总投资除土地外，5 000 多万元资金全部由金箔集团贷款自筹。

这个农副产品批发基地，一下子使东山周边居民日常的农副产品消费成本大幅度降低了。“北有白云亭、南有天印山”，一下子叫响了整个南京。在政府投资的众彩物流没有落成之前，天印山农贸也一时成为南京最大的农副产品批发大市场，南京城南大批居民都纷纷来到天印山采买蔬菜食品。据统计，每个家庭因此每个月最少节余 300 元左右。

后来，除了天印山农贸外，东山地区的城东农贸市场、河定桥农贸市场等一个接一个创办起来，形成一个连锁的农贸服务产业。所以说，在看到需求、条件适合的情况下，会干事、干好事，对企业的发展非常重要。

第六章

创 业 省 思

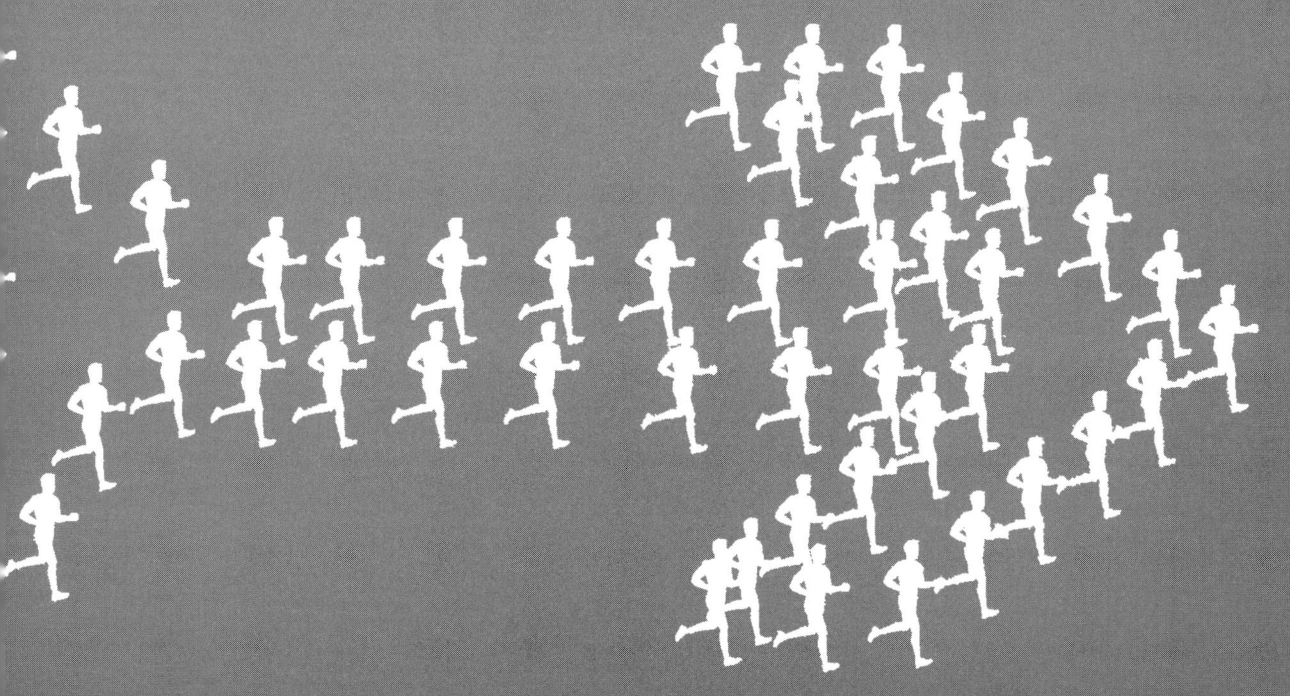

三“不反”

A.【词句表述】

不反政府　不反领导　不反配偶

B.【词义解释】

三“不反”是创业者必须要明确和坚守的关于社会人文环境的三个原则，是在正常情形下的行为准则。三“不反”是创业者必须恪守不渝以及应有的生存胸怀，也是确保创业前行的基本必要条件。心有“天地君亲师”，这是基本的人文情怀。对于创业者来说，具体要做到不反对政府，不反对领导，不反对配偶。目前的中国处在国家复兴、社会繁荣的盛世，我们不应该反政府。家和万事兴，对配偶的尊重是保证创业者后方稳定的基本诉求，不可不慎。

不反政府　所谓不反政府，就是不仅在大的方向、原则、立场上坚决和政府保持一致，在实际的创业过程之中，也要主动接受政府的领导、监督和管理。创业者的创业唯有在政府的有力支持之下，才能获得长久的生命力。政府是社会管理的组织者，我们必须服从政府领导，创业才能成功。你要明白，无论是计划经济时代，还是社会主义市场经济时代，执政党的领导始终代表着党和政府的意志，不要忘掉了最大的政治现实，否则就会动摇根本的政治立场，就可能在政治上走向反面，那可能是一条自我毁灭的不归路。

不反领导　所谓不反领导，就是必须主动与领导保持一致。作为创业团队或者企业的领导，常常不仅是决策者，也是实际的责任担当者，不仅要面对全局，而且要面对局部变化。领导相较于普通员工来说，高度更高，责任更大，风险更多，视野更宽，能力更强。此外，对于国家来说，令不出都，以下抗上，则亡国有日。企业亦然。遇到问题可商量，但恣意忤逆，不仅阻碍了企业指令及信息的传达与正常运转，更损害了企业的制度与权威。因此，和领导保持一致性，有利于提高创业团队和企业内部的凝聚力和向心力。总之，领导是你的领路人、责任担当者，我们要予以尊重。反对领导就是反对自己，会造成上下两败俱伤。其次，要搞清楚，主管领导是上面派来的。你不尊重他，他咋会支持你？人心才能换人心。从这个角度出发，对领导多一些尊重，多一些理解，多一些体谅，少一些指责，少一些抱怨，少一些情绪，才是最为明智的。工作需要团队合作，谁都离不开他人的支持和帮助。

不反配偶　所谓不反配偶，就是必须主动与另一半互敬互爱。“军功章”里有你的一半，也有她（他）的一半。没有家庭的支持，创业者必将陷入事业、家庭两线作战的境地。这对创业者的工作事业是极为不利的。不反配偶则有利于家庭的稳定和谐，为创业者提供一个稳定的大后方。乾坤交泰，琴瑟和谐，诸事方能和顺，有另一半才有完整的家，创业者不能忽视自己小家的建设，更不能反对另一半。古往今来，成功者往往在生活上夫妻和睦，在事业上与伴侣彼此支持。

C.【言论摘选】

◆ 对创业中几个问题的认识

一、对市场经济的理论认识

中国企业必然面向市场。中国企业走向市场、走向世界，必须要走市场经济道路，必须打破计划经济模式，真正按经济规律来办企业。但是，有人认为社会主义经济就是计划经济，资本主义经济就是市场经济，这种观点和我们的改革开放指导思想发生了矛盾。因而很多人面对市场经济是不想搞、不敢搞。由于这个理论问题没有从认识上得到很好的解决，所以不少的创业就出现了徘徊、停止、观望的局面。

一个企业，它只不过是在某种政治制度下，搞好经济的一个阵地。市场经济仅仅是在政治制度的规定下，搞好经济的一种手段、一个方法。市场经济是一个经济领域内的经济运作手段，它与政治制度并不是矛盾的双方。作为一个企业，不搞市场经济，那还叫什么改革？既然搞市场经济，创办、领导一个企业，就要生产产品、掌握技术、严格管理、销出产品、回笼资金、创造效益，这些必须按市场经济规律办事。生产产品不卖出去，企业不创造效益，就不叫企业。我们要大胆地走向市场，在国内外市场上发挥我们应有的作用。只有这样，才能够使我们企业真正成为企业，真正地能形成自己的优势，形成竞争能力。

二、对以经济效益为中心理论的认识

一个企业领导人，其重要职责就是带领企业走向市场，按经济规律把企业办好、办活、办强、办大。要实现这些目标，就必须要把企业的根本目的搞清楚，那就是创造合理的和较好的经济效益，应该以经济效益为中心。国家以经济建设为中心，作为企业应以经济效益为中心。因此，我们所有的活动都必须以经济效益为中心来展开。企业的一系列活动都应当是经济运作，都属于经济领域的行为。

三、企业与政府的关系问题

搞好政企关系是一个重大课题。

在处理企业与政府关系时严格掌握“三不能原则”：一是企业不能成为政府的附属物，不能成为政府的一个部门；企业对政府可以依靠，但绝不能依赖，不能依附盲从。二是企业不能成为政府部门安排闲人的仓库。三是企业不能成为政府某些人资金开支的小金库。作为企业，对政府的宏观调控、对政府的税法和地方行政管理必须服从。反之，政府部门也必须从企业的漩涡中拔出身来，不能在这个泥潭里越陷越深。否则政府和企业的工作都做不好，最后社会只能走向失误。

企业不能忽视政府的支持，但不能依赖于支持。干不好企业，一切责任在自己。企业对自身的权力和责任，一刻不能忘掉，只有真正从政府的怀抱中走出来，坚持依法经营，才能真正成为企业。

四、企业干部与政府干部的标准问题

政府和企业干部，两者应属于类型完全不同的干部。企业干部要严格管理，必须放手批评人、解雇人、处理人，很有可能得罪人。美国通用公司的艾柯卡，由于管理严格到了无情的地步，连他的助手对他都有强烈的意见，员工对他有咬牙切齿的印象，但他管理的企业却达到了世界一流水平。对企业干部必须按对企业干部的要求来衡量，这也是看企业能不能由弱到强、由小到大、由差到好、是不是资产不断增值、企业效益越来越好的依据。只要有搞好企业这样一个表现，就是一个好的企业干部。

五、企业的行政与工会的关系问题

工会在中国企业中的职能与地位经历了多次演变，有人曾经把工会强调为劳动方的代表。在国外，工会和总经理分别作为劳资双方代表，进行代表各自利益的权益交涉。

我认为工会在企业中是一个群众团体，工会应该有工会的地位和作用，也有其职责和任务。工会可以将职工的思想动态、呼声和情绪及时反映到企业总部来，然后和总部的领导在关心职工、改善职工生产和生活的条件、提高职工福利待遇、发挥职工的积极作用等问题上，共同研究拿出具体的、切实可行的措施。工会在企业要服从统一管理，遵守各项规章制度，参加生产工作第一线，不能够成为背离企业各项规章制度和行政管理、生产工作之外的组织。工会的作用和地位是在整个企业的统一领导、统一指挥、统一布局下反映群众的呼声和利益，工会不能离开生产第一线搞自己的活动。我们要针对中国的国情，开展符合中国国情的工会组织工作。在改革开放深入发展时，工会也要逐步与国际接轨，逐步变成一个代表工人利益说话办事的组织、反映员工心声的组织。工会的这个地位和作用只有等到企业改制达到一定程度时才能够体现。工会不能变成一个独立的、与企业的指挥系统对立的组织。同时，企业的行政指挥系统，也不能不尊重工会的地位、不发挥工会的作用。在我们企业，在尊重工会、发挥工会作用上做得比较好。企业制定重大决策、奋斗目标都尊重工会的意见，举行高级领导层会议时，工会领导人都要参加。我们每年还要召开职工代表大会，将重大的问题交给工会讨论。我们的行政指挥系统，对工会开展活动都给予很大支持。我们也对工会干部和有关人员赋予很多的重要岗位和重要职权，让他们感到在企业里有位、有权、有利。

当然，企业性质不同，其与工会的关系也不同。对此，创业者要认识清楚。

D.【案例一】

营造一个好环境

三“不反”是我在20世纪90年代谈话中冒出来的一个小幽默。

改革开放以来，许多人常常出言不逊，说三道四，伤神伤气；有些人待在一个单位，老是与主管过不去，结果是自己吃亏；也有一些干部老板，有了地位金钱，跟原配爱人过不去。我对此提出三“不反”，告诫这一类人要正确处理各类矛盾，树立正确的意识、观念，营造适合自己生存发展的大环境和小环境，包括与老婆孩子在一起的家庭环境，只有这样，才能专心干好自己的事。

现在有些人由于意识有问题，学习、奋斗不够，对党的信念动摇，对党的宗旨认识模糊，我们必须坚定党和国家的领导，树立正确的价值观。

搞企业、创业必须紧跟国家的政策步伐，所有想反政府的人都是幼稚可笑的。

【案例二】

“三同时”

“三同时”是国家最早出台的一项环境管理制度。2015年1月1日开始施行的《环境保护法》中第四十一条、第五十三条、第二十八条均明确规定并强调“同时设计、同时施工、同时投入生产和使用”。

2018年8月，金箔包装工业园区新上项目因规划设计施工“三同时”不到位，受到有关部门处罚46.78万元。我就此要求今后金箔家族企业每个新项目都必须做到“三同时”，只有完全符合国家要求，才能够竣工投产。

我有一首诗叫《想字诀》：“凡事多想想真有好文章，正想想反想想眼睛会发亮，前想想后想想脑袋就清爽，上想想下想想做事不莽撞，左想想右想想前进有方向。”

在遇到一般人想不通的事情时，看看会受启发，比如，受到处罚时，是反对，还是受罚？

政策这样规定，我们必须执行，接受政府罚款的同时，还要求大诫今后。

【案例三】

火车座位下的滋味

那一次我和销售科长刘如松带着“满载而归”的喜悦心情离开了福州。我们急着赶回南京。

从出差单位坐三轮车到福州火车站，只用了二十分钟。两人一到福州火车站便傻眼了。只见火车站前偌大的广场上摩肩接踵，挤挤挨挨全都是人。福州火车站本就是南方大站，再加上这几年福州也成了改革开放的前沿，人流量大增。望着眼前密密麻麻的人群。我暗自担心：“回南京的火车票不知道还有没有了？”

怕鬼有鬼。当刘如松排了近一个小时的队终于挤到售票口时，售票员面无表情地告诉他，这趟车到南京的硬座和硬卧都卖完了，只剩下软卧和站票。“这可怎么办？”刘如松急得赶紧回头朝站在不远处正盯着他看的我高声喊：“江书记，就剩软卧和站票啦，买哪一种啊？”我听得真真切切，可还是不死心又高声问一句：“硬座一张都没有啦？”

“没了！硬座、硬卧一张都没有了！”刘如松一边高声应着，一边用手使劲比画！

“那……那买站票吧！”捏捏口袋，我没了辙，怕刘如松没听清，又高声喊了一遍：“两张站票！”

不一会儿，老刘从人堆里挤了过来，一边擦着头上的汗，一边把票递过来：“江书记，从福州开到南京可要三十八个小时啊！你，你吃得消吗？”他不放心地问。

“吃不消？吃不消有什么办法？总不能买软卧吧！厂里这么穷，哪来钱买啊？”我苦笑着摇了摇头，“再说，今天不走又要等两天，厂里那么多事，哪块能放心啊？”顿了一会儿，我安慰老刘，又仿佛是自我安慰：“挤挤吧！也许到中途有人下车，我们能挪个位子坐呢。”

刘如松看着我的脸，不再多说什么。既然书记都能挤，那他还有什么好说的！

晚上八点半，我和刘如松拼掉半条命终于挤上了车。一上车，我就知道中途兴许能挪个位子的想法肯定是梦想。人太多了。车厢里密密麻麻，走道里水泄不通，就连行李架上也被大包、小包、网兜、蛇皮袋塞得摇摇欲坠。到处是头，到处是身子，到处是胳膊，到处是腿，到处是人。整个车厢活像一个人肉罐头。一种令人窒息的空气让我差点要晕倒，可我根本就倒不下去，前胸和后背都被人抵得死死的。

“熬吧！”我和老刘挪啊挪，好不容易挪到一根扶手旁，两人倚住了扶手，对视一阵苦笑。“熬到哪儿是哪儿吧！”

熬，可不那么好熬！

火车开了五个小时，我就有点熬不住了。天热、人挤、车厢里又不通风，人又挪不开脚，我渐渐感觉腿越来越重，脚越来越麻。我试着把身体的重心一会儿移到左腿，一会儿移到右腿。刚开始靠着扶手的托劲，一条腿还能撑个五分钟。到后来，撑的时间越来越短，移的频率越来越快。我逐渐感觉到两条腿已不再属于我自己了。我一直患有心横位，心脏不太好，刚开始调调呼吸我还能忍受，可随着时间越站越长，我逐渐感觉心脏越跳越快，越跳越慌。慢慢地，一层层冷汗像泉水一样从额头、后背渗了出来，脸色也越来越白，越来越难看。

“江书记，江书记！”刘如松眼瞅着不对劲，赶紧一把托住我，“你……你不要紧吧！”

我睁开眼，看到刘如松那一脸焦急的样子，稍微振了振精神，用手擦了擦汗，“没，没事！还，还能坚持……”

“还没事呢？你看看你，脸发白，唇发紫……不行，得想个办法！”他一边死死拉住我，一边扭着头，四处找寻着。

可哪里还有位子？哪里还有空间？凡是能坐人的地方，都密密严严的。古人说，无立锥之地，可能也不过如此吧！“怎么办？怎么办？”越看老刘越急，我就越热，豆大的汗珠不停地从额头上“吧嗒，吧嗒”往下掉。

忽然，我的眼睛盯在一个地方停住了，看了看，自己摇摇头。可等第二圈再看过去时，不禁心动了。

“江书记！你看，你看到那儿躺躺还行啊？”他用手指头戳我，声音颤颤地问。

“哪儿？哪儿？”我实在支持不住了，用双手紧紧地抓着铁管子，睁开眼睛看。

顺着刘如松手指的方向，我看到了一个空档，那是人家座位底下的空档，虽然塞着些行李，但勉强还能挤进去一个人。

“行，行啊，你去说说看”事到如此，还能有什么办法呢？

老刘赶紧挤过去。“哎，师傅，跟你们商量个事。”他恳求地望着坐在座位上的两个男同志。

“什么事啊！”对方一口浓重的徐州话。

“哦！老乡啊！我是南京的，咱们都是江苏人！”刘如松不愧是个老江湖，立刻套起了近乎。

“噢！有什么事吗？”对方也打了个哈哈，虽然有些警惕，但语气松软了不少。

“你们看，我们领导身体不好，实在站不住了，能不能跟你们商量商量，抬抬脚，让他在你们座位下面躺躺啊？”刘如松一副哀求的口气。

“噢！这个啊，行啊！”两位一听是这事，倒也蛮爽快。那时，人们外出，都是相互同情、相互帮助的。

刘如松一看成了，赶紧再挤回去，双手搀扶着我再挤回来！

“师傅，对不起啊！麻烦了！”我声音颤巍巍的。这时候的我基本上属于有气无力的状态，但人家既然“高抬贵脚”肯让我在裤裆底下躺躺，我还是挤出点力气冲人家笑笑，表示感谢！

“没什么，没什么，出门在外嘛！”徐州人一见我这副模样，也不好意思起来，他赶紧弯下腰把底下东西稍微顺顺又找了张小报纸递给老刘，然后身体后仰，把双脚抬了起来。

老刘从后面托着，我弯下腰，把双脚先伸进去，然后从老刘手中接过报纸往里面一铺，双手撑着车板，身子和头从人家胯下慢慢钻了进去。

火车座位本身就不宽，我躺进去以后，头钻在里面，人家不好落脚。没有办法，我只好蜷缩起身子，把整个身体蜷成一个虾子形，这才勉强躺进去。

看上去是躺下了，可这躺在人家裤裆底下的滋味又怎么可能好受？车板冰冷硌人，遇到铁轨接头处一震一震摇摇晃晃的。座椅只有二十厘米高，人又蜷着，想翻翻不了，想站更不可能。身上哪边痒了，想挠挠抓抓可手够不着，只能瞎蹭蹭。更难受的还不在这儿，由于人多天热，人人都汗披流淋的，那皮鞋里、球鞋里、布鞋里、裤裆里散发出来的又酸又臭的脚汗味、臭屁味、尿臊味、汗酸味直熏得我“忍无可忍”，直想呕吐。

“轰隆隆！轰隆隆！”火车一颠一簸飞驰着。我憋着、忍着、熬着，呼三口气吸一口，脑袋里用各种故事和格言不停地激励着自己。“天将降大任于斯人也，必先劳其筋骨，苦其心智，饿其体肤，我这点苦又算得了什么？”“越王勾践卧薪尝胆、淮阴侯韩信甘受胯下之辱，可他们不都成就大事业了吗？我这点困难难道是老天爷在故意考验我吗？”慢慢地，我迷糊了起来，慢慢地，昏睡了过去……

“丁零零”火车中途靠站了。车厢里的人像开了闸的水一样泻出去。直到座位上的人走光了，我才在老刘的拖拽下慢慢爬出来。拖着酸麻的腿一瘸一拐地挤到站台上，我张大了嘴，就像个监狱里出来放风的犯人一样，大口大口贪婪地呼吸着新鲜空气。他抬抬胳膊，踢踢腿，舒展舒展身子，抖擞抖擞精神，狼吞虎咽般塞几片面包，喝两口水。

“还有几分钟啦？”我问老刘。

老刘抬手看了看表，说：“还有一分钟吧！”

“那我得赶紧上去了，寄人篱下，要自觉啊！”我苦笑笑。

我抢先上了车，钻进去、躺好、蜷好。这时候，上车铃响了，人群再挤回来，在我头顶的座椅上坐下来。我又开始了新一段的煎熬……

三“不办”

A.【词句表述】

高能耗企业不办　高污染企业不办　低技术含量企业不办

B.【词义解释】

“绿水青山就是金山银山”，国家倡导实现绿色发展，推动生态文明和美丽中国建设。企业必须树立和践行“绿水青山就是金山银山”的理念，坚持节约资源和保护环境的基本国策。恪守三“不办”是社会责任和企业健康发展的自身要求。创业是推动建设社会主义物质和精神文明的行为。创业三“不办”，指的是在创业过程中，不要犯原则性或方向性的错误，对有悖于国家基本国策的产业，对环境和人们生活有损害的产业，坚决不进入，以规避相应的政策风险和市场风险。在金箔企业家族中，没有一个“高能耗、高污染、低技术含量”的企业，长期以来，由于我们有三“不办”原则，所以金箔集团几十年来一直健康发展。

高能耗企业不办　高能耗企业不办，指所创办的企业如果需要消耗较高的电能或其他高能量，草根创业者最好不办。比如水泥、钢铁、煤炭、电力等，这样的企业能耗较高，投入较大，也不是一般创业者能够投入得起的产业。高耗能的企业是近些年国家不提倡兴办的企业，无论在政策上，还是在市场上，都不具有长期的战略利益。因此，创业者必须选择规避。

高污染企业不办　高污染企业不办，指的是企业在生产过程中如有排污、排废，主要指化工、农药等对环境造成的污染较大，这样的企业不办。目前整个国民经济已经开始逐步限制和退出高污染行业，国家从宏观政策层面到地方环保要求，都不再鼓励和允许高污染企业的存在。因此，此类型的企业具有极大的政策风险。

低技术含量企业不办　低技术含量企业不办，指技术含量不高，甚至落后于市场，有众多的竞争者，更不能代表市场潮向，这样的企业不能办。技术含量越低的行业，进入的门槛也就越低。在这样的行业里，往往充满了以次充好、低价竞争的乱象，整个产业的内涵和外延都缺乏成长性，不仅不能引领市场，而且极有可能使创业者的人和财物都陷入困境，甚至遭受损失。

C.【言论摘选】

◆ 我的“四个坚持”“七个底线”

金箔有“四个坚持”“七个底线”。

一、坚持“实业报国”的信念不动摇。我认为，只有创造产品、精益求精生产好产品，才是一个企业、一位创业者根本的社会责任。坚持这一信念，我们的金箔做出了国际先进水平，包装材料达到了国内领先水平，电机做出了同行第一水平。

二、坚持三“不办”，即高能耗企业不办，高污染企业不办，没特色企业不办。金箔集团三大制造产业支柱，都坚持了这三个原则。

三、坚持办为老百姓服务的企业。我办的金元宝大酒店，从创办起就为老百姓能吃的健康实惠着想。我们创办的金宝市场，卖的全是百姓需要的商品，市场里长期车水马龙。我们创办的天印山农贸市场，专门供应城市居民吃的菜，所以成为南京南的“大菜篮子”。

四、坚持恪守“做人、做事、做企业”准则，做到“乱象”不乱心，不乱步，不乱志，不乱为。

◆ 创业产品的三个类别

企业产品一般有三个类别：第一，已有主产品，这一类要做龙头；第二，研发新产品，这一类要定位终端；第三，配套产品，这一类要最为先进。

因此，创业者要注意分析自己的产品，让已有的产品争取做“龙头老大”，在市场上做领头的商品；新品开发，注意定位为最终端的好产品；为人家配套的产品，一定要是最先进的、高档次的技术材料配套。

除了这三类，一般的、不伦不类的产品几乎别想成功。

◆ 技术进步好不好决定企业的生与死

企业技术进步的出路就是，要在生死存亡的关键时候，对设备进行全方位更新，挽救倒下去的企业。如果有些人还在振振有词、不知落后、不知反省，那是最危险的。

我们有些企业规模小，不要怕，小不等于不能生存，而不好一定不能生存。小和大是相对的，生与死却是对立的。技术更新要拼死拼活，花大力气，工程技术人员要争取把每个企业的工程设备更新成最先进的，如果不行，就走引进的道路。有了好设备，还要会管理、会操作、会经营。要用事业作为红线把大家连接起来，用一面旗帜把大家号召起来。

◆ 科技进步是企业的命根子

理论认为科技进步是企业生产力。我认为，科技不仅仅是生产力，而且是企业的命根子。人家说质量是企业的生命，这句话也对，质量是产品的最终体现，没有过硬的设备和科学技术，你是生产不出高质量的产品的。特别是在科技日新月异、瞬息万变的新形势下，我们要更加重视科技进步。

◆ **科技不进步就无路可走**

所谓技术进步迫在眉睫，含义很清楚：不进步就会衰败，就会死亡，就会无路可走。多年来，我们企业机制的改革开放早走了几步，在大家都在等上级批文、等上级政策时，我们已冲出市场，走向国外，人家“睡着”的时候，我们冲进去了。当真要硬比，如果“武器”没有别人好，还真打不过人家。

◆ **科技进步要克服九大障碍**

有人认为，企业靠不住了，还搞什么科技进步？

我认为，企业靠不住就是因为没搞技术进步。而以下9种思想观念却会阻碍技术进步：①有人认为，反正做一天和尚撞一天钟，不管他什么革新不革新；②有人认为，市场上的东西都卖不掉了，“革新新品谁要”？有种无所作为、无能为力的思想；③有人说，科技进步要“四新”要靠资金，要钱谁给？④有人说，科技投放增大成本，减少利润，影响分红；⑤有人说，投钱没钱，投砸了谁赔？⑥有人说，我一无职二无权，技术进步是领导的事，不是我的事；⑦有人说，技术进步往哪里进？道路不明，方向不清；⑧有人说，技术改进说得好听，干好了能否多发奖金？⑨有人老是高唱“明日歌”，说生产忙，工作头绪多，技术进步排不上，明天再说吧，明年再说吧。“明日歌”是阻碍我们科技进步的重大障碍。

破除这几大障碍，企业科技进步才能铿锵有力。

D.【案例一】

忍痛割爱

20世纪80年代中期，我们企业为了多元化发展，创办了几十个大大小小的企业，涉及各行各业，当时的口号是“东方不亮西方亮”。因为当时中国刚支持改革开放，市场上物资匮乏，什么东西都好卖。因此，即使有的企业有环境污染、技术含量不高的问题，只要有效益我们都办。

一个明显的问题是，用污染环境和高能耗换来效益的企业，都可能不会持久。同时，随着市场经济的发展和改革开放的步步深入，凡是属于“三高”“三低”的企业，都逐步失去竞争力和生存力。

金箔集团原来下属有一个为内部配套设置的防盗门厂，有油漆污染问题，靠极低的技术含量开始还效益不错，但后来老是没有技术进步，结果每况愈下。1995年我们还是毅然决然把这个厂关掉。还有一个工艺鞋厂技术工艺不先进，没有特别好的先进技术产品，处在一般的裁缝、制鞋的水平，谈不上企业自有的核心技术，很难有发展前途，我们也决定将其关闭剥离。

2009年，集团一次性剥离“五小”企业有十七家，集中精力抓好技术含量高、低能耗、无污染的、生产具有核心竞争力的产品的企业。这一次的忍痛割爱，在眼前效益上吃了亏，却使金箔企业更加健康强壮。

【案例二】

涅槃重生

机电行业是金箔集团新进入的行业。

1996年，我们托管地方国营南京起重机总厂。这个企业长期“技术含量低、管理水平低、设备档次低”，20世纪70年代创办，托管时，企业已严重亏损，到了无法生存的地步。

我们接管以后，对其进行破产重组，植入了金箔集团的管理理念，确立了“亚洲第一、中国一流”的目标，加大投入，强化技术进步，有效扭转了企业“三低”的现状。

2016年，我们建立金箔机电研究院，设置四大中心：研发中心、装备改造中心、信息中心、检验检测中心，奠定金箔机电进一步的发展和转型升级基础。

为了使金箔机电跟上时代的步伐，我们不怕投入、不怕失败、不怕增加成本，引进了多名人才，与科研院所、大专院校紧密合作，力争要么第一，要么唯一。

金箔机电走上了涅槃重生之路，从单一的生产起重电机的企业，已发展成“五鸡生蛋”的新型电机企业。其产品有防爆电机、伺服电机、双梁电机、调速电机等，已然成为行业中的大型企业。

【案例三】

包材发力

金箔包装主要是生产食品包装和药品包装的专业化企业。2017年，金箔包装研发出的高光接装纸，成为新型包装材料。我们有专门成立的技术研究院，全力打造高技术含量的食品包装材料。随着研究的深入，新产品、好产品层出不穷。

这种高光接装纸攻关进入市场，相继开发了河南、上海、福建、云南、内蒙古等区域性战略市场，抓住客户新品开发的契机，获得为上海、福建等地的企业配套供货的机会，成为最受市场欢迎的包装材料。

三个“则”

A.【词句表述】

做人讲原则　行为有准则　处世有法则

B.【词义解释】

无空不器，无则不立。重要的原则、准则、法则对于创业者具有提纲挈领的指导意义。三个“则”是给创业者划定的红线，红线之外，以戒为师。红线之内，运用自如。这三个“则”既是创业者不能踩踏的红线，也是创业者得以提高素养、升华境界的阶石。凡利器皆有锋刃两面，如何把握这些做人的原则、行为的准则、处世的法则，常常成为考验创业者成败的关键。有三个“则”的创业者，是个清楚明白、令人有安全感的人。

做人讲原则　做人讲原则，要求创业者守住做人的根本，损人利己的事情坚决不做，落井下石的事情坚决不做，见利忘义的事情坚决不做。在任何时候，任何地点，都不忘记“道义”二字，不忘记“法律”二字，不忘记“良知”二字。原则是事物的本质，从自然界和人类历史中抽象出来。正确反映事物的客观规律的原则，是我们要遵守的。无论对人对事，我们都应有分寸，有底线，有立场，努力做一个对他人、对社会有意义的人。

行为有准则　行为有准则，要求创业者的行为要顺应与遵循道德或习俗所认定的范畴。一般而言，人生活在社会之中，会接触到各种各样的事物，每一种不同的事物都有着各自的特点，从这些特点出发就形成了许多法律规定或约定俗成的准则。因此，在行为上，我们要充分尊重这些基本的社会准则、行业准则等。这样，才有利于创业过程中人与人之间的交往。

处世有法则　处世有法则，要求创业者依规矩、有方圆。人与人的接触和交往，常常是感情和理性相互交织的。因此，在处世之中，在与他人有交集的时候，我们应认真仔细地把握为人处世的感情和理性，识大体，知进退，谦虚谨慎，包容大度，有所为而又有所不为。

C.【言论摘选】

◆ 什么时候都要艰苦奋斗，勤俭节约办企业

我要特别强调一下艰苦奋斗、勤俭节约办企业的问题。在创业过程中，我们搞了一些较好的福利和激励标准，这是不错的。另外，在搞活企业方面，我们放了不少权，这也是必要的。但是，我们都必须看到，我们的家底还薄，财力、物力有限，有的分厂甚至还欠外债。因此，我们一定要发扬艰苦奋斗、勤俭办企业的优良传统。即使我们以后稍微富裕一些，也不能大手大脚、坐吃山空。我们许多人养成大吃大喝、大手大脚、挥霍浪费的坏习惯，这个责任根子都在我们自己身上，一定要加以克服和纠正。

◆ 企业财务管理也要学会“宏观控制”

财务要学会“宏观控制”，在用好钱、用活钱上做文章，脑中要有一本账，心中要有一个底。特别要求财务人员办什么事要事先有计划，要积极向领导献计献策，拿出办法，当好参谋。对于公司制订的各项管理制度，财务人员要帮助其完善。财务人员要有精打细算的好传统、好习惯，不能大手大脚。

财务人员被人指责“难说话”“小儿科”，这是好事。

◆ 不要怕把人培养出来他会出去干

班组培训是内部管理中难度大的一项任务。有些人认为，通过几年的锻炼，自己的能力已经可以了。其实我们有的人工作时粗起来粗得厉害，连一张报表也不能设计好；有的人细起来细得要命，只看到芝麻绿豆，没有大方向。我们必须意识到管理水平低下的事实，培训和不培训是完全不一样的。企业是培养人的地方，凡是有素质的苗子，我们都要尽可能给予其各种培训。不要怕把人培养出来他会出去干，既然培养了，就不能埋没人才，就是日后培养成熟的人出去干，也是正常的。社会正是因此才有所发展。

◆ 一个人处处找自己的问题时，就成功了

现在发现，原来我们认为不怎么样的人，工作反而有起色；原先认为不错的，反而不行，这就是包袱。有些人认为自己了不起，把自己看得过重，工作上不敢闯、不敢干，这就是包袱。我们要问问自己该放下什么包袱？当我们处处找自己的问题时，就离成功很近了。

◆ 创业者要在数字上找问题

我们开办公会不是为了摆功行赏，而主要是为了发现问题、提出问题、解决问题。如果总部对各经济实体、部门放任自由，如果大家都找借口来回避所存在的问题，那么企业就如一盘散沙，发展将受到影响，也有走向衰败的危险。因此，作为一名管理者，一定要在数字上找问题。

◆ 降费增效，要落实到“谁来关灯”的细节上

我们做管理，要注重降费增效。扎实管理，渗透到各个方面。对水、电、费开支要有人

精心研究比较，在点点滴滴上节约，懂得聚沙成塔的道理，工作要落实到“谁来关灯”的细节上。

D.【案例一】

父子与同志关系

我曾经对两个儿子说过：你们结婚之前，我们是父子关系，由我们负责教管；你们结婚以后，我们就是同志关系，由社会组织负责教管；如果你们在集团工作，我们就是同事关系，由集团按集团制度负责管理。当时，我说此话时，儿子与家人都笑笑，同事们也姑妄听之。

我不仅是这样说的，而且也是这样做的。

在他们成家前，我们按江家家风规矩管教，大儿子在东南大学上学几年，我从没用车子送过一次。小儿子想买一辆自行车，我也让他用暑寒假打工赚的钱购买。我绝不让他们有丝毫富二代的感觉。

后来他们各自都结婚了、成家立业了，表明他们已经长大成人了，我这个做长辈的，就将他们当成同志、同事来看待，不再对他们乱发号施令了。但他们俩均在我主政的南京金箔控股集团任职，而我则一方面将他们看作同事，给予尊重；另一方面则按青年干部的标准对他们严格要求，很少让他们有优越感，许多时候，对他们还比对别的干部的要求要更加严厉些。

在我们集团，我对两个儿子的管教严格得令集团干部都认为有些过分。在集团工作追责时，两个儿子都被我严肃通报批评过。但是，做人得讲原则，我绝不能在这一点上放松。当然，这样的结果，成效还不错，终于将他们培训得有点才。

前几年，4 月 26 日那天，是大儿子江楠四十岁的生日。我还为他写了一首祝贺的自由诗：“江门长子楠木才，做人处事堪表率，转眼进入四十岁，励精图治展未来。”他很高兴，还特地装裱了一下，贴上了金箔。与集团其他干部一样，他有我一个题字也感觉很骄傲和自豪。

【案例二】

人人有条紧箍咒

金箔干部人人头上有条紧箍咒，从 2003 年起已经戴了多年。这个就是《金箔管理干部规范运作二十条》。

给干部队伍定规矩，使干部队伍行为有准则，2003 年我要求每一个管理干部必须牢记。

集团总部和各大公司担任管理干部的人员，主要指：集团正副总裁、党委成员、各部室挂牌干部、八大公司正副职、总支书记、属于集团和公司行文聘任的干部，以及在企业里能够起着相应作用的技术、生产、营销骨干人员，均须自觉执行本二十条。

第一条，各级干部必须忠诚于金箔集团、忠诚于金箔事业、忠诚于自己服务的对象。不准拉帮结派，不准搞小团体，不准搞多中心。不得散布对集团、公司不利的言论，更不准有损害集团利益的行为。

第二条，新产品、新项目、新场所的投资必须经过科学论证、按程序规范运作，并由集团董事会讨论、董事签名后方可实施。

第三条，集团物资采购必须执行宁金集司字〔2003〕第 005 号《物资采购、工程项目招标管理实施意见》，不准一人经手签订基建、装修、维修等工程项目的合同（协议），须有经办人和法定代表人（或企业负责人）共同签字。基建、装修、维修等工程项目的设计、施工等招标必须有集团总部指定的招标领导小组按程序办理。不准个人操纵或签字。

第四条，不准领导一人经手买卖设备、原材料、产成品、边角废料等任何物资。大中型设备和项目必须实行招标，由集团有关部门和所在单位组成招标领导小组。

所有买卖必须执行集团采购程序，须有经办人、验收人、批准人签字后及时入账。重大的经济合同和协议必须由公司总经理、财务总监签署意见，并报集团监督审计部审核鉴证。

第五条，不准利用企业流动资金、往来款等其他资金参与本企业以外的任何投资活动，包括炒股等其他类型的项目投资。

第六条，不准私设账户、小金库。不准签字报销本人旅差费、招待费等费用。使用公司的各种金融卡号、手机等通信工具号码，必须如实上报集团备案，凡未上报的金融卡一律视为私用。

第七条，不准在直系亲属或亲戚开办的经营实体、场所加工产品、购买物资、代办运输等交易活动，也不准进行餐饮、娱乐等消费（特殊情况经批准的例外）。

第八条，不准随意开取变通发票、多开劳务工资和其他各种费用等，各单位不得拒绝集团管理部门的管理、监督和审计。

第九条，不准利用业务关系向业务单位变相索取回扣，谋取个人私利。如有正当的返利，应如实呈报后入账，否则以侵占论处。

第十条，不准到外单位加工或外购本集团内已有的产品，特殊情况需外购的必须报集团领导批准。

第十一条，不准私自申领营业执照，不准私自变更经营范围，新办企业领取执照或变更企业名称及经营项目必须报集团领导批准并备案。

第十二条，不准在集团外面私自开办或变相开办经营性实体，不准帮助和扶持外单位生产集团内相同或相近的产品。

第十三条，企业知识产权、客户资料、重大的商业秘密、技术秘密、工艺配方、资质证书及有效的证件，必须上报集团生产技术管理部门，转存集团档案室备案。任何领导不得私自非法转让和自行销毁。

第十四条，必须遵守向主管领导定期汇报制度，重大事项随时汇报。各单位主要负责人出差一天以上、超出了南京地区，必须遵守请假制度，接受所在单位考勤和集团人事部门核查。

第十五条，不准违反组织程序和报批手续，随意决定对企业员工进行特殊奖励、升职、处罚、辞退；对员工发生的缺点错误要进行必要的思想教育直至处罚，不可随意辞退，不可打击迫害与自己意见不同的员工。

第十六条，不准任意给自己和少数人增加或变相增加工资、奖金及各种待遇，不准任意克扣员工合法工资收入。

第十七条，各单位必须规范用工制度，自觉执行《劳动法》。用工合同必须由各公司上报集团人事部门批准，经集团人事部门统一组织安排培训，考核合格后发证上岗。出现劳动纠纷须及时处理。

第十八条，原则上不得将直系亲属安排在自己身边当助手、办公室主任、会计、保管员、驾驶员之类的职务（董事会特批人员除外）。

第十九条，不准违反安全生产规定、不得强制员工违反操作规程。必须遵守安全制度、服从安全员的管理和监督。如发生工伤事故，必须及时上报。

第二十条，各单位不得隐瞒生产质量事故，如发生须按照三“不放过”（事故原因未查清不放过、未采取整改措施不放过、事故责任未查处不放过）的原则，做到及时查处并上报。

以上二十条，如有违反，给企业造成一定影响及经济损失者，视情节、后果，责成其自我反省，并由职能部门给予通报批评、教育、警告，直至降职、免职及相应的经济处罚。

【案例三】

孙会计不肯照办

1992 年 10 月的一天，塑印分厂李海宁急付 5 万元流动资金。因分馆副总裁杜静宁和财务主管张琳到县里办事没回，他们找我批了张条子，我得批示：同意。（××× 代），但是集团财务部出纳孙会计见到我签字的条子，对经办人说：“必须杜副总和张主管签字才能办。”

后来，杜副总回来批评孙会计说："你是个老同志，江总签字你都敢不办，拎不清啊，你不想干了吗？"

孙会计辩解："集团制度有规定，也一直是杜总您签字，认字付钱。我当然知道江总最有权力，最能决定付钱。"

后来这事传遍集团，财务孙会计反而得到了我的表扬，他在集团财务岗位干了25年，直到退休。此后我再不签字付钱。作为企业法人代表，创业领路人，我给自己定了三条：不签字付钱，不经手买物，也不经手卖物。

处世有法则，是企业管理必须有的。

三个"性" 

A.【词句表述】

惯性　惰性　依赖性

B.【词义解释】

创业如涓滴，一点一滴的涓滴之流，汇入溪水，汇入江河，汇入大海。因此，在创业的过程之中，持续不断的坚持、韧性、不弃，是最重要的品格。三个"性"是创业中人性的自然表现和下意识的流露，创业者必须正视之、控制之，伴随创业始终。真正成功的创业者不是没有遇见过困难，而是明知困难在前，也会勇敢面对。在创业的路上，创业者为了保持不息的斗志，不竭的活力，更要常常注意自己身上出现的惯性、惰性、依赖性。时时自我检讨，自觉克服，自我超越。当三个"性"看不见时，创业者在创业学习中，需要不停地检视自己、审视团队。当三个"性"看得见、影响创业进程时，企业发展缓慢时，创业者必须改正、超越。

惯性　惯性既是一个物理学概念，也是一个社会学的概念。当人们在解决问题的过程中，形成了路径依赖，也就产生了惯性。创业者在工作中要不断以市场变化来促进自己的工作，有必要的灵活性，而不是以自身已形成的固有的思想、方法、套路，去对待变幻无穷的世事。克服和转化思维惯性与行为惯性，对于创业者来说，是极其重要的事情。

惰性　"惰"是"懒惰"的意思，但是相对于"懒"，"惰"更加沉重。在创业发展到一定阶段后，创业者的很多老方法、老方式和不易改变的落后习性若不加以合理的改变，将会成为创业的阻碍。创业者在创业过程中不可以固化或用落后过时的方式、以自己熟悉的思维方式对待日新月异的日常工作，而应该不断解放思想，与时俱进和思维超前。如果仅凭惰性，以应付的姿态对待变化，那么你将会成为新时代的刻舟求剑者。

依赖性 创业是主动、积极、进取的事业。等、靠、要的思想不是创业者的精神所在。一个对自己缺乏信心、长期指望或依靠他人而生存、工作的创业者，不可能领导一个庞大的团队和企业积极进取。创业者必须主动工作，以敢为人先的态度，开展日常工作。一切事业都是创造出来的，有依赖性的人不适合做创业者。

C.【言论摘选】

◆ 警惕“三性”蔓延

2018 年 5 月 31 日，我在召开金箔控股集团全体管理干部会议时特别提出，所有部门和高管人员都要警惕“三性”（惰性、惯性、依赖性）蔓延，主动开展工作，在新的管理模式下，创造新的业绩！整体来看，控股集团的干部队伍基本素质都是很好的、很正派、很认真，人都不错。但新形势下，不是人好就行，更重要的是要有本事，要有能力。因此，所有高管人员都要警惕“三性”（惰性、惯性、依赖性）蔓延，不能因为长期处于领导岗位就产生惰性，不能做任何事总按部就班、缺乏创新，不能总依赖领导布置工作。在新体制下，所有领导干部都必须通过学习不断提升独立开展工作的能力，要有创新思维、创新技能，从而开创新局面。

D.【案例一】

夏洁爱上培训班

在金箔集团有一个优良传统，那就是每年都举办新春干部学习班。这个大家庭里，上到集团主席下到每个基层员工，人人都爱学习。公司每年会组织各种各样的学习活动和职位培训活动，为大家提供学习机会。企业的学习氛围好，能让员工们不由自主地爱上学习这件事儿。

刚刚进入金箔企业的夏洁是一个走出校门不久的大学生，没有工作经验，做事也没有章法。因为刚出校园，对学习有些厌倦，她一听见“学习”或者“培训”就会头疼。那年春节放假过后，大家还没从假期的散漫中走出来，在工作时发呆偷懒。她身边的老员工却各个显得异常兴奋，都在讨论一件事——“新春干部培训班”。她说：“上课这事儿谁积极啊！真麻烦！”她又听一个同事说：“你可别发牢骚，这事儿你还轮不到呢！”

同事神秘地小声说："这个都是有名额限制的，要公司干部或者领导认为是可造之材的人才能上哦！"

她吃了一惊，原来是这样，怪不得大家这么趋之若鹜。她作为新职员估计这次培训没戏。并不在名额之列，她有点失望也有些许暗自庆幸，听说要考试还要写论文呢！

谁知培训中的第一天，她因为工作需要来到培训课堂找领导签字，里面是集团江主席在讲话，正在讲说企业发展过程中发生的故事，讲得生动幽默。看到下面的学员各个都听得入迷，她也站在会议大厅门口定住了神。那一刻，她真是有些不甘心了，很羡慕这些来上课的同事们，并对自己说，要好好努力工作，争取明年也来上课！

当然，第二年她如愿以偿。之后的每一年她都没有缺席过"新春干部培训班"。她还参加了集团为干部职工组织的其他培训，这些对大家来说不但是学习的机会，更是金箔集团对员工工作努力的肯定和嘉奖，是最大的福利。

这么多年来，站在会议大厅门口听课的事情，就成了她在金箔集团最难忘的一件事情，就在那个时刻，她深深地感受到了金箔人热爱学习的氛围。这种氛围感染一个个新人真正走进了金箔集团，他们成了自豪的金箔人。

员工对企业产生精神皈依，是企业凝聚力的最大体现。

【案例二】

流失的外贸订单

好不容易接到的外贸订单，竟然流失了！2015年8月至2016年9月一年多的时间里，金箔金利通公司原总经理张某，接到贴金卷烟纸外贸订单，需要进行一项新的技术才能完成。

研发新的技术需要时间，难度较大，还担着风险，贴金接单的具体生产单位产生畏难情绪，没有确定的把握，半推半拖。业务接到后，张某为了兑现合同，不得不做了两手准备，同时也把单子发给外单位生产。

面对这个外贸订单，金箔内部专业公司和外面的公司，表现的态度截然不同。外面的公司积极应对，抓紧研制新技术，抓紧时间生产，在合同期内，落实完成了订单任务。而我们内部的专业公司有畏难情绪，反应相对迟缓，导致这一笔上百万的订单，就这样因技术设计服务不及时而流失。

本来这种贴金卷烟包装纸订单有可能是一个长单，我们却失去了这笔业务。这件事，上了金箔集团当年的十大教训榜。

由此可见，思想上和行动中的惰性，会给企业带来意想不到的损失。

【案例三】

接过郭明义"学雷锋"的红旗

2019年9月19日，金元宝餐饮集团董事长耿胜，从全国道德模范、中华全国总工会副主席郭明义及雷锋战友赵明才手中接过红旗——"郭明义学雷锋爱心团队"。

中华餐饮名店金元宝餐饮集团主动接过这面红艳艳的旗帜，意味着接过了一份信任和嘱托，一份责任和担当。金元宝多年来在严冬和酷暑中，走向大街学雷锋，给众多需要帮助的人送上温暖。

我们认为，发扬和提倡雷锋精神是我们社会的一种公德，一种良好风尚。企业每一位干部、每一位党员都应该学习雷锋，无私奉献，为社会多做贡献，多创财富，在奉献中获取一定的相应报偿，并向那些创造高效益、高收入的人多做宣传，让他们为社会多做贡献，发扬奉献精神，救助生活困难的人。

主动服务市场，学雷锋，掀开了新的篇章，金元宝积极主动地力所能及地把雷锋精神传递给更多的人。如今，传播雷锋精神，已成为金元宝餐饮集团的一种凝聚人心、担当使命的力量之一。

三个"警"

A.【词句表述】

警示　警觉　警惕

B.【词义解释】

三个"警"提示创业者要为企业设防，从心理到企业设置防范预警机制，均不可少。事有必至，理有固然，惟天下之静者，乃能见微而知著。创业者应提，以警醒之心应不测之变。在创业的过程中，从战略的角度着眼，为企业设防，必须设置有效的三个"警"机制，这对于有志于发展的创业家来说尤为必要。生于忧患，死于安乐，哀兵必胜，这些古语和三个"警"表达了同样的意思，创业者一样要记挂于心。

警示 警示指告诫示意，即对企业内的一些可能出现的问题的苗头有预警机制，及时发现或给予告诫示意。警示的作用要旨在于及时性、提示性和严厉性。它是一道重要的安全闸门，将众多不安定的、危险的隐患挡在门外，消灭在萌芽状态。

警觉 警觉指对可能发生的危险情况，或错误倾向能敏锐洞察和预判。作为创业者，若想取得创业成功，就必须事事做有心人。创业路上，有很多因素决定了创业者命运，生死攸关的节点常常不是那么明显，但又是绝不能疏漏的。因此，创业者需要保持高度的警觉，对危险和错误及时预见，及早防范。

警惕 警惕指对可能发生的生存环境或竞争对手保持敏锐的感觉和戒备。对于任何创业者来说，“狼来了”永远不是一句空话和套话，因为在某一个谁也不知道的时间或者地点，“狼”，真的有可能跟你不期而遇。这个“狼”是什么？这个“狼”就是创业者所处的生存环境和所面对的竞争对手，还有一些其他风险，甚至天灾人祸。生存环境和竞争对手的任何变化，都有可能引发蝴蝶效应，最终变成滔天巨浪。因此，创业者应时刻保持对生存环境和竞争对手的警惕之心。

C.【言论摘选】

◆ 面对四大危机的对策

在比较好的发展形势面前，绝大部分企业干部是否始终保持着一个清醒的头脑，是值得怀疑的。我们必须承认有的人有时是不清醒的，所以要找出不足。

在一次办公会上，我严肃指出金箔集团存在着“四大危机”：第一是观念危机，干部“小富即安、小功即满”、职工贪图安逸的思想还比较严重；第二是人才危机，真正能把企业办成全国水平、世界水平的高层次人才还很缺乏；第三是“武器”危机，集团现有的设备已普遍落后；第四是管理危机，管理体制上的漏洞还很多，一些小单位负责人“胆大妄为”“胡作非为”的事还不少。找出的这些问题也许并不十分严重，但市场竞争无情，千里长堤溃于蚁穴，我们必须要防患于未然。

为此，我提出四点要求：一、彻底打破不良思想束缚，坚定不移地“富而求进”；二、大胆引进高层次人才，所有下属企业的一把手必须竞争上岗；三、所有产品必须按ISO9000系列质量保证体系标准来搞，所有企业的设备必须达到当今国内最先进水平，集团将加大投入；四、必须建立现代化的管理模式，所有的漏洞都必须堵住，所有的“疖子”“脓包”都必须立即剜除。

D.【案例一】

神秘的“干部考评表”

一张包含“德、能、勤、绩”等内容的表格，在金箔厂使用了三十多年。金箔厂的干部们对这张表很熟悉，熟悉到平时工作时，会想到其中的内容，年底总结时，也想到其中的内容。这张“干部考评表”为什么如此神秘呢？神秘就神秘在这张表经常与干部本人见面，从而起到无形的警示作用。按照规定，在干部考核表格中，德、能、勤、绩几个方面有问题的地方，将由人事部门转到对应干部面前，有时还会作一些必要的组织沟通，大多是让干部们心中有数，自觉注意。久而久之，这张“干部考评表”已成为一种干部称不称职的标准，它富有魔性地警示着干部，要时时做好自己。

警示机制对大部分干部起到了保护作用，特别是培养了年轻干部，使他们养成了良好的工作习惯，促进了他们成长。

【案例二】

会计岗位的警觉

海尔公司建立了财务共享中心，从事基础会计工作的人从原来的 1 800 人降到现在的 260 人，整个财务部门中战略和业务财务人员达到了 70% 左右，专业财务管理人员为 10%，基础财务人数下降到 20%。

这一事件引起了金箔集团主办会计的警觉，他对自己的岗位产生了紧迫感。在金箔干训班上，他对所有财务人员提出了转型的提醒。

10 年前，有人说企业可能不再需要大量的会计了，你会觉得这是天方夜谭；如果 5 年前，有人说未来大量的会计会被迫下岗或转行，你会觉得危言耸听；今天财务转型已经势不可当，财务共享服务、人工智能财务机器人可能会让千万会计人失业。

传统会计在未来的可替代性越来越高，这已经是不争的事实。更多企业财务共享的建立、人工智能财务机器人的推出，使基础财务人员的需求量大大降低。大部分企业的财务人员结构中，最底层的是大量的基础核算人员。一旦企业信息建设进入企财融合状态以及未来 ERP/AI/BI 进一步走向业务核心，那么整个财务团队的结构就会发生变化：顶端将会是极少数的战略财务管理层（约占 10%），中端是专业的管理会计层（约占 70%），底端是基础核算人群（约占 20%）。

金箔控股集团财务队伍中的每一个人，不能仅仅满足于做普通的核算型财务人员，更要准备成为战略管理型财务人员；不能仅仅做企业财富的守护者，更要成为企业价值的创造者！未来的财务界将会是“互联网＋财税”的时代，只有真正把业务、财务、税务、服务、法务以及电子商务融合在一起的财务人，才能不被财务共享服务、人工智能财务机器人淘汰。

岗位警觉促进能力提升，财务队伍就能适应企业智慧财务时代，与电子商务相结合，把“四务”做好。

【案例三】

货款难收有原因

金箔集团旗下金海公司与客户惠州盛东建立业务关系长达5年多，历经4任总经理，一直未结清过货款。到2010年12月末，盛东累计欠款达81.28万元，金海公司催收艰难。

盛东业务量逐年减少而欠款逐年增加（2007年年末欠38.98万元、2008年年末欠62.83万元、2009年年末欠74.23万元……）。面对这种异常情况，金海公司仍然盲目发货，出货多、回款少。2009年11月公司加大力度，多次上门，甚至通过法律途径催要，因客户财务状况受限，均无功而返。

这是金海公司销售管理制度不健全造成的损失，没有举一反三建立起管理警戒线：我方公司没有赊销管理机制，收款责任不明；该业务经办人是公司领导，缺少内部监督；存在麻痹侥幸思想，过度信任老客户，高估了对方的偿债能力。

经历了盛东的教训之后，总部财务管理要求金海公司健全销售货款清收机制，及时分析，采取对策，形成谁销售谁清收谁负责等保障办法，以降低应收货款风险。同时，总部要求集团内其他企业，根据产品服务特点，自觉对照建立健全应收款清收机制。杜绝或减少同类事件发生。

一个企业要想在大浪中不翻船，就必须时时刻刻对风浪有警惕之心。

三个“然”

A.【词句表述】

昏昏然　飘飘然　不以为然

B.【词义解释】

三个“然”是创业过程中容易出现的最有危害性的三种不利状态。创业者对此当警惕、警觉、警醒。行进在创业路上的创业者，有“三然”必然导致失败。德行和操守不够强大和坚定的创业者，很容易产生“小功即满”“小富即安”等心态，不懂得理性节制，冷静面对实际的境地。这是因为在创业前期，创业者必须克勤克俭，兢兢业业，举轻若重，绷紧弦，满上弓，从不敢掉以轻心地开展各项工作。渐渐地有了工作经验、有了工作心得、有了工作成绩后，创业者慢慢淡化和弱化了心理预警，拔高了自己的能力，放大了自己的水平，忽略了问题和困难，自命不凡，以为了不起，凡事觉得不过如此。岂不知，正是这种思想和意识，给今后的工作和企业发展埋下了祸根。创业者只有防范三个“然”，杜绝三个“然”，才有利发展，有利壮大，有利成功。

昏昏然　昏昏然指昏聩糊涂、神志不清的样子。如何防止“昏昏然”？创业者应将创业初始给自己设置的座右铭和张挂的警言励句，时刻记在心上。观沧海而小我，创业者还应该开阔视野，去看外面的更远的世界和更大的舞台，横向、纵向找找自己的位置。

飘飘然　飘飘然指骄傲自大，得意忘形，忘乎所以，丢失基本庄重的样子。飘飘然者实际是离开了赖以立足的根基，作风漂浮，立不起，站不稳，行不正，无法自控的表现。说到底是盲目自大，炫耀、卖弄，生怕被别人看低自己的心理作祟。创业者患骄不患难。所以，创业者要有任重道远的责任意识，要时刻把任何成绩的取得当作万里长征的第一步，有“路漫漫其修远兮”的自我激励，有扎好马步、练好真功夫的决心。这样才能戒骄戒躁，谦虚谨慎，负重前行。

不以为然　不以为然指对他人正确的观点方法表示不同意或否定，对自己的缺点错误，不去认真检视并加以改正。一个不以为然的创业者，就是固步自封、不思进取、难以创新的创业者。我们说创业如登山，停滞不前，就会滑落，就会跟不上步伐被别人超越，企业的生存发展就会面临险境。因此创业者要勇于检视自己的问题，改正缺点错误；更要广纳忠言，听取不同意见，见贤思齐，修正自己，校对自己，改善自己。

C.【言论摘选】

◆ 不能光是喝酒可以，在一起吃苦就不行

企业没有一支过硬的创业队伍，要想打胜仗是不可能的。成员之间特别要强调能够“同享福，共患难”。不能光是喝酒可以，在一起吃苦就不行。企业各级干部要有全局观念，敢于挑重担，敢于承担责任，遇到问题首先检查自己有没有不到位的地方。千万不能成绩硬往自己头上拉，问题全都推给人家。团队每个成员都要能吃苦，肯流汗，肯做艰苦工作，甘当无名英雄。

创业决不允许光玩嘴皮子、整天说空话、华而不实的人当道。

◆ 有事业心同时还要有危机感

创业者队伍中，极少数人贪酒、贪赌而又不听劝告，迟早要被淘汰。我们的每一位创业者都要有事业心，同时要有危机感。危机感包括岗位危机、市场危机。特别是市场危机，防不胜防，十分无情，所以我们要居安思危，干出实绩来，否则不论什么人都将被淘汰。

◆ 创业一怨、二难、三捞不行

有的企业办了多少年都一直搞不好，总结起来原因有千条万条，但归根结底就是一条：领导人不得力，其指导思想有问题。总的来说，就是“怨、难、捞”三个字在作怪。

怨：怨天怨地，怨领导职工，怨客观环境，怨设备资金，唯一不怨的就是自己。

难：产品难找，业务难接，管理难抓、事情难办，唯一不讲最难的就是自己。既想占位子，又不想出力。有些领导没当几年，歪门邪道一学就会，硬功夫怎么也学不好；有些领导整天吃喝玩乐，早晨是“包公”，中午是“关公”，晚上是“济公”；有的人自己不怎么样，但比自己高的人都不用，搞出问题来，嘴歪还怪茶壶漏；有些人不想学习，什么都不懂，一问三不知。

捞：认为人家拿那么多钱，自己这个小摊子能拿多少？于是就确立一个“捞”字思想，反正理外理，能捞就捞，不捞白不捞。国家的政策随时会变，捞远的不如捞近的，捞虚的不如捞实的，捞明的不如捞暗的，结果是单位越捞越穷直至倒闭。因此整顿差的中小企业，首先就是要整顿这些厂长、经理的思想作风，整顿不好，就来“五号下六号上”。

D.【案例一】

企业家要有自己的尊严

许多企业家认为，什么叫尊严？企业如果没有经济效益，就什么尊严也没有。需要与被需要的关系，使许多企业家无奈地放弃尊严，无法展示尊严，在没有尊严的状态下，委曲求全地生活、工作，很容易陷入昏昏然的境地。

失去尊严的心境不是我这种人的性格。我常想，一旦我收受贿赂，一旦我被别人讨好卖乖，一旦我被请客送礼，我就失去了做人的尊严，我就会被人从背后指指戳戳。被人讥笑的企业家，就不是好企业家。同样，在政府要人面前，在客户面前，在权贵者面前，我也不做卑躬屈膝的企业家，不做没有尊严的企业家。几十年来，支持、欣赏我的政府领导，我从不对他们攀龙附凤，不与他们拉拉扯扯、勾勾结结。对于冷漠待我的政府领导、权贵要人，我也不与他们活动关节，不对他们阿谀奉承。对于与行贿受贿有关系的商业项目、房地产项目，我坚持敬而远之，甘拜下风。为此，我失去了一些机遇，包括升官、发财的机遇。但是，我得到的是尊严。集团至今有几千名员工追随我，信任我不动摇，跟我干的同事一般都有十年之久了，二十年、三十年的同事也有很多。我的班子能够稳定三十年不解体。

有尊严的企业家不一定讨权贵们喜欢，但得到的是老百姓的口碑。在江宁的大街小巷、乡镇村庄，问起大江口碑，竖大拇指的多，齿冷者肯定少。

在这个活也累、死也难的日子里，我劝所有企业家、创业家们，还是当一个有尊严的人为好。

【案例二】

金字塔贴黑了

贴金工艺是金光灿烂的事业，因每项具体工程的具体情况不同，因此贴金施工必须要严格制定施工方案。

2015年4月10日，宝玉贴金工程公司分别为集团包装、机电工业园门卫金字塔贴金，面积500平方米。

贴完后，人们发现金字塔表面颜色发暗，有的甚至呈黑色状，严重影响了金字塔的外观形象。究其原因：金字塔底层在施工前，混凝土表面没有采取抗碱底漆处理，金砖胶层没有固化透干，喷漆保护层工艺程序不到位，对使用的胶水性能掌握不够。

这起严重的工艺质量事故，按照每平方米530元计算，给企业带来的损失约26.5万元。这个教训极为深刻：贴金工艺是有严格施工标准的，对每一项工程应该按照工艺方案规程施工，不能仅凭老经验、想当然。

所以，执行贴金工艺施工标准，严如执法，来不得半点随意和昏昏然。

【案例三】

7088退房事件

2005年11月9日，南京某公司董事长女儿、女婿结婚，按照正规手续入住金元宝7088总统套房。11月10日11时24分，7088房客到总台，要求退掉除7088以外的其他客房，账过两天来结。

当时代值班的收银员黄某，在未弄清情况的前提下，错误理解为退掉7088房间，也未与客人作进一步确认，想当然地安排退了7088套房。在收银员汪某替换黄某时，更未认真交接班，在楼层清扫员两次提出客人未要求退7088房间的情况下，查房人员也并未将情况向总台反映清楚，未向主管领导和大堂副经理汇报。行李员于12时36分将客人的三十多个包裹运至行李房寄存，服务员在清理客房行李时，没按规定逐一清点，只是随随便便、乱七八糟地硬塞硬装，将新郎一件价值几千元的衬衫不折不叠揉进袋里，造成客人一些贵重物品丢失。

7088房严重违规退房事件，让新郎新娘乘兴而来、扫兴而归。造成了严重的后果和恶劣的影响，暴露了金元宝大酒店在管理上存在沟通不细不实、缺少确认环节的问题，这是工作不认真、不以为然的具体表现，影响了酒店声誉。

三个“为”

A.【词句表述】

为所欲为　胆大妄为　胡作非为

B.【词义解释】

国有国法，厂有厂规。在创业道路上，严防三个“为”，约束自己，自觉做制度的执行者，反对任何凌驾于法规之上的言行。创业是个很苦的事情，可是，也有人觉得创业是个很酷的事情。理解创业艰苦的创业者，常常以理性待人接物，因为他们明白社会的现实、未来的不测和创业的艰难。而简单地以为创业很酷的创业者，大都留恋于创业表面的光鲜、光环和光荣。一旦稍稍取得了成绩，就变得飘飘然起来，进而不可避免地变得膨胀。于是，有的人忘记国法、制度，为所欲为，有的人胆大妄为，更有的人胡作非为。而这些人丧失警醒、不受约束的行为，最终将给创业带来严重的损害。

为所欲为　为所欲为指做自己想做的事，亦指想干什么就干什么，是失去组织控制的状态。为所欲为的人常常是不顾及别人感受的人，这种人的为所欲为不仅是行动的为所欲为，更是思想的为所欲为，它的实质是将自己的欲念无休止地强加给众人。这样的人在创业团队中的离心力是极其可怕的，所以要坚决予以制止。

胆大妄为 胆大妄为指无视约束，超越常规的行为，是违背组织控制的状态。胆大妄为的人常常不是不可理喻，而是明知故犯，因为他们觉得以自己的经验、能力、资质，完全可以操控、应对未知的局面。然而骄兵必败，一切缺乏理性决策和分析论证的狂妄行为，最终都会撞得头破血流。

胡作非为 胡作非为指不讲道理，不顾法纪，做违背道德、企业规范、国家法纪的行为。胡作非为的创业者，有的已经处在犯罪边缘。这种胡作非为，已经不是简单的创什么业、怎么创业的问题，而是完全将违法乱纪作为自以为正常的伦理，明知不可为，却一定要在这邪门歪道上干出点“成绩”，最后的结果当然是被绳之以法。法制观念淡薄、无视规章制度、缺少团队合作精神的创业成员并不少见，所以创业者有责任带领、教育、培训团队走上阳光大道。

C.【言论摘选】

◆ 为所欲为是没有良心的表现

有的创业者会自以为是，想怎么做就怎么样做，心中没有别人。我对此很痛心，曾经列举十个方面的表现，指出这样是没有良心的行为。

我最怕老百姓指着鼻子讲一声：“你们这些人，不讲良心啊！”这是对我们最大的批评。我比什么都难受。有的人借工作之名，为所欲为，胆大妄为，胡作非为：“丢了讨饭棍，忘了叫街时”；“端着饭碗吃肉，丢下饭碗骂娘”；“一事当前，先替自己打算”；“只管自己家中鸡犬升天，不管他人死活”；“表里不一”；“中饱私囊”；“贪图安逸、追求享受、吃苦在后、享乐在前”；“人心不足蛇吞象”；“居功自傲”；“施烟幕弹，要阴谋诡计坑害人”。

创业者必须改变这些现象，崇德敬业，勉励创业。

D.【案例一】

小聪明栽了大跟头

20世纪90年代，社会上流行一句话：“改革承包，乘机多捞”，那时，一些企业负责人，胆大妄为，我们集团有一个案例。某中心经理张某某利用职务之便，玩起了经济犯罪的戏法，采用各种途径中饱私囊。

他通过开假票据，把私人购买的一套住宅房的5万元房款发票，直接记在厂里公账上。他把私人购买的商城一套价值16万元的商用房，采取了两种手法操作：一是先付2万元定金，然后以每年2万元的租金返租给商城使用；二是用给商城装潢的款项来充房款；有意在定点商店购货，抬高物价，开具假发票，从中获利；多次开变通发票，造成30多万元的材料有账无货；多报劳务工资；私人公司和集团企业并列，利润进入私人公司，费用进入集团企业；私设小金库、货款不入账；种种经济犯罪收入犹如变戏法一般，给企业造成重大损失。

由于思想的扭曲和放纵，导致了自己的为所欲为，其本人终因经济犯罪被检察院拘捕。

【案例二】

厂长入狱的警示

2004年时，江宁所在的地区企业全面改制。金箔集团托管的南京起重电机总厂进入了改制攻坚阶段。由于政府对电机厂改制意见不一、久拖不决，金箔集团又属于托管性质，难以对电机厂进行过细过严的控制管理，造成了电机厂相对失控的局面。

此时企业负责人私欲萌生，他想乘机将该厂改到自己私人名下。于是，他和财务负责人相互勾结，编造假账、私设小金库、私分销货款，在一年不到的时间内，前后共贪污人民币近500万元。最终他于2005年4月3日被江宁区检察院拘捕，在社会上造成了极坏的影响和巨大的经济损失。

此案告诉我们企业不论处于什么阶段和面临什么境况，都应强化监督。企业领头人绝不能以权谋私，而应该严格遵守财务管理制度。企业对管理者也绝不能忽视必要的管理，尤其对一些胆大妄为的行径要及时制止，以免造成更大损失。

【案例三】

酒驾出人命

杨某是经金箔学院培养出来的干部，由于对自己的岗位管理要求不严，导致发生了事故。

2005年5月4日晚上9时许，金箔包装公司的员工彭某认为无出差任务，便与朋友喝了很多酒。公司社会市场部经理杨某，在明知彭某喝了酒的情况下，仍派其出车，结果不幸发生交通事故，造成一人当场死亡、一人于11天后死于江宁医院。

经法院认定，彭系酒后驾驶，承担事故主要责任，判刑三年、缓期三年。

因事故为酒后驾驶造成，保险公司不予赔偿，金箔包装公司为事故共支付65万元，其中赔偿59万元、杂费6万元，给集团造成了很大的一笔经济损失。杨某也因此遗憾地请辞离开金箔集团。

胡作非为是工作大敌，创业者必须引起注意。

三“不准”

A.【词句表述】

不准放纵　不准放松　不准放肆

B.【词义解释】

三“不准”是为了保障创业安全，而对包括创业者自己在内的创业团队的严格要求。创业的过程中，为了克服困难，度过逆境，为了求得进展与成功，创业者需要保持强大的意志力。这个意志力存在于创业者的工作与生活之中，也存在于创业者的内心。因此，如何驾驭自己的内心，如何坚定自己的内心，如何坚守自己的内心，都是创业者所面临的考验。心如平原纵马，易放难收。创业者一旦在意志力方面出了问题，那么，创业定将遭受挫折。因此，在这三“不准”的原则之上，创业者要谨守不逾。三“不准”的核心意思就是，创业者要对自身进行自我约束、自我管理。创业者如果失去自我约束、自我监督管理，失去自律，就会放纵、放松、放肆，给企业带来危害。

不准放纵　创业是一个集聚团队能力创造效益的行为，具有高度统一性，不能放任纵容个体或一些违规的现象存在。整个创业团队是一个有机而完整的整体，如果其中出现放纵的人或事，哪怕只有轻微苗头，也要及时防范，防微杜渐。须知，对少数人放纵不管理，以及对自身放纵的纵容，都是对创业事业的不负责，其后果常常是一发而不可收，最终因小失大，使得创业遭受损失。

不准放松　不准放松指对过程要有合理性的控制机制，不能允许由紧变松的状态出现。创业是长期的战略行为，是由各个环节紧密联系衔接在一起的整体。在任何环节上的放松，都有可能造成整体结构的松动，进而影响战略的推进，因此，在需要高度紧张工作的时候，尤其不能放任这种懈怠放松状态的存在。

不准放肆　不准放肆指对企业监控和存在的问题要严格检查，不允许任意作为，不加拘束。从严格意义上说，创业不是一个人的创业，而是一群人的创业。创业者在创业过程中，不能允许内部有放肆行为和放肆观念的形成和存在，因为这种行为和观念，是对整个创业群体的不尊重，也是对核心创业理念的挑衅，因此，必须坚决加以制止。

C.【言论摘选】

◆ **没有铁的纪律就很难发展壮大**

我们创业者要加强企业内部的纪律性、组织性管理，坚决反对"老爷不听老爷叫"和"板凳桌子一样高"的无序行为。"加强纪律性，革命无不胜。"全厂一盘棋，没有下级服从上级的铁的纪律，企业就很难发展壮大。

◆ **纪律严明才能打胜仗**

纪律严明才能打胜仗。在金箔集团，必须强调"各吹各的号，都是一个调，不是一个调，请你往边靠"的原则。加强制度建设，加强纪律约束，是创业者的主要工作。

D.【案例一】

虚报利润被免职

金陵金箔下属企业原负责人叶某，2014 年 11 月，向总公司承诺当月不亏损，私下授意公司财务人员故意少结转成本 11 万元，虚报当月利润，弄虚作假，欺上瞒下，严重干扰了总公司对该分公司的正常的生产经营情况的判断。财务人员与总经理因严重违反集团财务规定，被查处免职。不管哪个出事，作为领导，都要明确当事人的责任，而且要毫不客气地追查责任。创业者，如果这个工作都不抓，光做冠冕堂皇的事情，谁都会干！

管理的重要特点就是"穷追责任"，管理不到位，责任难落实。为了企业，管理者必须严抓管理，不放纵任何人为的故意犯错和疏忽出错。

【案例二】

老戴车祸

到了2000年，金箔厂已经发生质的飞跃，人称“江宁小深圳”，由穷变富了。

为了改善干部员工的住宿条件，我们相继建造了金箔家园和金箔新村。2003年底，有不少干部争着请我吃家宴，可正是这次在金箔新村吃家宴，让我感觉到了危机。

在离开之际，四处都传来了稀里哗啦地搓麻将的声音。我感觉到很不对劲，随行众人都说小赌怡情，或者说现在一切顺风顺水，也该乐和乐和，放松放松。可是就在当晚，就有一个悲剧发生，招牌车间主任老戴发生车祸了，因为酒喝得太多，认不清路，撞上了路灯杆。虽然他的命是保住了，但落下了终身残疾。

人都喜欢放松，老戴是金箔深加工产品企业的得力人才之一，各方面的能力得到全厂一致认同称赞，就是喜欢喝点小酒和兄弟们处得热闹有感情，没想到这次过了头，闯祸害了自己。所以奉劝大家在一起一定要把握好行事的分寸，切记不能任由放松过了头，到最后悔之晚矣。

【案例三】

边“抓”边“花”

金宝装饰城在招商过程中，引入了无实力的商户张某。其因无力按期支付租金而长期拖欠，张某还将商铺擅自转租给第三方经营，制造市场管理障碍。这暴露了金宝对引入的商户资质审查不严格，租金催收不力等管理不善问题。我们立即对其进行调整。

商户张某这样放肆，提醒我们管理企业要“抓”“花”结合。外面有人“花”，家里有人踏实“抓”，如果家里“抓”不好，外面怎么“花”？如果只注重“花”，家中就会有人放肆。多年来，我在领导企业时，一直重视内部管理与外部市场拓展宣传相结合，无一偏废，有些创业者往往只注重在外“花”，管理工作不实在，看不见或疏忽了内部抓管理与监督，才会有放肆行为的出现。

经营一个企业，永远别忘了“抓”“花”结合，边“抓”边“花”。

三个“仗”

A.【词句表述】

仗后台势　仗兄弟多　仗资格老

B.【词义解释】

创业者，不可过度利用和依仗已有的、曾经为创业带来便利的条件，否则，必将自找麻烦，影响创业进程与发展。创业者在创业过程中会最大可能地集中资源，借势、顺势、得势，在“天时地利人和”上挖掘有利条件，为己所用。创业的过程就是搜集已知条件、挖掘未知条件、把握变化条件的过程。然而，在企业的实际运营中，有些人会利用某些资源和力量，保护既得利益，使一些公共资源变异成个人利益的保护伞，使负能量、潜规则破坏和影响企业制度与资源的优化配置。其中三个“仗”的出现，就会贻害无穷。

仗后台势　指创业过程中无法摆正和处理好与有权力者的关系。影响企业关系的权力方向，一般来自于企业内部和企业外部。企业要展现企业章程制度治理，管理企业，防止门外之治，防止负能量、亚文化、潜规则掣肘和破坏企业制度的顺畅运行，干扰企业经营管理。仗后台势违规，就是企业需要防范的现象。

任何时候，人有景仰，见贤思齐，依仗、依靠、依托更有能力、更有权力的人来为正当的目的服务，乃是趋利避害的本能。但如果依仗有后台的庇护，不思进取或仗势欺人，则会使积极上进的正能量受到打压，使制度公正的分配原则受到破坏。所以仗势为一己之利的行为是企业的负面文化，必须予以清除。

仗兄弟多　仗兄弟多指创业者待人接物，不能处理好与自己平级、同级、关系密切的同事和伙伴关系，拉帮结派。这里讲的“仗兄弟多”，与“一个好汉三个帮，一个篱笆三根桩”是完全不同的概念。创业艰难，需要同心同德团结一致，上下同欲者胜，只要是志同道合“举亲不避嫌”，打虎亲兄弟，上阵父子兵。心意相通、志向相同的人在一起做事就容易成功。但这种家庭式的人际关系一定要融合，并且需要有更多的后来者一起营造良好的氛围。如果当自己的名誉、地位、利益受影响或遭变化时，就把人际关系扭结成某种势力、造成某种势头，并不断发酵，阻碍企业正常的制度运营，损害企业利益，那么这种关系就会成为企业的负能中阻和肌瘤。对此，创业者要尽早注意及时防范，既要营造良好的企业员工关系，又要确保“公开、公平、公正”的制度执行。历史上多少农民起义的失败，大都是因为在这方面出了问题。

仗资格老 仗资格老指在企业时间长、职务高、贡献大的人不思进取，依靠资格吃老本，自己将自己的身份优越化、特殊化。资格有时代表一个人对企业的贡献、忠诚和在企业的地位。企业需要有资格、有权力说话做事的人，但资格只在正确的象限内才能发挥作用。另一方面，资格仅仅代表过去，只有不断升级、升格，才能越老而越有价值。如果不能顺应企业的大方向，让出空格，使得更有能力、资历、实力的人来担当重任，那么过去所积累的资格就会转变成负能量，抵消企业进步发展的速率。更甚者，当企业飞速前进时，有的人却躺倒不干、以自己的老资格讨价还价，向企业索取，那么久而久之，这样的人将会把老本输光，最后被淘汰出局，这是令人遗憾的结局。

因此，企业中有此三“仗”的人，是企业前进、企业“革命”中要打“仗”、要拿下的三种人。

C.【言论摘选】

◆ 三“仗”害人

一个薄利的企业，钱从哪儿来？金箔集团曾查处了一个三“仗”事件。1990 年，小 L 仗着他和领导处得好，仗着一班弟兄们对他的关心、爱护，仗着他的叔叔和领导是朋友的关系，胡作非为、胆大妄为，肆意挥霍企业财产，欺骗组织和大家，辜负了组织和大家对他的希望和信任。

任职前几年，他工作搞得还可以，领导给予了表扬。于是他认为自己有了成绩，手中也有了一定实权，遇事便不与领导商量，也不汇报。在集团总部加强对中小企业严格管理的气氛中，他知道自己干不长，索性在错误的道路上加速了滑行。

一个人，尤其是一个厂的一把手，如果心术不正，那么他随时可能做出损害集体的事。我们多年来一直主张仁慈为怀，可是，没有想到仁慈却被许多人利用了，也把一些对自己要求不高的人给惯出了问题。事实上，任何人都需要用严格的制度去约束、去管理。没有约束、监督、管理，是绝对不行的，放松对人的管理，不仅害了触犯制度、规定的人，也会给企业带来巨大的损害，而且这一点是更重要的。

管理是企业成功的根本，查处小刘的问题，也是集团加强科学管理的措施。为此，在处理这个问题时，集团不仅对小刘加大了清查力度，对小金库、财务人员、仓库保管员等一些重要内容也都进行了详细调查。

D.【案例一】

非法转让商标

2004 年 5 月，原花卉厂厂长预谋离厂，与财务主办会计在任职期内相互勾结，擅自利用已失效的旧公章，秘密非法转让企业“时尚园丁”的注册商标，而此商标将直接关系到企业生存和经营活动的成败。他们在外建立后方生产基地，以辞职的名义逐步疏散心腹和亲戚到“自留地”工作，最终“金蝉脱壳”。我们投资 300 万元的花卉厂因此毁于一旦。

这个厂长长期受到我们的培养锻炼，深得全厂的信任，他也仗着自己资格老，仗着后台的势，将企业所有的经营资源，逐步转向个人私有。对这类创业者，如果我们能及时地加强监管，那么投资者利益将不致损失。

【案例二】

华丰拒收一批货

2006 年 10 月，金箔包装一名资深业务人员，仗着自己在业务各个环节上“兄弟姐妹”多，口头下计划生产了 24.5 吨 PET 银卡，发往华丰，价值 44 万元，成本 30 万元。

华丰见到货后，以没有下书面订单为由拒绝入库，不收货。此前，华丰刚知道国家要求从 2007 年开始，烟包底纸全部更换为环保转移纸。这批货面临全部报废的结局，后来果真全部报废。

这件事告诉我们，制造型企业在组织生产之前：第一，必须严格办理客户订单签字确认手续；第二，掌握客户需求的真实性，必须要履行确认手续，签订正式合同。这两点，绝不能因为客户资格老、合作业务的时间长、业务人员资深而被忽视。

尽管这次事件给我们造成的损失不算大，但综合来看，一个企业还是经不起这样的事情的。

【案例三】

“三仗”害自己

在金箔集团发展早期，20 世纪 90 年代，老一辈金箔艺人快退休了，第二代正在“顶职”“接替”父辈们的工作。

有些职工子女仗着父辈影响，不听从企业管理，自我感觉良好，享受着某些特权。纸箱厂负责人就属于这类人，他所经营管理的厂经不起日常财务监管，导致经营管理混乱，企业多年始终办不大。他找不到自身原因。集团多次提醒他改正，他不承认，也改变不多，企业还是搞不上去，最后集团把他辞掉了。

后来，我也给过这名负责人一些再任职的机会。然而，市场形势已发生了很大变化，虽然他已经不三“仗”了，但是由于他不注意学习，也没有足够的能力将新摊子干上去。五六年下来，他在销售岗位上工作出色，2018年，被评为“十佳新闻人物”，但是总的来说他仍错失了主政一个摊子、干一番事业的机会。

三“不慌”

A.【词句表述】

半夜敲门心不慌　半路车拦心不慌　被写匿名信心不慌

B.【词义解释】

创业者所面对的社会现实，充满了危机和风险。现实中，常常有很多领域是处在潜规则泛滥的灰色地带。如何处理这些问题，对于创业者来说，是个重大的考验。创业者唯有遵循市场规律和行为准则，建立合理的制度，并以制度管理企业，合法经营，合法纳税，在法律的框架内依法行事，才能对任何风浪都坦然面对，泰然处之。三“不慌”是告诫所有创业者要遵章守纪、依法经营，不走歪门邪道，不触碰法治底线，事事处处光明正大，内心无私无畏，纵使遇到不正常情况也不用担心害怕，坦然面对。

半夜敲门心不慌　遇到急事，民间会有半夜敲门的情况。这种情况，会令一般人一时很慌张。这种事放在创业过程中，由于创业者心底坦荡，没做亏心事，所以不会紧张。无论“半夜敲门”的是谁，创业者都要泰然以对，毫无忐忑。

半路车拦心不慌　半路车拦心不慌，原本是指路上突然被警车拦下，也不怕有人找麻烦，不会心里紧张。创业者行得正，坐得端，没有能被别人声讨和怀疑的地方，无论身在何方、处理何事，都心思坦然，稳妥踏实，所以不怕半路拦车这样的意外之事。

被写匿名信心不慌 被写匿名信心不慌，指遇到被无故暗中举报，也不担心被找麻烦，内心平静，不害怕着急。创业者在竞争之中，不可避免会遇见一些心存不轨、见利忘义的人。创业者既要与君子共事，也要与小人周旋。但是，不管在哪里，不管面对谁，只要坚守法律，坚守原则，坚守立场，那么任凭谁的匿名信满天飞，创业者都会有正气，有底气，站得稳，心不慌。

C.【言论摘选】

◆ 他人言论、适度看待，认准目标、坚定前行

对于社会上的议论，我们不能过分看重，也不能云淡风轻。人家说我们好，我们不能飘飘然、昏头昏脑；人家说我们坏，我们也不能气急败坏，自暴自弃。只要是认准的目标和集体讨论正确的决议，我们都要坚持披荆斩棘，勇往直前，绝不能怕社会上的闲言杂语。

◆ 认准的路要坚定不移地走下去

我们应当认准自己的路，坚定不移地走下去。对待外界的评论，我们应当持着“无所谓、不计较”的态度。以前我们金箔酒楼进门的大佛两旁竖着一副对联，上联是“大肚能容容天下难容之事”，下联是“慈颜常笑笑世间可笑之人”。在认准的道路上，我们就是要具有这种“大佛”的风度。不紧张，不慌张，不慌乱，做任何事情，如果前怕狼后怕虎、前盼后顾、前思后虑，都是不可能办得好的。我们不能过多地研究人家对我们的评价，我们只能注意一场场仗应当怎么打。“胜者王、败者寇”，“不成功、便成仁”，我们还是让历史来评论吧！

D.【案例一】

“黄歪子”上门

“黄歪子”名叫黄成富，是金箔厂的老职工。因为他笑起来眼睛里有些红血丝，嘴巴不正，所以大家送他个绰号“黄歪子”。

“黄歪子”后来真的成了人们口中的“黄歪子”了。1985 年全厂实行总厂领导下的分厂厂长负责制，厂长可以组阁挑选副手，组成领导班子，然后对车间班组直至每一个员工，进行优化组合，层层组阁。不知怎的，“黄歪子”没被组阁到，单了下来，大家避着他。“黄歪子”着急，看上去在厂里东游西逛，还生了一场重病。

有一天，“黄歪子”到我家敲窗户，说要给我送上两个猪肘子，眼睛里依旧充满血丝。我笑着给他讲厂里优化组合的必要性，叫他可以参加培训学习再上岗，要么也可以选个第二职业，不管怎么选择，厂里都给予支持。

不久，“黄歪子”自己谋起了第二职业，开着长安面包给人拉货，他热情周到，起早带晚无所谓，他干得很起劲。熟悉他的人喊起了“黄老板”。现在他的生活很好，全家安居乐业。

以诚待人，即便有人半夜敲家门，我也心不慌，因为从没有昧着良心做过事。

【案例二】

小别墅被查

1993 年，是反腐败风声较紧的时期。

一天，县委书记接到一封人民来信，说我在东山镇建造一座两层楼的“小别墅”，认为我这是利用职权搞贪污腐败。那个时候风传有个不成文的“杠杠”：两千元立案，五千元抓人，一万元判实刑，只要是党员干部，谁被“杠”住了，一律严惩不贷。在县城建一座别墅，还怕找不到我两千元的问题吗？县委书记迅速作出布置，让纪委、检察院、公安局联合调查，最后又交给他们拍板查处。

检查结果出来了，建房证等手续齐全，合法合规；建造总价明确，有正规合同，货款已全部付清；装修费用是金箔厂下属单位负责装修垫付的，但我打了欠条，明确很短的期限内归还。应该说没有任何违规违法的地方。这封匿名信最后也不了了之，没有掀起什么风浪。

我做人做事一直有“七个底线”，所以我三“不慌”。我为自己设立的这“七个底线”：一是什么话都可以说，反党的话不说；二是什么事都可以做，违法犯罪的事不做；三是什么钱都可以赚，来路不明的钱不赚；四是什么想法都可以有，损人利己的想法不可有；五是什么主意都可以出，奸诈主意不能出；六是什么关系都可以处，拉帮结派的关系不处；七是什么事情都可以商量，违反原则的事不商量。

这些做人的底线，我一直以来都坚决做到，不管是过去，现在，还是将来，所以就算是遇到半路车拦，我心里也不会慌。

【案例三】

“七大臣”上书

1985年年初，少数人不理解我提出的改革创新思路，领导班子成员和中层骨干中有七人联名上书县委，状告“江宝全搞改革是瞎搞，是挖社会主义墙脚”，意在弹劾以我为首的领导班子。

塑印车间陈毕峰第一个参与改革承包，因此而被抓入狱。在严峻的形势面前，我力排众议，继续鼓励全厂干部职工：“大胆干，干出问题是我的，干出成绩是你们的！”同时千方百计、冒着风险把陈毕峰从狱中保释回厂，大力鼓舞了改革士气。

写匿名信的人，任何时候都会有，这需要我们始终有正确的方向和言行，才能遇而不慌，问心无愧。

后记

我的“盛宴”专为创业者“烹制”

《创业三字经》完稿时，我眼前出现了这样一幅景象：在创业道路上，急切行走着许多创业者，他们意气风发，迈向自己的理想。

突然觉得，自己仿佛不经意就做了一桌“六十道菜”的“美食盛宴”——一桌以我自己的方式烹饪而成的“盛宴”，一桌用我们老一辈创业者心血当食材，做成的“家常菜盛宴”。我相信创业者们定会“饥”而即“食”。

这样说，委实有些不谦和自夸。但是，我还是要认真说说，我这样做的初心和动机。说是“盛宴”，因为我为此用心准备、制作了很多年；说是“盛宴”，因为我考虑到创业的方方面面，害怕挂一漏万；说是“盛宴”，因为这其中包含我对创业者的诚挚和真情。

记得 2007 年 10 月，我受邀清华大学讲课，负责创业教育培训的雪涵老师，问我讲什么。当时我觉得，创业用人的问题第一重要，就讲了企业用人的案例，很受欢迎。

其实那时我想，除了用人，创业要讲的方面还很多很多，创业者该要认知的创业本质问题，要知道的创业中问题的解决方法……需要讲的东西太多了。然而现状却是：外国的经验搬来中国讲，中国本土的经验则由于实战经历不充分，总觉得不是那么回事。我就想结合自己多年创业的实践，把这些一一写出来，告诉那些希望创业的朋友们，让创业者少走些弯路，腾出时间，多创新，多贡献。

就这样，我梳理出了这本《创业三字经》。

现在市场上，不少创业者仿佛吃惯了国际上的“珍馐美食”，却并未实现“强身健体”；也有不少的创业者，跟风追潮，吃上了一些“时髦大餐”，回过头来却不知所云。他们最终只落得身心疲惫，忙、茫、盲。

我想说，全球一体化，是要求创业者们立足根本，放眼全球，实在创业。国际上的“洋餐名典”不可少，但是，我们中国一般的创业者是受用不起的，那些只能用来“佐餐”。有人说，还有中国“大典菜系”，很重要，很不错，很好。但是，那需要各种前提和基础条件，一般创业者眼前也达不到。

在创业田野中，春耕夏耘几十年，我始终觉得，自己脚下“土地”上长出来的“食材”，烹制出来的“家常饭菜”，更亲切、新鲜、营养，这才可能是一般创业朋友们，“过日子”能“吃”得上，需要“吃”、喜欢“吃”的。

有了这个感觉，感觉到了，认准了，这套创业者“家常菜系”，今天终于与你见面了！你看出了这其中的可“餐”之点了么？

第一，做基础。创业新时代之初，需要认真三“做”（做工、做事业、做产业），不要浮躁，不要急于求成，要扎稳基础，一步一个脚印，人人都是可当英雄的；需要树立三“气”（志气、骨气、傲气），创业才可走向根本大道，有长远发展的可能。

第二，做精品。懂得三“命”（保全性命、谨记使命、绽放生命），献出三“真”（真心、真意、真情），用极致的心态、极致的努力去创业，选择任何产业，制造任何产品，必须做到以“不是世界第一，就是市场唯一”的雄心大志来创业。

第三，做特色。有个性才是生命的真本色，同样是创业者，世间没有两个相同的。找对三“觉”（先知先觉、后知后觉、不知不觉），反省自己，遵守三“则”（做人讲原则、行为有准则、处事有法则），自律严谨，才会有自我创业价值的精彩展现。

第四，做责任。我们创业者的可贵，就是将生命作为完成人生使命的工具。谁都是为某种人生使命而来到世间的，所以，我们要三“吃”（吃苦、吃怨、吃冤），只为我负有责，敢三“比”（比领导力、比实力、比制度），只为创业直行。

第五，做传承。中国非遗、中华奇葩金陵金箔，在历史上传承了1700年。世世代代有缘见识到的人，都在尽力传承这项技艺。幸遇改革盛世，我带领金箔人将金箔艺术文化，发扬光大，传播到全世界，做到故宫指定国品。很多的创业者都是这样，通过传承来传达创业精神。懂得传承就会三“不提”（不提职务高低、不提待遇多少、不提条件好坏），只认准创业在路上，就会三“创”（创业、创造、创新），把创业精神发扬光大，传承传递。

……

新时代号召“大众创业、万众创新”，置身这样的盛世情境，自己一样热血沸腾，常常“醉里挑灯看剑，梦回吹角连营”，我们老一代创业壮士，也想继续勇往直前！可是，毕竟年过七旬，曾患重病，我体会到创业者的情境，希望朋友们能够将我的“盛宴”“饱食多餐”，在创业道路上，勇往直前。

最后，我还要向为《创业三字经》出版付出辛劳的人，表示衷心感谢！他们是：

1. 责任编辑刘洋主任；2. 为本书作序的清华大学继续教育学院雪涵老师；3. 对书稿进行润色的北京紫苏紫文化有限公司的副编审廖宏欢老师、江苏卫视高级记者王洪老师、南京大学李跃华老师、刘晓龙博士等；4. 本企业文化助理曹丽华、本企业金澜传媒设计师夏勇，本企业办公室副主任李慧容。

他们对本书具体事务一丝不苟的精神，值得尊敬和感谢！

江宝全

2020年8月16日于湖熟寓所

附录

《创业三字经》案例简表

篇章	条目序号	条目名称	条目简解	案例	页码
第二章 创业思维	1	三个“思”	思维、思想、思路	1. 起死回生 2. 从零开始 3. 半只烤鸭	14
	2	三个“划”	谋划、规划、计划	1. 金箔的第一个谋划——企业全面改革意见 2. 金箔施行的第一套分配规划 3. 金箔核心的经营管理机制“五统一、五分开”	22
	3	三个“好”	一个好领导、一个好产品、一套好机制	1. 金箔骁将左国书 2. 中华餐饮名店 ——金元宝 3. “三驾马车”拉动金宝商贸	28
	4	三个“觉”	先知先觉、后知后觉、不知不觉	1. 杜康宁买酒有“八问” 2. 一句口头禅，没了责任心 3. 下盲棋	33
	5	三个“点”	站高点、看远点、干实点	1. 从 QB 到 GB 2. “永无句号” 3. “九五”战略	37
	6	三个“势”	认清形势、顺应时势、发挥优势	1. 金宝宝——省级幼教示范园 2. 顽强崛起的支柱产业 3. 关闭娱乐城	42
	7	三个“大”	大视野、大格局、大手笔	1. 首届振兴金箔研讨会 2. 蜜蜂计划 3. 金箔艺术节	46
	8	三个“创”	创造、创优、创新	1. 打箔机取代人工“打了细” 2. 建设乌金纸生产线 3. 合肥订货会	49
	9	三个“基”	基层、基本、基础	1. 相约 1998 年 2. 三大举措奠定发展基础 3. 财审派出制	54

续表

篇章	条目序号	条目名称	条 目 简 解	案　　例	页码
第三章 创业修炼	10	三个“命”	保全性命、肩负使命、绽放生命	1. 香妈妈 2. 神圣的金箔事业 3. 荣获“奥斯卡终身成就奖”	59
	11	三个“情”	热情、激情、豪情	1. 三招聚人气 2. 谁给的胆子 3. 建造“金箔故乡纪念碑”	63
	12	三个“信”	信仰、信念、信心	1. 一岗双责，常抓不懈 2. 心中有条“希望之路” 3. 金元宝快餐处处香	67
	13	三个“气”	志气、骨气、傲气	1.“江大吹” 2.“金路计划”从废鱼塘出发 3.“三不”干部	72
	14	三个“修”	修心、修志、修德	1. 20 万元救命钱 2. 司机周善来 3. 金箔干部“十不准”	75
	15	三个“失”	失态、失控、失误	1. 拒绝沟通之后 2. 文凭造假使我心惊肉跳 3.“张才子”索要“醒字歌”	82
	16	三个“做”	做工、做功、做业	1. 拎泥桶的小工 2. 用心做小事，练就真本领 3. 在诺贝尔奖颁奖的地方就餐	86
	17	三个“能”	能力、能耐、能量	1. 金箔设计师——练雪琴 2. 金箔油画家——王举平 3. 不是努力不够，而是能力不配	89
	18	三个“吃”	吃苦、吃怨、吃冤	1. 金箔艺人集体辞职 2. 何其保受冤被扣留 3. 针锋相对	94
	19	三个“敢”	敢想、敢说、敢干	1. 大都市的路是否都是直的 2. 一场说“乱”的争吵 3. 工资协商制	98
	20	三个“带”	带着爱好和兴趣创办企业、带着亲情和友情对待员工、带着热情和激情对待工作	1. 丁梁书屋 2. 甘敏的一次工伤 3.“业务员”小江	102
	21	三“提升”	提升思维、提升职责、提升技能	1.“混”进广交会 2. 学山东 做自己 3. 给“老把”们画漫像	106

续表

篇章	条目序号	条目名称	条目简解	案例	页码
第三章 创业修炼	22	三“忠于”	忠于自己的事业、忠于自己的企业、忠于自己的岗位	1. 乌纱帽抓在手上干 2. 一早要喝酒，李师傅为了啥 3. 解剖欧式电机	110
	23	三“不吃”	不吃老祖宗饭、不吃老领导饭、不吃老资本饭	1. 不啃老 2. 微生物检测室 3. 民主分房大伙笑	115
	24	三个“乐”	苦中作乐、以苦为乐、自寻快乐	1. 一盆蟹黄蛋 2. 鳄鱼爬 3. 常常默念四个字	119
	25	三个“位”	社会地位、政治地位、经济地位	1. 一句大实话 2. 荣毅仁来到金箔车间 3. 鲜花簇拥的感悟	122
第四章 创业运营	26	三个“开”	开明、开放、开恩	1. 一条特殊的规定 2. 用人“三不强调” 3. 何悦患病之后	127
	27	三个“放”	放手、放心、放权	1. 老宋研制打箔机 2. 梳辫子方法 3. 承制文莱苏丹黄金礼车	130
	28	三个“顺”	心顺、气顺、人顺	1. 金箔生产厂成为“全国工业旅游示范点” 2. 张波：一句实话，获奖十万 3. 不蒸馒头争口气	134
	29	三个“团”	团队、团结、团规	1. 春训第一课 2. 处处讲团结 3. 在温州阿外楼吃海鲜	139
	30	三个“高”	高节奏、高效率、高效益	1. 农贸市场也搞一云多端 2. 金宝的“懒人”购物模式 3. “一体两翼”的新农贸	143
	31	三个“比”	比领导力、比实力、比制度	1. 一个木箱上几根钉 2. 中标国家级工程 3. 快餐破局：金元宝 vs 饿了么	147
	32	三个“坚”	坚定不移、坚持不懈、坚韧不拔	1. 引起轩然大波的一堂讲课 2. 深夜告状 3. 自断后路	151

续表

篇章	条目序号	条目名称	条目简解	案　　例	页码
第四章　创业运营	33	三个“化”	正规化、规模化、标准化	1. 金陵金箔——中国驰名商标 2. 跨过高门槛——菲莫国际认证 3. 权威的“厨政委员会”	155
	34	三支“队伍”	营销队伍、生（产）技（术）队伍、管理队伍	1. 营销四字诀：情、网、招、活 2. 金箔文创队伍的五大步 3. 好保安李志明	158
	35	三“激励”	言语激励、薪酬激励、荣誉激励	1. 一篇“踿”字文章的诞生 2. 祝你“混”得好 3. “领导”是什么人 4. 关于“谋”字的思考	163
	36	三个“期”	缩短新产品投入期、完善主产品成长期、延长旧产品成熟期	1. 新“三包” 2. 智能 MES 系统上线 3. 特种包装缤纷系列	167
第五章　创业人文	37	三颗“心”	党心、民心、良心	1. 我理解的党心 2. 四件难忘的民心实事 3. 接管四个倒闭企业	172
	38	三个“人”	人性、人情、人味	1. 金箔艺人免费逛京城 2. 一顶尼龙帐 3. 使员工安居乐业	178
	39	三个“诚”	诚实、诚恳、诚信	1. 一个承诺 2. 他迷失了方向 3. 支持中国象棋二十三年	182
	40	三“做人”	堂堂正正做人、理直气壮做人、像模像样做人	1. 廉生威 2. 评选“六个十”，出彩金箔人 3. 民选车间主任	185
	41	三个“主”	主动、主见、主责	1. 这个责任我来担 2. 贴金工艺风靡四方 3. 扒掉老虎灶	189
	42	三个“当”	将年长者当长辈看待、将同辈当兄弟姐妹看待、将年轻人当子女看待	1. 一个食堂分两家，搞竞赛 2. 他是我的长辈 3. 凤妹儿违规	193
	43	三个“真”	真心、真意、真情	1. 王小丽学徒出师 2. 金箔子女享有“金榜题名奖” 3. 我的散文《盘点月饼》	197
	44	三个“说”	实话实说、直话直说、真话真说	1. 我妈妈的一个巴掌 2. 一个臭鸭蛋的故事 3. 按劳分配——破除五种观念障碍	203

续表

篇章	条目序号	条目名称	条目简解	案例	页码
第五章 创业人文	45	三个“历”	学历、经历、阅历	1. 王东宁的故事 2. 傅明忠犯懵 3. 两首打油诗	210
	46	三“长短”	看长处，容短处；用长处，避短处；扬长处，补短处	1. 金箔闯将朱正华 2. 派遣干部坐牢了 3. 老金箔，走新路	216
	47	三“什么”	想什么、说什么、做什么	1. 衡量干部的三个“什么” 2. 顾达明提出的四个问号 3. 我的呐喊	221
	48	三“不提”	不提职务高低、不提待遇多少、不提条件好坏	1. 自我提拔 2. 脸热　心热　锅热 3. 六个盆等漏	226
	49	三“疲劳”	感情疲劳、岗位疲劳、工作疲劳	1. 那天，我忍对了 2. 推出大股东所有权与经营权分离方案 3. 土段子有力量	229
	50	三“干事”	想干事、肯干事、会干事	1. 她到央视表演切金箔 2. 小鲍听课 3. 创办金宝天印山农贸	234
第六章 创业省思	51	三“不反”	不反政府、不反上司、不反配偶	1. 营造一个好环境 2. “三同时” 3. 火车座位下的滋味	240
	52	三“不办”	高能耗企业不办、高污染企业不办、低技术含量企业不办	1. 忍痛割爱 2. 涅槃重生 3. 包材发力	247
	53	三个“则”	做人讲原则、行为有准则、处世有法则	1. 父子与同志关系 2. 人人有条紧箍咒 3. 孙会计不肯照办	251
	54	三个“性”	惯性、惰性、依赖性	1. 夏洁爱上培训班 2. 流失的外贸订单 3. 接过郭明义“学雷锋”的红旗	256
	55	三个“警”	警示、警觉、警惕	1. 神秘的“干部考评表” 2. 会计岗位的警觉 3. 货款难收有原因	259

续表

篇章	条目序号	条目名称	条目简解	案例	页码
第六章 创业省思	56	三个“然”	昏昏然、飘飘然、不以为然	1. 企业家要有自己的尊严 2. 金字塔贴黑了 3. 7088 退房事件	262
	57	三个“为”	为所欲为、胆大妄为、胡作非为	1. 小聪明栽了大跟头 2. 厂长入狱的警示 3. 酒驾出人命	266
	58	三“不准”	不准放纵、不准放松、不准放肆	1. 虚报利润被免职 2. 老戴车祸 3. 边“抓”边“花”	269
	59	三个“仗”	仗后台势、仗兄弟多、仗资格老	1. 非法转让商标 2. 华丰拒收一批货 3. “三仗”害自己	272
	60	三“不慌”	半夜敲门心不慌、半路车拦心不慌、被写匿名信心不慌	1. “黄歪子”上门 2. 小别墅被查 3. “七大臣”上书	275

参 考 文 献

[1] 马克思 . 马克思 1844 年经济学哲学手稿 [M]. 北京：人民出版社，2002.
[2] 毛泽东 . 毛泽东选集 [M]. 北京：人民出版社，1991.
[3] 邓小平 . 邓小平文选：第三卷 [M]. 北京：人民出版社，2001.
[4] 习近平 . 习近平谈治国理政 [M]. 北京：人民出版社，2020.
[5] 刘笑敢 . 老子古今 [M]. 北京：中国社会科学出版社，2016.
[6] 江宝全 . 大江随笔 [M]. 北京：人民日报出版社，2018.
[7] 江宝全 . 奇谈怪论集 [M]. 北京：光明日报出版社，2012.
[8] 江宝全 . 信口开河集 [M]. 北京：经济日报出版社，2002.
[9] 江宝全 . 鱼塘理论集 [M]. 北京：经济日报出版社，2002.
[10] 江宝全 . 边干边吹集 [M]. 南京：南京出版社，1993.
[11] 江宁县金箔锦线厂 . 办公会议纪要档案集 [C]. 南京，1983—1987.
[12] 江宁县金箔总厂 . 办公会议纪要档案集 [C]. 南京，1987—2003.